声誉资本

REPUTATION CAPITAL

洞悉口碑、流量和人气背后的秘密

李燕　韩国山◎著

企业管理出版社
EMPH ENTERPRISE MANAGEMENT PUBLISHING HOUSE

图书在版编目（CIP）数据

声誉资本：洞悉口碑、流量和人气背后的秘密 / 李燕，韩国山著. －北京：企业管理出版社，2022.4

ISBN 978-7-5164-2378-3

Ⅰ.①声… Ⅱ.①李… ②韩… Ⅲ.①社会学－传播学－研究 Ⅳ.①C91 ②G206

中国版本图书馆CIP数据核字(2021)第075363号

书　　名：声誉资本：洞悉口碑、流量和人气背后的秘密

书　　号：ISBN 978-7-5164-2378-3

作　　者：李燕　韩国山

责任编辑：于湘怡

出版发行：企业管理出版社

经　　销：新华书店

地　　址：北京市海淀区紫竹院南路17号　　**邮　　编**：100048

网　　址：http://www.emph.cn　　**电子信箱**：1502219688@qq.com

电　　话：编辑部（010）68701661　发行部（010）68701816

印　　刷：河北宝昌佳彩印刷有限公司

版　　次：2022年5月第1版

印　　次：2022年5月第1次印刷

规　　格：700毫米 × 1000毫米　　**开　　本**：1/16

印　　张：18印张

字　　数：245千字

定　　价：68.00元

人间至珍，莫过于无瑕声誉。

The purest treasure mortal times afford is spotless reputation.

——威廉·莎士比亚

William Shakespeare

序言一

重新审视声誉——另一种社会资本

声誉，是一个与人们息息相关的概念。

人们常用“像鸟儿爱惜羽毛一样”表达对声誉的重视，也深知声誉在社会各方面的巨大影响。

但是，声誉究竟是如何发挥作用的呢?

声誉看不见，摸不着，人们能通过口碑、人气、风评等对其感知一些，却无法具体评估和测量。

1763年，经济学家亚当·斯密已经通过对商业行为的观察对声誉做过系统论述。他认为声誉是一种能够保证契约顺利实施的机制，也是对个体的隐性激励。商业越发达，交易量越大，声誉的作用越重要，声誉是商业承诺履行的重要保证机制之一。

20世纪70年代以来，各界广为认同声誉是一种物质资本和人力资本之外的重要社会资本。我国著名经济学家厉以宁先生认为，“社会资本指的是一种无形资本，是人际关系，是人的信誉”“财富是三种资本共同创造的”。实际上，在上市公司的交易中，作为公司声誉的一种商品化标的——商誉也有明确的数字计量体系。

今天，信息科技的发展正推动我们进入全新的时代，声誉基于社会评价形成的巨大力量，尤当引起各界重视。

笔者从负笈入学、初窥宣传门道，到熟悉传播业，迄今已逾20年，期间参与一些传播项目，执行中常感到有些问题用传统的品牌、公关知识解释颇为吃力，用社会学、大众心理学、传播学等知识综合解释便能释然。本着务实的态度，倘若真要给本书一个定位的话，我愿意说：这是一本应用传播术进行声誉构建的操作手册。

基于此定位，笔者努力做到以下几点。

用“大白话”表述——书籍的功能当为传播知识和经验，能同时做到文字浅显生动，阅读方便，表述清晰，则更利于各层面阅读者的理解、领会和传播。

用事实说解决之道——事实胜于雄辩，书中征引案例，便于读者理解理论。

实用、可用是根本——本书的基础是笔者任传播管理顾问期间的讲义以及对相关项目方案的总结，这决定了本书会更为实用、可操作、普适。

说理深入浅出——尽量避免使用复杂的模型和公式，而以文字描述为主要表述方式（虽然我个人确实认为，数学是一种更为简洁、准确的语言）。据说理论物理学家霍金的科普著作中尽量摒弃方程式，而理由是：每多加入一个方程式，潜在的读者数量就会减半。

在这个媒体大变革的时代，建立真正可以称为“资本”的声誉不易，维护盛名更为艰难，但愿这本小书能给读者带来帮助。

韩国山

二〇二一年七月

序言二

众声喧哗，声誉不朽

萌生写一本信息时代有关传播知识图书的想法始于2010年。彼时我国移动3G网络建设方兴未艾，苹果公司的iPhone 3GS甫经流行，移动互联网才露端倪，天涯论坛独占UGC鳌头，国内用户主用QQ和微博，电视还是第一大屏选择，互联网言必称四大门户网站+BAT（百度、阿里巴巴、腾讯）。

但是，变化似乎就在一夜之间发生了——从过去的四大媒体（报纸、电视、广播、杂志）打天下到新媒体蓬勃兴起，许多媒体人转型，自媒体涌现，不过就在三两年间。

因为还要忙于教学，这本书断断续续写了5年，这5年中白云苍狗，又发生了很多变化——从微博独大，微信小荷才露尖尖角，到今天微信、微博平分秋色，直播、短视频等风起云涌……

几个基本事实却基本明朗了：

数字媒体进一步分化，每个人都拥有了讲话的平台；

大数据日渐完善，个体的形象越来越清晰；

人与人的沟通越来越便利；

信息、数据的存储和检索越来越简单……

2010年以后，3G、4G通信基础建设展开，移动终端技术大发展，70后、80后乃至“Z世代”[1] 陆续成为社会主流，每一个个体，都有了成为一个小型

[1] “Z世代”又称网络世代、互联网世代，是美国及欧洲社会学研究中的流行用语，指1995年至2009年出生的一代人，作为数字技术的原住民，互联网和数码产品成为他们日常生活的一部分。

媒体平台的可能。

事实上，传播技术的革命性演进，如同蚁群以几何级数繁衍，表面平静，实则暗潮汹涌，正在深刻改变着经济、政治、社会乃至人际关系的方方面面。在全球范围内，网络直播、在线发稿、网络采访、远程发布会日渐成为常态，传统媒体遇到愈加频繁的挑战。企事业单位、社会团体、政府机构累积几十年的传统公关、宣传应对经验已经不足以应对危机，新的传播规则正在新技术环境中构建……

在涌动的潮流中，迅速掌握并创造性应用规则者可获得效益，但更多的人和组织则陷于被动之中。

著名导演、艺术家安迪·沃霍尔曾说：“在明天，每个人都能成名15分钟。”安迪·沃霍尔早已预知我们的这个时代——人人都可以对全世界发出声音，一鸣惊人，又可以因为不当言行被众人抛弃。

众声喧哗之中，有些声音突破喧嚣，长留耳侧；有些声音如长空秋雁，倏忽而逝。这个时代，从寂寂无闻到声誉鹊起也许不过一瞬，从声望卓著到声名狼藉也可在旦夕之间。而且，当事人觉察声誉受到损害的时候，往往没有太多时间做出反应，一时的迟疑和差池，往往导致不可挽回的后果。

这些情况确实已经超出了传统的品牌传播、公共关系管理理论的涵盖范围。

那么，声誉管理这一工具是否能更好地解决这些问题？如何正确认识新时代媒体环境下的声誉问题？如何积累声誉资本，构建声誉防火墙？真正的应对之策又有哪些？

这些正是本书探讨的主题。

李燕

二〇二一年七月

目　录

序言一
序言二

第一部分　解密声誉的力量　1

第一章　发现声誉的秘密　2
第一节　决斗：荣誉解决　2
第二节　乡村婚礼的端倪　6
第三节　融资成本的差异　10
第四节　声誉的定义与声誉的力量　12
第二章　经济学视角的声誉资本与声誉管理　21
第一节　经济学视角的声誉资本　21
第二节　声誉管理的研究　36
第三节　声誉与传统传播概念　41
第三章　声誉资本概述　51
第一节　声誉资本4要素　52
第二节　声誉传播模式　65
第三节　声誉资本的构成因子　72

第二部分　企业声誉管理实践　97

第 四 章　企业声誉资本的构成　98
第 一 节　企业声誉资本的先赋　100
第 二 节　企业声誉受众管理　105
第 三 节　口碑：管理历史评价　116
第 四 节　预期管理　123
第 五 节　激发贡献意愿　135
第 五 章　声誉资本构建的流程　142
第 一 节　声誉资本的因子分析　142
第 二 节　声誉的过程管理　151
第 三 节　声誉的内容管理　157
第 六 章　构建声誉资本的策略　162
第 一 节　“魔弹”传播论　162
第 二 节　声誉素材设计　166
第 三 节　几种声誉传播方式　172
第 四 节　构筑声誉的“私域流量池”　181
第 七 章　声誉危机　185
第 一 节　声誉危机的特征、诱因和防范　185
第 二 节　应对声誉危机　191
第 三 节　谣言与声誉危机　200
第 八 章　声誉资本评估　214
第 一 节　声誉评估与评级现状　214
第 二 节　基于5因子的声誉资本测量　220
第 三 节　声誉资本的测量方法　225

第三部分　声誉管理前沿与展望　229

第 九 章　声誉的舆论与情报　230
第 一 节　舆论与情报系统　230
第 二 节　网络舆论与情报的监测　232
第 三 节　声誉调查和效果分析　238
第 四 节　动态评估系统　245
第 十 章　在线声誉管理（ORM）　247
第 一 节　ORM是媒体数字化的必然产物　248
第 二 节　ORM的逻辑和作用　249
第 三 节　线上控评策略　252
尾　　章　声誉管理研究的延续与展望　255
第 一 节　本书研究的延续　255
第 二 节　未来研究的展望　261

参考文献　265

第一部分　解密声誉的力量

第一章　发现声誉的秘密

第一节　决斗：荣誉解决

1804年7月11日，拂晓，晨曦中的曼哈顿码头，两艘小船悄然离岸，沿着雾气氤氲的哈得逊河，驶向新泽西州。

两艘小船的乘客分别是美国首任财政部部长亚历山大·汉密尔顿和当时的美国副总统阿隆·伯尔，此外还有若干助手和医生。

汉密尔顿时年49岁，作为美国开国元勋，他18岁参加独立战争，枪林弹雨中战功累积，成为华盛顿的左膀右臂和亲密战友，是美国宪法的起草人和签署人之一，也是美联储的前身——美国中央银行的创建者。

阿隆·伯尔比汉密尔顿小1岁，同样在独立战争中效力，21岁已晋升为大陆军中校，是一名骁勇善战的职业军人和足智多谋的政治家。

几个小时后，一场美国历史上最为著名的决斗即将展开。

决斗的原因，早在4年前已经埋下。

1800年，第三任美国总统的选举中，托马斯·杰斐逊和伯尔成为最后的角逐者，两人虽然都是汉密尔顿的政敌，但是汉密尔顿作为联邦党党魁，带领他的支持者最终选择了杰斐逊。对这一选择的理由，汉密尔顿对外声称：尽管两个人都与自己政见不同，但是伯尔“无论于公于私，都不是一个有原则的人”。正是这一决定使阿隆·伯尔以一票之差与美国第三任总统的宝座失之交臂。此外还有一些无法考证的私生活传言。总之，屈居副总统的伯尔自此认为，汉密尔顿的言行构成了对自己声誉的侵犯。

经过一段时间的无效通信交涉，双方决定通过决斗的方式进行“荣誉化解”。

当时的美国，上承欧洲中世纪骑士传统，以决斗解决分歧的方式盛行，屡禁不止。好在进步一点的是，比之中世纪冷兵器决斗拔剑必见生死不同，此时的持枪决斗更多时候是为了展现勇气和维护自身的荣誉。

天亮时分，两位决斗者抵达约定地点——新泽西州的威霍肯高地，在众人的见证下，决斗开始。

按约定，由汉密尔顿先开枪，但让人诧异的是，汉密尔顿的子弹射向了伯尔上方的远空。随后，伯尔迅速开枪，子弹击中汉密尔顿的胸部。若干小时后，汉密尔顿伤重不治，在临终遗嘱中，他选择了原谅，不再追究伯尔的法律责任。

汉密尔顿的遗物有他在决斗前夜留下的一封信。信中写道：

首先，我的宗教信仰和伦理道德强烈反对决斗这种行为，为了私人争执使我自己的同胞流血，会让我很痛苦，而且法律是禁止这种行为的。其次，我的妻子和孩子对我来说是这个世界上最宝贵的财富，无论从哪个方面讲，他们很需要我。第三，我的债权人需要我履行义务。如果我不幸逝世，我的财产会被强制出售，他们会遭受损失。作为一个正直的人，我不认为自己可以让他们面临这种风险。第四，除了政治上的敌对，对伯尔我没有任何恶意，与他在政治上的对抗是出于单纯而正直的动机。最后，决斗让我的生命安危置于险境，却可能一无所获……我的信仰让我相信，决斗时不应将子弹真的射向对手。[1]

[1] 俞飞.决斗简史：为了荣誉［J］.方圆，2017（12）：40-43.

显然，汉密尔顿早已充分认识到决斗的收益和风险。

那么，是什么促使他在分析出如此多的弊端之后仍选择毅然赴约？

诺贝尔经济学奖获得者道格拉斯·诺斯在其代表作《制度、制度变迁与经济绩效》一书中，引述行为分析和博弈论大师罗伯特·阿赛劳德对这一决斗事件的观点："尽管有大量的不去决斗的理论根据，但汉密尔顿感到，他在公众中的有效性将随着这一决策（不去决斗）而显著递减，因为决斗是绅士之间解决争斗的一种可接受的方式。"

汉密尔顿用生命去维护的这种"在公众中的有效性"显然正是西方延续上千年的"荣誉对决"传统中的贵族声誉——一个拥有良好声誉的人，可以驱动更多的个体和获取更多的资源；而一个丧失声誉的人，显然也会丧失其"在公众中的有效性。"

两人的决斗从是否赴约到是否杀死对方，以博弈论的角度看，其实构成一个不完全信息动态博弈问题：如果汉密尔顿不参与决斗，显然，他将成为一个懦夫和"造谣中伤"副总统的小人，这将影响他"在公众中的有效性"；如果参与决斗，作为被动者，汉密尔顿有率先开枪的权利，伯尔大概率会被一枪夺命（对一个久经沙场的职业军人而言这并不难），这同样不是一个很好的选择。按照不完全信息动态博弈模型，我们可以将汉密尔顿在决斗中的权衡表现为图1-1。

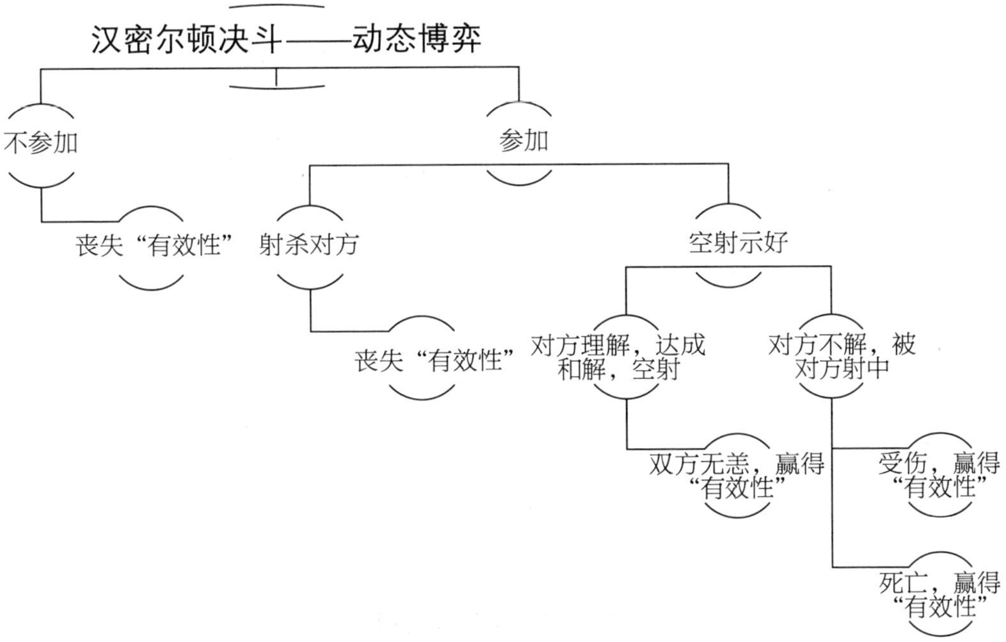

图1-1　汉密尔顿在决斗中的权衡

也许，在荣誉引发的这个博弈事件中，因为信息不充分，汉密尔顿高估了伯尔对声誉价值的重视程度，认为对方会选择同样的“射空”，从而双方达成和解，并无损双方声誉“在公众中的有效性”。

副总统伯尔则低估了声誉的价值，实际射杀了空射示好的汉密尔顿。他虽然在决斗中全身而退，但随后在纽约和新泽西被控谋杀，饱受舆论非议，最终因个人声誉的破产，在一年后彻底结束了副总统生涯，远走墨西哥。

这是一场美国乃至世界历史上都最为知名的决斗之一。

两百多年后的2006年，美国权威期刊《大西洋月刊》的一次大规模调查中，汉密尔顿被评为影响美国的100位人物第5名，也是美国人心目中除华盛顿、富兰克林、杰斐逊、亚当斯之外的第五位美国国父，当今10美元纸币上的人物头像正是汉密尔顿。

为了维护声誉这一“在公众中的有效性”的效能，荣誉决斗传统在欧洲历史中绵延不绝，据统计，仅法王亨利四世1589年到1607年在位的18年中，至少有4000名贵族在“事关荣誉的事件”中丧命。[1]

可见，正是为了维护自身“在公众中的有效性”，汉密尔顿冒着生命危险参与了这场“不完全信息动态博弈”的声誉决斗。这种“有效”决定了个体调动资源的能力和难度，比如获得选票、借贷及他人的协助，其来源是公众评价，而这种公众评价来源于一种“非正规约束”，也即道格拉斯·诺斯所说的“社会所流传下来的信息，以及我们称之为文化的部分遗产”。我们将之称为“声誉”。

第二节　乡村婚礼的端倪

也许，隔着200年的历史风沙，大洋彼岸的荣誉对决还不足以让我们感受声誉的实际影响。那么，让我们把视线拉回当下。

本书写作的过程中，笔者曾考察一些中国北方的乡村礼俗，其中有两场乡村婚礼给笔者留下了颇深的印象。

中国乡村的婚礼往往涉及很多事务，从筹备开始，就会架构起一个包括总管、财务组、采购组、礼宾组到车马、灶头、厨房、跑堂的庞杂组织，完成一系列任务，包括送发请柬、采购物资、迎送宾客、宴席操办，乃至跑堂洗涮、借还物件、协调场地等，工作复杂程度并不亚于一场小型的新闻发布会。

以上诸多婚礼程序，在并不发达的偏僻村落，除了需要用货币采购必要

---

[1]　俞飞.决斗简史：为了荣誉［J］.方圆，2017（12）：40-43.

的消耗品（如烟酒糖、食材等），多靠邻里互助完成，耐用品（如宴席用的桌椅板凳、餐具、迎送车辆等）也基本靠租或借。

需要说明的一点是，人力和物力的协助并非完全无偿，婚礼主家一般会酌情[1]提前给予一定的回报，或是香烟若干，或是食品若干，当然也有直接给钱的情况，而邻里也会酌情决定是欣然相助还是借故推辞。

以上各种人力、物力并无一定行情，完全因主家人情而定，若对之定价，可谓“价格弹性系数”极大，而婚礼规模和形式又往往因传统礼俗限制弹性极小。因此，倘若依靠人情而不得，又不想做出规模、形式上的让步，则唯有多费资金一途，这种情况下，人情和货币产生了一种隐晦而必然的关联，这便为笔者量化考察提供了便利。

这两场婚礼的时间相差3天，婚礼主家分居同一村落主街道两侧，相距不过50米，家庭成员均是普通村民，新人也是同龄年轻人，并无明显差异，婚礼当天的宴席摆设、宾客数量等也相差无几。

总之，即便是熟知乡情的人看来，这也是两场各方面都差不多的婚礼，按道理，同样规模的婚礼，同样的条件下，花费应无大的差异。

但是事实却不如此。

姑且称两家为A家和B家，婚礼的大概开支如表1-1所示。

表1-1　两家婚礼的开支　（单位：元）

		A家婚礼	B家婚礼
收	礼金	50000	30000
支	烟酒糖	3000	4000
	食材采购	10000	12000

[1] 按照费孝通先生《乡土中国》一书的解析，此处的“酌情”，往往取决于关系远近、名声好坏等诸多因素。实际婚丧仪式举办的过程中，往往又会融入工种（如不可避免的专业技术工种，包括乐师、厨师等）、具体租借物品特性等因素，按日结算。

续表

		A家婚礼	B家婚礼
	车辆	2000	3000
	响器	1000	800
	穿忙人	3000	4000
	总计	19000	23800
收支比		263%	126%

在同一个村落，控制干扰项因素，时间、地点、规模、家庭影响差异几乎可以忽略不计的情况下，是什么原因导致了表中所示的差距？

此类婚丧嫁娶中的差异非常普遍，为了追寻差异产生的明确根源，笔者从社会学田野调查的角度进行了一定样本的寻访，并用实证研究的方式进行了必要的记录，村民对此的说法主要有以下几种。

关系——主要是婚丧嫁娶重要礼俗中礼尚往来的频次；

名声——主要是伦理表现，如礼、节、贞、孝等；

人情——主要是过往交道频繁的程度；

报答——以往的事务性帮助；

预期——未来可能的用处与收益，如孩子的预期成长、可能获得的帮助等。

归纳起来，差别产生的原因在于某种综合性的评价（乡土社会的某种评估体系）。

该评价体系不仅是道德层面的，也包含某种功利性的考量在内；不仅与当下相关，也与过去和未来相关……

这种差异并非全然理性，也不是完全没有标准。著名社会学家费孝通在《乡土中国》中总结：“在这种社会中，一切普遍的标准并不发生作用，一定要问清了，对象是谁，和自己是什么关系之后，才能决定拿出什么标准来”，也即“差序格局”。

差序格局是这样一种格局——以个体（“己”）为中心，富于伸缩性的网络。该网络“以‘己’为中心，像石子一般投入水中，和别人所联系成的社会关系……像水的波纹一般，一圈圈推出去，愈推愈远，也愈推愈薄”。“我们社会中最重要的亲属关系就是这种丢石头形成的同心圆波纹的性质。”请注意，费孝通先生所指出的“同心圆”，乃是一种调动社会资源的关系结构。

这种结构决定了乡土社会中各项资源的调动范围、能力和成本。“这不是一个固定的团体，而是一个范围。范围的大小也要依着中心的势力厚薄而定。有势力的人家的街坊可以遍及全村，穷苦人家的街坊只是比邻的两三家。”

差序格局这种情形并非中国独有，乃是一种普遍的社会结构形态，区别在于西方传统以“团体格局”为主，“差序格局”为辅。“在西洋现代社会中差序格局同样存在的，但比较不重要罢了。这两种格局本是社会结构的基本形式，在概念上可以分得清，在事实上常常可以并存的，可以看得到的，不过各有偏胜罢了。”

总之，无论是差序格局还是团体格局，任何一项社会活动的进行必然涉及以下几大要素。

第一，某一确定的主体。该主体可以是具体的个人，可以是差序格局中的“己”、血缘关系的“家”；也可以是更大范围内“家门”乃至“家天下”；更可以是西方团体格局中的个人中心，个人所属的某个团体和组织。

第二，网络，即社会关系网、人际关系网，如血缘、地缘、师生等社会关系网。

第三，社会资源，即整个网络所能调动以促成某项社会行动的人力、物力、财力等资源。

现在，秉承实效的初心，让我们回到经济学的视角探讨以下问题。

网络中每个个体调动各项资源的依据是什么？

费孝通先生所说的团体“范围”与什么相关？

“中心的势力”之外，影响活动的大小因素具体有哪些？

……

从经济学的角度看，如果将村落视为一个各生产要素被简化的、自成一体的市场，在村落里，消耗品支付所使用的货币，构成货币资本；与租借的场地、车辆等耐用品共同构成物质资本；人力构成人力资本。若将一对新人的结合、新家庭的成立视为一个企业的开办，将两场婚礼视为社会实验的对照组，排除干扰项的情况下，是什么导致了两家支付成本和活动规模的差异？

在村落婚礼里，并没有正式的规则规定人力、物力、场地等的价格，也并没有任何强制的力量介入，而是一种“非正式的规则”在发挥作用。这一“非正式的规则”在长期的历史中，由群体的某种认同而形成，又因为婚礼主家的行为与该规则的契合度而发挥作用，造成了最终的货币成本层面的差异。

我们可以称呼这种规则是传统、道德、风俗、“潜规则”，但是显然，在这一社会群体中，真正起作用的是主家的历史行为，村民群体对主家行为的评价，群体内的互相影响，在此基础上的预期以及形成的某种“奉献”行为均源于此，也就是说，正是主家的声誉情况最终导致了经济层面的差异。

第三节　融资成本的差异

接下来让我们从更实用（功利性）的角度研究声誉的实际功用，寻找声誉在经济活动中的价值属性（通俗地说，看看声誉到底能不能当钱使）。

笔者的一位朋友从事建材行业，主要为地产商提供基础配套，经过多年奋斗总算在业内拿到了一定的份额。

由于资金和社会资源的需求，朋友曾经引入一些外部资金，因此埋下了隐患。2020年，当地政府相关部门发现朋友的公司一项重要资金牵涉违法所得，需要在规定时间内退出。

时间紧，要得急，上游还有大批原料款等着支付，下游巨额应收货款一时也未到兑付期限，只剩下两个选择：其一，抽调维生资金堵上漏洞，企业生死听天由命；其二，抵押、转让个人股权，获得救命资金。最后，朋友选择了第二条路，也从此失去了企业的控制权，创始人变成了持股的职业经理人。

朋友算是一个古道热肠的实干家，并无任何恶习，口碑甚佳，也是地方商会的副会长，只是他的个人声誉并未能抵御此次危机。

相信类似这样的情况并不鲜见：个体在社会网络中拥有良好的个人声誉，但是这种声誉的资本属性并不明显，容易造成“声誉并不值几个钱”的印象。

我们再来看一个案例。

2008年发生奶制品安全事故，奶制品企业受到很大冲击，蒙牛乳业也在其列。

“股价暴跌，导致蒙牛股份在价值上大为缩水，老牛基金会抵押给摩根的股票也面临出售的危险……能不能及时筹足资金，撤换回被质押在外国机构里的股份，关系到企业话语权的存亡。”

在面临完全失去企业控制权的紧要关头，正在长江商学院攻读EMBA的牛根生向外界发出求救，其在《致中国企业家俱乐部理事及长江商学院同学的一封信》中写道：“得知蒙牛所处的窘境，为了防止境外机构恶意收购，柳传志总裁连夜召开联想控股董事会，48小时之内就将2亿元打到了老牛基金会的账户上。新东方俞敏洪董事长闻讯后，二话没说，火速送来5000万元。

分众传媒的江南春董事长也为老牛基金会准备了5000万元救急。中海油傅成玉总经理打来电话，中海油备了2.5亿元，同时派人来企业了解情况，什么时候需要什么时候取……都打来电话，随时随地可以伸手援助。”牛根生表达感谢：“90%以上的理事、同学从不同角度，人力、物力、财力等方面，给予了支持”。正是这些资金帮助蒙牛摆脱了被外资并购的危机。

由上述两个案例的对比可见，声誉的社会资源转化能力不只与主体在群体中的声誉有关，还与主体的网络能力相关。网络能力也就是个体所属“圈层”的平均资本和资源拥有量（物质资本、人力资本、社会网络资本）。

按照西安交通大学边燕杰教授的分析，社会资本中的网络能力主要有三类：网络顶端、网络差异、网络均值。网络顶端反映网络成员职业声望的最高值；网络差异是网络成员职业声望最高值与最低值的差值；网络均值为网络成员职业声望的平均值，反映网络成员的平均社会地位和平均资源容量。

在实际的社会观察中，笔者认为，声誉资本的实际转换能力还与声誉受众的数量、互动程度等诸多因素相关，如果网络能力很好，但是缺乏足够的关系量，或者关系强度较弱，可称为“泛泛之交”，则这种“声誉”显然无法构成“声誉资本”。

接下来，让我们看看声誉在何种情况下会发生作用。

第四节　声誉的定义与声誉的力量

通过上述案例可以初步判定，声誉是一个人、一个企业或一个团体在公众的头脑中留下的总体印象；声誉是行为主体各方面行为能力的综合反映，它依附于主体又相对独立于主体，是行为主体的无形资产。

关于声誉的研究主要有3个方面。

第一，经济学侧重从资源配置层面进行研究。

第二，社会学和人类学更侧重于文化现象的研究。

第三，在数字化时代，企业界侧重于从营销、广告和公共关系角度出发的实践探索。

一 声誉的定义

笔者希望本书能够在社会化传播的技术背景下，将传播学、社会学和大众心理学理论进行融合，从整合营销传播技术的实践层面进行探索，摸索出一条系统性的声誉管理的普遍适用途径。

基于此，本书将声誉定义为：一种依附于声誉主体存在的公众认知和评判信息系统。

声誉的本质是一种在历史信息基础上做出的集体判断和想象，人们依据这种集体想象做出决策并行动，这种集体想象依附于具体的个人或者组织，声誉主体则通过这种想象驱动其受众贡献自身资源。声誉的产生有赖于声誉主体的某些特定传播内容、活动、介质、社会关系网络、利益相关者和受众群体。该信息系统具备生成、成长、衰减乃至消亡的全部过程，其形成具备稳定性和认知惯性。不同的声誉会促使声誉受众对声誉主体采取不同的对待策略，并进而对声誉主体形成实际的损害或者助益。声誉不因制度或外在强力手段而产生和消亡，而完全由声誉主体的行动策略决定。声誉完全破产往往也意味着声誉主体社会性人格的灭亡。

声誉形成的基本逻辑符合著名经济学家、政治哲学家、1974年诺贝尔经济学奖得主弗里德里希·哈耶克的自发秩序理论（Spontaneous Order），即声誉是一种分散的个人基于自决权形成的群体智能的结果，它最大程度、最高效率利用了群体知识。

二 声誉的力量：一种稳健的隐性契约

19世纪中期，罗斯柴尔德家族和巴林家族几乎掌控了当时世界主要经济体的金融命脉。

19世纪80年代，欧洲银行大量投资南美国家，巴林银行持有大量阿根廷首都排水公司的股份。1889年阿根廷政府采取通货膨胀政策，加之政权更迭，加剧了巴林银行所持有的债权贬值，同时排水设施工程的延误使其投资无法获得收益。1890年，阿根廷全面爆发金融危机，其债券一夜之间成为废纸，作为最大买主的巴林银行首当其冲遭遇重创。

在巴林银行陷于阿根廷债务危机之时，俄罗斯政府为规避风险，提出要全部抽走其在巴林银行的300万英镑存款，而此时巴林银行的资产已无法满足这个要求，巴林银行已到破产边缘 。

然而，令人想不到的是，作为竞争对手的罗斯柴尔德家族银行此时并没有袖手旁观，反而凭借自身在欧洲的影响力促使俄罗斯延迟提款。同时，在罗斯柴尔德家族的号召下，几乎所有英国商业银行都参与了为巴林银行筹资。最终巴林银行的纾困担保基金数额达到了1000万英镑（巴林银行最大的资金缺口只有750万英镑），成功渡过了倒闭危机。

在巴林银行债务问题的解决过程中，罗斯柴尔德家族银行起了关键作用，如果没有罗斯柴尔德家族银行的威信与声望，即使其他银行家想投资，也很难被银行委员会通过。

社会学家将信任区分为人际信任和制度信任，人际信任建立在熟悉度和人与人之间的情感联系之上，制度信任则是以法律一类的惩罚或预防机制为保障，日常生活中的人际信任是情感付出与理性思考两者之混合[1]。罗斯柴尔德家族银行的声誉建立在人际信任之上，是一种综合性的情感付出与理性

---

[1] 刘洋，李琪，殷猛. 网络直播购物特征对消费者购买行为影响研究［J］. 软科学，2020（6）：108-114.

思考的结果。

这也是公关界将声誉管理视为建立“长期信任”的重要原因。

道格拉斯·诺斯认为非正规制约在实际的协议中起着重要的作用，包括声誉、被广泛接受的行为准则（这些确实是可观察的）以及在重复关系中形成的传统。

在对巴林银行的援助中，罗斯柴尔德家族银行并没有与参与援助的银行和英国内阁签署有针对性的明确协议，因此可以说罗斯柴尔德家族银行是用声誉成功地组织了这一大规模的金融援助。罗斯柴尔德家族银行的救援召集行为，本身就构成一种隐性契约，是以自身声誉向拿出真金白银参与救援的同业者提供了风险担保和获益保障，比政府派遣的军队或是发布行政命令更节约经费，却起到了类似甚至更有效的作用。[1]

在全球日益一体化的今天，如果将各经济体视为村落成员，罗斯柴尔德家族银行正是利用自己在银行业的声誉，成功帮助巴林银行从危机中抽身，化解了英国政府在危机中的尴尬和风险，是声誉巨大力量的体现。

无论是乡村婚礼的人情往来，还是罗斯柴尔德家族银行带动的资金流动，其中显然都没有明确严密的合约约束。即便是今天的很多商业行为中，合约也只是声誉背书下用于解决理解分歧的技术性文本，离开声誉的合约往往是孱弱的，因为“合约往往是不完全的，不可能载明处理各可能发生事件的具体条款。因为人们的有限理性，他们很难预测到各种可能发生的情况，并为此做好计划。即使能预知一切，缔约各方也很难找到一种共同的语言来描述各种情形，合约的语言往往模糊不清。即使各方能用一种共同的语言来描述各种情形，但仍无法保证在出现纠纷的时候，法院能明白他们的真正意

[1] 韩思远. 论罗斯柴尔德家族在处理巴林危机过程中的贡献［J］. 现代商贸工业，2019，40（36）：130-131.

思，并强制执行。他们不仅要面对自己的有限理性，而且必须面对法官的有限理性和知识局限。结果是大量的合同都变成了不完全合同。这不是中国特有的情况，西方的合约理论揭示出了造成合同不完全的普遍原因。”[1]

经济学的声誉交易理论一直将声誉当作保证契约诚实执行的重要机制。

1972年，诺贝尔经济学奖获得者、经济学家安德鲁·斯彭斯在研究市场上信息灵通的人怎样以可信的方式向信息闭塞的人传递信号以达到避免出现与逆向选择有关的某些问题时，提出了著名的信号理论，从此信号理论便与声誉理论密切结合在一起。可见声誉理论的形成源于经济学的发展。

在市场这种有效的资源配置方式中，声誉作为一种隐性契约，与显性契约相互补充，可以对交易的机会主义行为进行惩罚，以保证交易的延续性。

英国政治家、哲学家托马斯·霍布斯在《利维坦》中写道：“语词之力太弱，不足以使人履行其信约，人的本性之中可以想象得到的只有两种力量足以加强语词的力量，一种是对这种食言所产生的后果的恐惧，一种是因表现无须食言所感到的光荣或骄傲。”可见，在商业环境中，组织之间也会存在某种隐性契约和支付成本差异，隐性契约和支付成本的差异正是来自看不见的这个声誉资本。

三 声誉的力量：一种精准的甄选机制

现在，让我们把考察的目光投向人类更遥远的过去，寻找声誉的根源和其作用的形态。

20世纪90年代，英国人类学家罗宾·邓巴对灵长目动物群落进行了深入的研究，估算灵长目动物的群落所能达到的最大规模。

邓巴的研究发现，群体规模与该类动物的大脑皮层容量形成函数关系，

---

[1] 张其仔，颜咏红. 信用为什么缺失［J］. 经济管理，2001（07）：19-21.

这一函数运用于人类的结果就是“邓巴数”，数值为147.8。邓巴数理论的核心概念是“群体规模”和“社交梳理”。自然条件下，超过邓巴数后，人类群体之间无法保持有效沟通，更无法形成有效协作，将面临解体。

这与人类大脑的信息储存和运作能力有很大关系，在150个人的群体内，不算人数三五不等的小团队组合，仅仅是两两组合，就会产生11175种组合，这远远超过了最发达的人类大脑的信息记忆和处理能力。

那么，究竟是什么力量让人类突破了这个数字，创造了庞大的城市、伟大的帝国呢?

密歇根大学的进化心理学家丹尼尔·克鲁格认为，即便是在物资相对匮乏的狩猎时代，仍然存在着等级制度，其他灵长类动物也会密切关注在群体中占据主要地位的优势个体，该种关注在群体之间的信息传达以“某种叙事”的形式进行。

以色列历史学者尤瓦尔·赫拉利在其著作《人类简史》中说明：这里的秘密很可能就在于虚构的故事。就算是大批不相识的人，只要同样相信某个故事，就能共同合作。

叙事之所以成为叙事，正在于一种隐含的预期兑现和保障。这种预期兑现和保障使叙事作品与社会之间具有一种交换性质，所有类型的故事，必然有一个主体，该主体可能是一个个体，也可能是一个群体，总之，必然有某一人格化的主体存在。人类本身是一种依靠意义感生存的生物，所有的个体都需要在混乱中提取某种“模式”或“意义”，我们通过模式获得行动的指导和参考，正如大脑会在视觉和听觉中获取信息一样，我们也会在各种信息中寻找某种简化的模式，这种简化的模式可以体现为某种“声誉”，我们据此做出行动。

很多时候，正是某种以叙事形式存在的声誉认同左右着个体的选择和命运。

一个“天赋神力”的领袖可以聚拢原始群落，对远超任何个体力量的凶猛动物进行大规模捕猎；一个“让天下没有难做的生意”的互联网平台，可以促使成千上万的个体商户和顾客在未曾谋面的情况下完成巨量商业交易……

总之，故事是一种手段或者技术，有故事的主体和愿意相信故事并据之做出行动的个体才是活动的根本，可以说，正是依靠对故事主体声誉的评价和信息，个体才可以甄选行动方案和追随的领袖并形成协作。

四 声誉的力量：一种高效的资源配置

声誉的力量不仅在资本领域火线救援中发挥作用，在更具体的社会经济合作中，其作用也不容小觑。笔者在东南沿海一些渔村考察的时候发现，渔民往往要自备渔船，远海捕捞的大船通常需要更多资金或者更复杂的多层面的协作，包括资金、人力、技术等，在这种情况下，渔民多会自发形成投资股本或者联合作业的集群，凑钱凑人凑技术。

渔民之间的关系或是血缘，或是姻亲，或是地缘，他们处在一个相对封闭又互相熟悉的群体里，在这个群体里不需要任何书面协定，通过证人就可以完成极为复杂的契约行为。在群体里，声誉不良的人在任何合作中都会受到合作伙伴的排斥，甚至驱逐。

资金和人力会在声誉的作用下自发汇聚、配置到最具效益和回报的组合中，这是典型的声誉资本使资源得到了更好的配置。

声誉资本本身构成一种重要的履约保障。学者张其仔曾论述：“自我履约依靠的主要是两种机制。一种是重复博弈。当交易的双方目前进行的交易只是未来交易的一个组成部分时，双方便可能采取相互合作的态度。因为一方违约会导致另一方中止交易，未来的收益无法实现。但是随着我国经济的发展，市场规模的扩大，企业数量的增加，企业相互之间选择的可能性增加了，再次相遇的可能性在下降，对重复博弈的需求下降了，导致重复博弈对信用保证的能力下降。自我履约的另一种机制是声誉机制。讲信用可以为生意人带来声誉，降低他以后做生意的成本。不讲信用的生意人，他的声誉在市场上会贬值，这种贬值使他在以后做生意的时候成本增加。”声誉这种对资源的配置力量在各圈层各领域都不鲜见，比如在各种商会、互联网投资人圈子中。

声誉良好的成员往往可以拥有更多的优质合作资源，用更低的成本获取更好的回报，声誉资本的驱动力量使合作成本更低、效率更高。

同样，一个声誉不佳的成员，即使偶然（比如继承等因素）拥有良好的物质资本和人力资本，往往也难以获得长久的成功，用网络流行语表达，就是“凭运气得来的，总会凭实力输掉”。

如果说，拥有物质资本和人力资本的人，终将关注并积累自己的声誉资本，那么拥有卓越声誉资本的人和组织，也必将获得雄厚的物质资本和人力资本，所谓“众望所归”，无外此意。

五 声誉的力量：一种公众权力

对拥有崇高声誉的主体，声誉的受众群体往往愿意牺牲自我利益，根据声誉主体的意见做出某种权利和资源的让渡。通常我们会笼统地将这种声誉的力量称为“号召力”“领导力”等，这是一种无须强力保证或者权力机构授权的，群众自发、自愿授予的公众权力。同时，声誉败坏的主体也必须面对公众意见形成的惩罚，这时声誉也构成一种公众权力。

推动汉密尔顿与伯尔决斗的显然正是声誉的这种“在公众中的有效性”，这种有效性不只体现为驱动力或者号召力，有时候也体现为群体惩戒机制。

由声誉形成的公众权力，往往与群体网络的紧密程度、群体内社会资源的需求弹性和可替代性相关。

在理性人假设前提下，声誉资本在社会活动中的效用性可以用公式表达：声誉资本的效能∝〈网络紧密度｜群内社会资源需求弹性｜群内社会资源可替代性〉。

一般情况下，我们习惯将这种由声誉形成的公众权力惩戒称为“道德审判”，这种道德的审判并不只是停留在审判层面，从声誉的角度，这种审判往往附带高效的执行力——社会资源的隔绝甚至生存权的剥夺。有时候仅体现为相对温和的指责或排挤，有时候则会外化为激烈的公众惩罚乃至暴力打击。

法国启蒙思想家让-雅克·卢梭认为国家的权力分为三类：公法、刑法和民法。但是他同时认为：“在这三类法律之外，还有第四种类型，而它是所有类型中最重要的。它没有刻在青铜器或者大理石上，而是深刻在每一位公民的心中，因此它才构成整个国家宪法的中心。它日复一日赢得新的力量，在其他法律过时或者非指定的时候，它依然生机勃勃或者起到替代的作用，它使得国民获得精神支柱，并在不知不觉中用习惯代替法律的权利。我所说的就是道德伦理、风俗习惯以及由之占据主导的公众意见，它们都是政治策略的一部分，政治家对如何维护它一无所知，尽管所有其他的法律成功都有赖于它……”“公众意见是一种法律类型……评判道德伦理和评价声誉的人，都是从（大众的）态度和观点那里得到指南的”。

毫无疑问，卢梭在这里指出的基于道德伦理和国民风俗习惯的公众意见本身也是声誉公众权力的一种体现，而这种公众权力的体现，也是汉密尔顿甘愿冒着生命危险奔赴决斗的原始驱动力之一。

第二章　经济学视角的声誉资本与声誉管理

在一般的社会活动中，声誉虽然对人类行为时时发生着影响，但无法被量化，很多时候也无须被量化。作为商业伙伴，通常会有人提出“我打包票公司本季度能实现20%的利润增长”（事实上，即便你这样做了，也还有许多常规的论证要做），这意味着他拿名誉做了担保。不用提供额外的担保或质押，或者担保或质押不足以覆盖风险或机会成本，但是又需要为某项风险性的交易承保，声誉的潜在作用就开始发挥其功能。担保或质押之外的部分因素也许是你过去的经验、你预期的偿债或风险承担能力等，总之，往往要押上你的声誉资本。

那么，声誉到底可否视作一种资本？这种资本到底如何定义？如何发生作用？又该如何量化？

第一节　经济学视角的声誉资本

一 资本的形式：物质资本、人力资本和社会资本

广义的资本概念来自政治经济学研究领域，亚当·斯密以来的经济学家普遍将资本定义为一种能够生产产品的产品，如马克思说“资本是能带来剩余价值的价值”，保罗·萨缪尔森在他的经典著作《经济学》中将资本定

义为“一种生产要素”。早期人们理解的资本主要局限于物质资本，包括土地、设备、货币或其他非货币形式的物质。

20世纪50年代，美国经济学家舒尔茨和贝克尔率先突破物质资本的局限，将个人对教育、职业培训、保健，以及迁移的投入视为一种投资，并指出这种投资将最终形成个人的人力资本（Human Capital）。

作为对人力资本概念的回应，一些尝试与经济学对话的社会学家将人与人之间的社会互动与联系也纳入资本的范围，提出了社会资本的概念。

法国社会学家布尔迪厄于1985年提出将社会资本定义为社会成员通过他们之间的联结得到的优势或机会。随后，Pierre、Putnam和Fukuyama等学者将社会资本的概念引入经济学领域。Coleman将社会资本定义为一个群体中成员横向联系的广度及深度，其作用是增加群体的力量以及对某些成员实施惩罚。Putnam将社会资本定义为一个社会的信任、规范和网络，它能够通过促进社会成员有效地互相协作实现共同的目标。

张其仔是国内较早研究社会资本的学者之一。他认为，社会资本是一种网络关系，社会资本对经济发展、制度和技术创新、劳动力转移等都存在影响。杨永福认为，社会资本是一种通过社会成员之间的相互联系与相互作用而产生效益的资源。张远为、严飞将社会资本定义为在社会关系的基础上，以群体的共同利益作为目的，通过人与人之间的交往形成的社会网络关系和社会规范，它能够促进合作行动从而提高社会效率。

概括起来，这些研究者都将社会资本理解为一种个人通过自己拥有的社会网络关系而获得的资源，之所以称之为“资本”，是因为对这些网络关系的投资可以给人们带来预期的收益。[1]

经济学家厉以宁认为，在经济学中，有三种资本的概念——物质资本、

---

[1] 赵延东. 社会资本理论的新进展［J］. 国外社会科学，2003（03）：54-59.

人力资本、社会资本，“财富是三种资本共同创造的”。

物质资本即通常所说的生产资料，如土地、厂房、生产工具、机器设备等，当然，可以转换为生产资料的货币也属于物质资本。

人力资本即具备一定技能、经验、知识和智慧的劳动者或生产者（按照厉以宁先生的观点，有体力无技能的人也构成人力资本，区别只在于资本价值的高低）。

社会资本这一理论于20世纪70年代基本得到经济学界的普遍认同，按照厉以宁的定义，“社会资本指的是一种无形资本，是人际关系，是人的信誉……社会资本之所以重要，因为它以一种无形资本的方式使得物质资本和人力资本能够更好地结合。换句话说，社会资本是促进物质资本和人力资本结合并发挥作用的不可缺少的一种无形资本。”

按照《现代汉语词典》（第7版）中的解释，信誉、声誉（声望名誉）、名誉（名声）等均包含“名声”的意思，也即“社会评价”。经济学范畴的“信誉”“人际关系”与传播学和社会学范畴的“声誉”并无实质不同。“社会资本”是声誉在经济学领域的另一种体现。可以说，声誉资本，也即社会活动中人或组织之间的“关系”和“信誉”构成的“社会资本”。

从亚当·斯密到布尔迪厄，再到厉以宁，声誉在经济学领域被明确认为是一种资本和生产力。

二　从社会资本到声誉资本

据说标准石油创始人洛克菲勒在给后人的书信中这样写道：“如果把我剥得一文不名丢在沙漠的中央，只要一行驼队经过，我就可以重建整个王朝。”在没有货币、工厂、土地和设备的情况下，财富从何而来？如果信件属实，可以说，洛克菲勒依靠的就是“石油大王”的声誉。

经济学界关注声誉的力量由来已久，但是将声誉作为一种资本进行研究和管理则相对较晚。

分析声誉在经济活动中的效用离不开理性人假设。理性人概念是理性主义与经济学发展的产物。这一理论认为，人是理性的，是能够认识并追求个体利益最大化的。“每个人都不断地努力为他自己所能支配的资本找到最有利的用途。固然，他所考虑的不是社会的利益，而是他自身的利益，但对他自身有利的研究自然会或者毋宁说必然会引导他选定一个最有利于社会的用途。”

亚当·斯密发展了理性人理论，赋予经济人两个特质：一是自利，二是理性。以完全理性和自利为基础，经济人才能够找到实现目标的所有备选方案，预见这些方案的实施后果，并依据某种价值标准在这些方案中做出最优抉择。

经济学的这一理性人假设在20世纪中期受到来自心理学领域的挑战。1943年，美国心理学家马斯洛提出了著名的需求层次理论，该理论从心理学的角度否定了传统的理性人假设把经济利益作为人的唯一需要的观点。

因为人在生理、安全等基础需求获得满足后，还有爱、被接纳、被尊重等更高层次的社交、精神需求，这些需求通常会具体外化为某种“利他”的高尚行为，是为了获得社会网络中的无形资产或满足自己更高层次的需要。实际上，从声誉在群体中所起的作用看，这种利他行为往往演变为个体在群体中的某种重要存在价值，这种价值越大，则个体从群体中获取资源和帮助的可能性越大（也即汉密尔顿决斗中所维护的公众有效性）。这种利他具体的表现往往积累为个体的声誉，其效用也是通过社会网络调动和配置其受众中的社会资源表现出来。

三 对声誉资本的理解

1. 声誉资本这一概念的应用

尝试使用声誉资本来描述这一类社会经济活动中的资源产生、配置与运营管理，是希望更好地从传播学角度进行阐述，这种阐述需要在社会网络中建立某种主次关系，也即在社会网络的互动中产生某种社会资本并以声誉的形式产生并配置各种社会资源。在声誉的生产和配置的过程中，一定存在有意识的声誉的生产管理方即声誉主体，也一定有被声誉主体影响的一方，即声誉受众。

用声誉资本来描述这一社会资本的另一个原因，是社会资本是建立在网络之上的、通过互动产生并发挥作用的。很多情况下，纯粹的社会关系本身并不能创造财富，也并不能驱动其他形式的资本（物质资本和人力资本）。法国社会学家布尔迪厄曾表明这一观点："特定行动者占有的社会资本的数量，依赖于行动者可以有效运用的联系网络的规模的大小，依赖于和他有联系的每个人以自己的权力所占有的（经济的、文化的、象征的）资本数量的多少。"

但是，布尔迪厄并没有把社会网络和社会资本完全等同起来，网络并不等于资本，只有"可以有效运用的"网络才是资本。可以想象，被褫夺了荣誉番号的部队会不可避免地陷入士气低迷，未得到的奥斯卡奖项与已得到的演员的片酬也是截然不同的。同样，在企业经营管理中，缺乏对组织愿景和蓝图认同的员工，往往也难以全身心为组织效力，而拥有良好社会声誉的企业，甚至其产品都自带光环。

真正创造财富、驱动人力和物质的是基于社会网络关系及关系互动产生的声誉、想象，以及在此基础上的行动。

可见，声誉资本正是这样一种社会资本的集中体现，更是个体行动的依据和度量。

学者Barnett将声誉归为3类。一是意识，常表述为“感知”，即将声誉定义为各种与感知有关的集合，或者是知识和情感的表现；二是评价，即将声誉定义为观察者或利益相关者对主体的评价，常用“评价”“估计”“测量”“度量”等表述；三是某种资产，即将声誉看作一种经济资源或无形资产。

2019年，我国一项样本为417份的关于企业声誉资本的调查也说明：“声誉资本是一种无形资本，不但可以像有形资本一样，还具有边际收益递增效用，可以通过降低交易成本和生产成本的方式为企业财务绩效提高做出贡献。”[1]

从经济学的角度出发，社会资源并不等于社会资本，社会网络也不应被视为一种社会资本，“社会网络不等于社会资本。两者的区别是资源与资本的区别：资源是潜在的资本，资本是动用了的、用来投资的资源。社会网络是社会资源而不直接就是社会资本；社会资本是动用了的、用来从事生产性的经济活动的社会网络或社会资源。”[2]

以商业领域的标准看，虽然计量方法和划定范围有异，声誉却属于商誉的一部分，是企业的无形资产，声誉资产可以像有形资产一样为企业创造价值。即使声誉资本无法具体量化在企业资产负债表上，但是，声誉资本是在商业关系中比有形资本更重要的战略资本并决定性地制约着企业的发展。

可以说，无论是对个体还是组织，声誉是这样一种无形资产：一种虚拟符号系统的社会化映射，该符号系统可以为声誉主体在受众群体中引发某种特定的感情反应，并进而影响个体和群体的行为，给声誉主体带来实际的损

---

[1] 杨春，李箐，杨秀萍等. 声誉资本影响企业财务绩效吗？——来自417份调查问卷的证据［J］. 征信，2020，38（01）：21-27.

[2] 刘林平. 企业的社会资本：概念反思和测量途径——兼评边燕杰、丘海雄的《企业的社会资本及其功效》［J］. 社会学研究，2006（02）：204-216.

益。无论是在传播学领域还是在经济学领域，均可将之视为一种重要的价值体系，通过科学的方法将之可计量化并视为一种资本是合适也是必要的。

基于以上对声誉的认知，我们这样定义声誉资本：声誉资本是一种依附于声誉主体存在的社会公众的主观评判系统，该评判系统是在声誉主体的行为基础上，经社会化传播手段，由所有传播受众综合评价而形成，并能通过实际行动为主体带来损益的一种无形资产。

声誉资本评估的根本在于未来收益大小和兑现概率，用公式表达为：声誉资本 = 预期价值 × 实现概率。

声誉资本是一种依附于声誉主体的存在，是一种意义符号体系，该体系帮助声誉主体的受众定义和解释外部世界，并据之做出对应的评判和行动。所以，声誉资本是一种信息评判体系，其能成为“资本”的根本原因，不应只是评判，而是基于评判促使声誉受众行动，是一种驱动力。可以简单地说，声誉资本就是一种对人力资本和物质资本的驱动资本。

2. 声誉资本的特性

声誉资本可以视为一种文化资本形式的“非同质化货币”，具备以下特性。

（1）经济价值。

声誉具有资源配置的契约属性，这种属性本身构成一种履约价值，既然履约能够创造财富，那么，声誉的价值也将无限接近于契约的价值。

在人类社会活动中，声誉的契约属性表现出多样和发射性的特点，因此声誉的价值对主体而言也基本无限趋同于其社会交际价值。

声誉作为一种无形资产，可以从账面价值和市场价值中体现出来。实际上，声誉资本带来的增值也很具象地表现在企业核心团队的收入上，学者Winfree A和Logan通过实证研究发现，管理者的收入与企业声誉显著相关。更高的声誉显然也能给企业的管理者和核心团队带来更高的收益（声誉好的企业的效益和盈利能力也更高，同等盈利能力的企业，声誉排名更高的企业，其CEO的收入也更高，这一点可以通过国内上市公司高管薪酬与企业声誉排行榜的排名得到验证）。

（2）可交易性。

声誉资本可以用会计学中无形资产的标准进行评估并交易，也可在某些特殊情况中提供隐性契约性质的担保和质押，这使声誉具备某种货币属性。这一点不仅体现在较高声誉的公众人士往往获得等级不同的出场费、代言费，也体现在声誉的损耗上。某些机构的背书和认证可以为其认证的对象获得某种价值，机构也可依靠这种独有的、可识别的声誉获得货币租金。学者Weighl和Camerer也曾指出，声誉是基于企业过去行为的一系列特征的总和，这些特性能够创造租金。

声誉在不同的主体之间具备流动性，这种流动性因声誉主体之间的交往和互动程度而定。对受众而言，不同主体之间的交往和互动程度决定了它们之间的声誉接近性，这种群体认知接近于“物以类聚，人以群分”的意思。

乔治·恒和拉里·萨缪尔森两位经济学家对声誉的这种流动性从交易理论视角进行了解释，他们指出，声誉是一种与物质资产和金融资产类似的资产，也需要投资和维持；声誉的价值在于增加承诺的可信度，有助于公司规避道德风险；声誉需要被正确地管理，否则其价值会逐渐丧失。

产权交易市场中，有能力的企业更倾向于通过购买拥有平均（而不是极高或极低）声誉程度的企业进入市场，并且希望把它建设成名声显赫的企业。相反，低能企业发现或者购买低声誉企业或者高声誉企业并慢慢丧失其声誉，反而是更加有利可图的策略。

（3）不可分割性。

单独一家企业的声誉资本不可分割，只能在其依附主体估值的基础上，以企业的股权形式进行持有或者转让，但是声誉资本整体仍然体现为不可分割的整体。企业声誉资本中的某个具体构成部分，如某一产品品牌、商标等在交易中往往可以视为独立的声誉主体的声誉资本。

组织必须将声誉管理工作根植于组织的文化，而组织文化的内生性和独特性决定了声誉不能通过模仿获得。自然人因其家庭背景、教育经历和职业技能、社交口碑等也具备独特性，这种独特性构成其声誉资本的一部分基因，也是不可分割的。

商业活动中，某一家企业的声誉独一无二，不可置换，只能在企业并购活动中以商誉的会计科目形式进行整体的价值计算。

（4）可证明的稀缺性。

声誉天然具备比较的属性，对同一受众而言，对声誉排序是不可避免的。群体共同的认知有无限简化的特点，因为排序的存在，同类声誉主体的相互排斥也是必然现象，真正的声誉“霸主”往往是极少数的，从而体现出“赢者全得”的马太效应。个人崇拜和偶像崇拜是伴随人类群体的文化现象，也是声誉稀缺性的一个重要特点。一旦在某一个群体中形成某种声誉标签，往往出现同类排斥，声誉资本成为一种稀缺的存在。

（5）依附主体存在的不可替代性。

声誉是基于声誉主体存在的，并与声誉主体的社会网络紧密相关，这也使声誉不可能像普通商品或者货币一样流通，声誉具备高度的主体依附性和不可替代性。就如学者Kotha Suresh、Shivaram Rajgopal 和Violina Rindova所描述的那样：企业声誉必须通过企业自身的长期行为而建立。

按照经济学家的观点，声誉资本是独立于物质资本、金融资本、人力资本之外的一种重要资本，因此没有任何其他资本可以替代它。

（6）保值惯性与价值的波动性。

对声誉的认知具有一定的惯性，这种认知惯性在社会心理学中往往具体表现为对声誉的“刻板印象”，也体现为声誉资本保值的惯性，若非重大的舆论危机事件，声誉不会在短期内出现巨大的贬值，甚至即使发生较为重大的危机事件，声誉因公众认知“刻板印象”产生的保值属性仍然可以为企业调动一定程度的社会资源。

声誉经由社会网络建立和沟通，社会网络内的成员相互交流感想和观点，继而形成声誉。Bromley D B认为这也决定了声誉的认知惯性——对同一声誉主体的受众而言，社会网络的信息传递和接受需要经过一定的时间和理解过程，从社会心理学的角度看，“刻板印象”也可以解释这种认知惯性。

由于声誉的“刻板印象”导致的认知惯性，丰厚的声誉资本能够帮助企业构建“舆论防护盾”，躲过“风评被害”，同理，企业也会被恶名所累，声誉的“负资产”会加速企业的衰亡。学者白永秀和徐鸿对此认为：良好的企业声誉有利于企业克服困难，获得超常规的发展；不良的企业声誉会阻碍企业的发展，甚至置行为主体于死地。

声誉的价值与信息成本相关，同等价值的交换中，信息成本越高，交换双方的风险越大，对声誉的要求也越高，声誉在这个过程中起到担保和抵押的作用，其价值也越高。学者道格拉斯·诺斯认为：“声誉取决于信息成本——为双方进行长距离交易以及非人际交换提供了一种实施合约的机制。”实际上，在人际交往中，越熟悉（信息成本低），融资成本越低，同等熟悉程度（同等信息成本）情况下，融资额度往往与支付能力相关。

这也决定了声誉资本的价值会因为社会关系和其他环境因素而产生一定的波动，这种波动也是我们需要对声誉资本进行管理的原因之一。

四 声誉资本：另一只看不见的手

1. 声誉资本发挥作用的环境

在单次博弈的囚徒困境模型中，理性自私的个人往往会选择破坏交易的行为，“一锤子买卖”就是典型的“信息不完全单次博弈”，这种情况下，没有正规约束，声誉也无法起到担保和抵押的作用，交换往往无法形成有序的规模化经济，因为欲达成交易，必然增加不可估量的信息成本。可以想见的情形是，一个人在旅途中牙痛病发作，大概率不会选择路边集市的牙医治疗，哪怕该牙医在当地的声誉极好，因为要了解该牙医信息的成本已经超过了返回熟悉的口腔医院诊治的成本。

从信息经济学的角度看，现实生活中存在非常多的“信息不充分博弈”的状况，这种信息不充分状况，结合不同的个体对信息处理能力的差异和较为普遍的理性欠缺，使人的“有限理性”成为客观事实。提出“有限理性”的赫伯特·西蒙进一步指出，人不可能知道全部的备选方案，外部环境是不确定的、复杂的，信息是不完全的，人的认识能力和计算能力是有限的，经济行为者不可能把所有的价值考虑统一到单一的综合性效用函数中。

基于这种客观事实，人们必须依靠一种相对简单而高效的方式进行决策，这种方式往往是在多次博弈中被证明为价值获取概率最高的一种，或者是预期贴现率最高的一种。实际上，行为经济学者认为“人们在做决策时，一般是采取试探方法或根据经验”。虽然很多时候，这种基于有限信息和“有限理性”做出的决策往往并不能达到期望效用的最大化。

许多新的经济理论已经对传统经济理论中的理性人假设做过足够充分的论证，影响人行为的不仅是市场价格或者绝对理性的价值计算，还有其他社会的、心理的等因素。非完全自控（Incomplete Self-control）指经济主体做出的决策常常会与其长期利益背道而驰。

经济学视角的信誉，侧重“信”，是一种商业信用的考察，在企业的市场活动中，商业声誉更体现出其强大的干预力量，也是一种被具体化、量化评估的经济指标。

声誉研究者Van Bogaerd和Aerts以媒体调查的方法衡量了英国上市公司的声誉水平，发现企业声誉与应付账款水平呈现强烈的正相关。诺斯对此也有论述，他认为："在这些条件下（不完全信息下的单次博弈），理性自私的个人将达到帕累托次优解，也就是说，双方都比合作时的境况更差……现在有一些使双方回避这一困境的方式。他们可能会事先签约同意达成某些标准，他们也可以雇律师来监督合约的实施。要注明的是，他们这样做时，已将交易费用引入论题中去了。交易的费用（亦即担保双方符合合作方案的机制的费用）可能会超过双方从中获取的收益"。良好的声誉则可以避免这项成本的产生，两个互相了解的商人，他们之间的交易或许并不需要律师或者其他复杂的第三方制约，因为违约带来的惩罚和损失将远远大于违约带来的收益，尤其是这种交易还将重复下去的时候。

社会网络中的交换过程中，声誉除了节省第三方成本，还能提高交易的效率，从而最大化交换所产生的财富。

在真实的人类经济活动中，普遍存在交易成本，简单说，交易成本就是达成一项交易所要付出的时间、精力和财力，如市场调查、情报搜集、质量检验、条件谈判、合约拟定、律师等专业第三方聘请，直到最后合约执行产生的成本。声誉是经济学交易成本的一部分，其本身是一种可以通过投资、管理进行创造和增值的资产，良好的声誉可以降低交易成本。

由此可见，声誉通常在这样的环境条件下发挥最大功用：多次重复博弈；信息不完全；缺乏正式约束或者规范契约保护。

2. 声誉资本发挥作用的过程

诺斯曾经指出："理性人模型的说法会很容易使我们误入歧途。行动者常常根据不完全信息行事，且他们常常通过想象来处理所获得的信息。"确实，人类行为比经济学家模型中的个人效用函数所包含的内容复杂得多，很多时候，人们的行为并不是基于财富最大化的理性计算，而是基于利他和自我约束。

理性人的假设之所以无法完全解释人们的某些"不经济"行为，是因为在经济学理性人假设采用了新古典瓦尔拉斯模型（Walrasian General Equilibrium Model），该模型是一般均衡模型。在该模型中，商品是同质化的，市场集中于空间的单独一点，且交换是同时进行的，个人拥有交换品的充分信息，交易双方对交易条件也有充分的了解。人们不需要为了影响交换而付出努力，只要分配适量现金，交换就可以顺利进行，这种情况下，价格成为价值最优化配置的条件。这只是一种理想的模型，实际的商业活动中，纯粹的信息透明和理性决策是很难做到的。

复杂的现实交换网络中，当要获取某项商品或者服务的时候，我们通常要付出一定的资源（或者与该资源市场定价相当的货币）给对方。但是通常情况下，衡量一项商品或者服务的价值并不容易，我们往往需要在有限的信息和信用基础上简化衡量过程，比如通过品牌、店铺等，或者也可以依据具体的人或者组织的声誉。

举例来说，一个村子的酿酒师，酿酒用料地道、口味纯正，从不掺水，每单交易均亲自待客，开一家店的时候，他的面孔就是“用料地道、口味纯正、从不掺水”的保障，顾客只需看他即可放心购买。在同一个村子开第二家店的时候，或许还能应付，若生意继续扩张，到更远的村子乃至城市卖酒，酿酒师则必然无法应付，这个时候，以他本人的声誉作为担保，为每一瓶酒赋予品质保障就成为必然之选。以酿酒师本人声誉为担保的形式可能是本人签名的酒封或者其他什么东西，总之，为了简化交易识别过程，这个承载了他声誉作为担保的事物会越来越简单，直到成为我们称为品牌的东西。

由此可见，品牌显然是这种声誉担保的高浓缩的、商品标签化的极简呈现，这也使得品牌极为容易和声誉混淆。

不出意外的话，酿酒师或许还会授权其他酒坊使用他的品牌作为担保，但是，无论酿酒师是否还酿酒、酒坊发展到怎样的规模，拥有这个声誉担保符号和整体交易的主体（酿酒师或许已经过世，生意由其家族继承，酒坊发展成一家股权分散的现代证券化的企业），会做如下考量。

违约成本 > 获利成本：交付承诺的价值给买方。

违约成本 < 获利成本：可能会交付低成本的价值给买方。

违约成本 = 获利成本：以上两种结果同等概率。

其中，违约成本 = 交易前投入成本 + 预期收益。

决定预期收益的，显然是未来持续的交易，而决定持续交易获利的基础，除了竞争环境、卖方成本和买方需求与支付能力外，一个必要条件是这种信用担保会持续生效——卖方持续提供承诺的价值，买方相信这种基于声誉担保的承诺并支付相应货币。

所以，在没有特殊事故发生的情况下，极大概率酿酒师（或者后来的继承者）会尽力保障"用料地道、口味纯正、从不掺水"的承诺兑现。

同样，一家医院、一家洗发水企业，或者任何一家现代化的企业及社会组织，声誉在其中均能起保证作用。我们通常所说的品牌，只是声誉的一个传播学投影。

价值交换的前提是双方认为交易是平等互利的，而这种"认为"的基础，是一种信息差存在环境下的感性的、简化的声誉或信用担保。买家支付由国家信用担保的法定货币购买某种商品或者服务的价值，卖家以个人的声誉（品牌=未来收益）担保提供等额的合理价值。

因此，人们在所有的交换活动中，除了理性的考量，必然还被许多感性的因素影响决策，如果说基于古典经济学理性人假设前提的价格-价值交换是"一只看不见的手"，那么声誉就是"另一只看不见的手"。

社会活动中，可以说声誉是个人"品牌"，是口碑、人气或者别的什么东西，也可以说品牌是企业的声誉，或者商品口碑，甚至品牌声誉（这本是同义重复），但毫无疑问真正起作用的正是声誉。买卖双方对声誉的重视使交易得以顺畅完成，可见，声誉保障了价值交换的成功，也提高了价值交换的效率。

按照诺斯的模型，在瓦尔拉斯模型中加入信息成本，从交换中所获得的净收益就是总收益减去衡量、监察协约的成本，再减去监督不全所致的损失。即：净收益=总收益 －衡量／监察协约成本 －监督不全损失。

这个公式中，衡量和监察协约的成本，以及对协约监督不全导致的损失，正是声誉所能起到的保障和担保作用，良好的声誉的担保作用可以降低“衡量和监察协约的成本和对协约监督不全导致的损失”。对交易的双方而言，声誉价值是同样存在的，哪一方的声誉价值越高，则哪一方将总收益转化为净收益的能力越强。

如果一个购买者在10次交换中有1次使用了假币，则大概率卖方会提高下一次交易的价格，以降低“衡量和监察协约的成本和对协约监督不全导致的损失”。经济学家道格拉斯·诺斯则将声誉的这一资本属性描述为：“当偿付是在未来进行的，且具有完全不同的观点时，可信的承诺演进到使协议达成。在这类交换中，自我实施是重要的，重复交易中，声誉则是一种有价值的资产。”

诺斯认为：“要完全衡量有价值的属性是有成本的，因此将资源用于获取财富的机会就出现了。”显然，将这种信息资源用于投资和再生产，获得价值增值，正是声誉资本的本质，也是人们在经济活动中进行声誉资本管理的根本动机所在。要进行声誉管理的根本原因，在于声誉可以创造财富和价值，是一种资本的存在形式。

第二节 声誉管理的研究

一 声誉研究的源流

《辞海》中“声”字就有“名誉”之意，《现代汉语词典》将“声誉”解释为“声望、名誉”。“声誉”一词最早出自《史记·三王世家》“以立声誉，为四方所归也”，此后经常出现在各类文献中，其定义基本是稳定的。

声誉最广为认同的英文对应词汇为reputation，源自拉丁语的repute，re是代表重复动作的词根，pute代表思考、认为等心理活动，两者组合表达综合信息的重复思考和群体间的交互评判，可见西方文化对声誉的认知与东方文化是一致的。

在英文中，声誉有时也译作credit（信用），该词又源于card、do。card一词的梵文解释是“信任”，do是拉丁词，表示“我给予”的意思。因此，信用一词的原始意思就是“我给予信任”。

西方学者对声誉的研究首先是对商业活动中相关现象的观察。

关于声誉的研究可追溯至1763年，英国哲学家和政治经济学家、“经济学鼻祖”亚当·斯密在对保证契约顺利进行的一项研究中提出相关思考。他在《关于公正、警察、税收和军队的演讲》一书中曾评价荷兰人、英格兰人、苏格兰人的信用水平，认为荷兰人的声誉要高于英格兰人，英格兰人的声誉高于苏格兰人，并进而观察到居住在城镇的人比偏远地区的农人声誉要高。亚当·斯密认为声誉是一种能够保证契约顺利实施的机制，也是对个体的隐性激励。商业越发达，交易量越大，声誉的作用越重要，声誉是使商业承诺履行的重要保证机制。

企业声誉的概念虽然产生较早，而且和20世纪60年代、70年代欧美企业品牌风潮有密切关联，但是商业界和管理学界真正开始密切关注这个问题，却是在《财富》杂志1983年推出企业声誉榜（最受尊敬的美国企业评选）之后，此后的10年中，企业声誉开始作为一个重要问题受到企业和管理学界的重视。

在一开始，企业声誉理论和品牌理论一样，都是从公众印象和评价的方向来构建基本理论的，并和企业无形资产、客户满意度和忠诚度相关联。毫无疑问，企业声誉与这些方面都有关系，但是仅有这些方面是不够的。

对声誉在商业和传播中的应用研究比较有代表性的是纽约大学斯特恩商学院的管理学教授查尔斯·丰布兰，他于1996年较明确地给出了企业声誉的定义："企业声誉是一个企业过去一切行为及结果的合成表现，这些行为及结果描述了企业向各类利益相关者提供有价值的产出的能力。"

回溯人类社会的历史，声誉这个有着不同名称的文化概念作为人类文化和社会心理的重要构成部分与亚当·斯密所言"看不见的手"一起成就了我们复杂的分工、协作和社会资源配置。总体看来，从不同的学科视角，声誉的定义可以归纳为如下几点。

（1）经济学视角将声誉看作一种属性或信号。

（2）战略研究视角将声誉看作一种资产或进入壁垒。

（3）社会学视角认为声誉代表声望的综合评价，描绘出评价对象所处的社会系统的层次，同时声誉还是反映组织合法性的指标。

（4）营销学视角强调声誉是外部主体对客体的直接或间接感受或信息的加工过程。

（5）组织学视角将声誉根植于组织文化和身份之中。

（6）会计学视角更多地将组织声誉看作一种无形资产。

最有说服力的企业声誉定义来自关系学派，该学派把企业声誉看作随着时间的流逝，利益相关者根据自己的直接经验、企业行为及企业主要竞争对手的相关信息对企业产生的全面认知、评价和情感联系。

声誉在社会学、传播学领域有诸多近似词汇，如名声、名望、名气、声望等；在经济、金融领域也有类似的表达，如信用、信誉、商誉等；法学领域以名誉对应自然人，以信誉对应经营者；商誉则是企业管理方面声誉的对应表达。声誉这一概念，根据领域、用法和主体的不同有不同的表达，但人们对声誉的基本认知一直是稳定而统一的。

二 声誉管理的提出

从亚当·斯密的时代开始，人们对经济活动中声誉的认识已持续了两百多年，但真正将声誉作为一个学术概念进行研究，则是20世纪60年代以后的事情。进入20世纪，随着传播学成为一门独立学科，大众心理学、营销学和社会学等人文社会学科的研究手段越发多样化，声誉管理也进入快速发展阶段。同时，宏观学科方面，经济学、博弈论等领域也逐步对声誉进行了深入的研究。而且，随着营销管理、公共关系等研究高速发展，声誉的作用和价值越发引起了学者的兴趣，经济学和管理学界均在声誉的研究方面产出了卓越的成果。

关于公司声誉的定义，查尔斯·丰布兰认为公司声誉是“与其他领先对手相比，一个公司凭借过去的行为和未来的前景对所有的关键利益相关者产生的吸引力在认知层面的表达。”

“声誉”是利益相关者群体对个人或组织的总体认知和评价，“信任”是利益相关者群体对个人或组织所持有的态度，两者密不可分。当个人或组织的美誉度上升时，不同利益相关者群体对其信任度随之加强；当个人或组织的声誉下跌时，不同利益相关者群体对其信任度随之减弱。

和所有事物的发展过程一样，声誉也必然存在建立、维护、挫折、修复，甚至破产的过程。既然存在这样的过程，且个体和组织均有保持美好声誉的基本需求，那么探索其发展和变化的规律，对声誉构建和成长的过程进行有效的管理就是必然的选择。唯如此，在社会层面，才能发挥声誉契约性、甄选性和资源优化配置的功能；在个人和组织层面，才能与利益相关者群体建立和谐的发展关系，并获得更好的成长。

从社会学的范畴来看，如果说财富、权势是硬实力，那么声誉就是凌驾于硬实力之上的影响力，更是对硬实力具备支配权和优先权的精神和心理力量。

任何个体或者组织，在接触相关公众的起始，声誉就已经开始形成，并会逐渐成为一种显见的影响力。对拥有美好声誉的个体或者组织而言，受众的心悦诚服、衷心拥戴与奉献，远胜于通过其他手段获取的财富、品牌、职位、名衔……

声誉是组织或者个体在社会化环境中，相关利益方赋予其的估值、预期与好感，更是经过时间考验的综合认知评判。

三 声誉管理研究的发展

20世纪80年代，克瑞普斯（Kreps）和威尔森（Wilson）等人在研究经济模型时将声誉（reputation）作为一个重要因素纳入进来。同时，伴随着博弈论和信息经济学在经济学中的广泛应用，声誉理论系统也逐步发展完善。

经济学家在对声誉的传送机制进行研究后，得出了这样的结论：“声誉信息在各个利益相关者之间的交换、传播，形成声誉信息流、声誉信息系统以及声誉信息网络，成为有效信息的显示机制和信息扭曲的限制机制，从而有助于增加交易的透明度，降低交易成本。”[1]

1998年，加里·戴维斯在查尔斯·丰布兰的研究基础上提出公司声誉的创立模式。这个模式的思路是首先进行身份识别，然后通过沟通树立公司的形象和声誉。公司声誉作为一种重要的战略资产，可以构筑公司的竞争优

[1] 余津津. 现代西方声誉理论述评［J］. 当代财经，2003（11）：18-22.

势。加里·戴维斯认为，通过广告和公关，公司可以在短期内树立形象，但需要较长时间才能创立公司声誉。

1996年，美国学者戴维斯·扬在《创建和维护公司的良好声誉》一书的中文版中指出：声誉管理是对公司声誉的创建和维护，指公司以正确决策为核心，通过声誉投资、交往等手段，从每个员工做起，建立和维持与公众的信任关系的一种现代管理方法。

2004年，查尔斯·丰布兰和斯瑞尔共同撰写的《声誉与财富》在中国出版。该书中，两位教授论述了声誉与公司价值的关系以及影响公司声誉建立的五大要素，即知名度、独特性、诚信度、透明度、一致性。

在企业界，爱德曼公共关系公司根据自己的公关实践，提出了“声誉金字塔模式”，认为公司声誉主要取决于三个动因：其一，产品与服务质量；其二，管理实践；其三，社会责任。这三个动因如同金字塔的三个支撑面，如图2-1所示。要让这三个动因真正发挥作用，公司还要与自己的利益相关者建立信任的关系，这种关系可视为“声誉金字塔”的坚固底座。

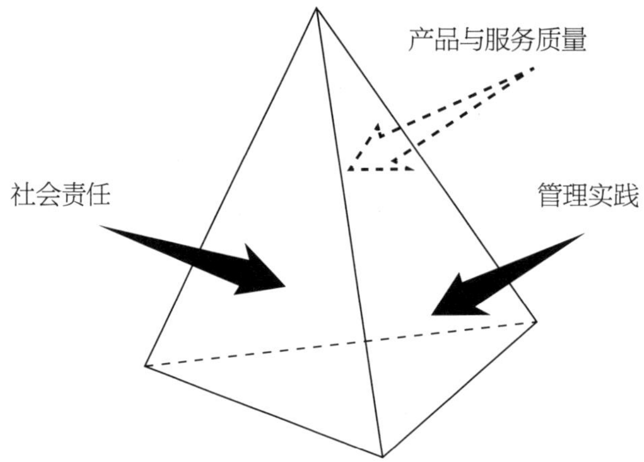

图2-1　声誉金字塔模式

20世纪末到21世纪初，随着互联网和媒体格局的发展变化，中国的研究者也在声誉研究方面取得了一定的进展。声誉研究在近30年引起国内外各领域的关注，与新传播环境下传统传播理论的局限不无关系。

第三节　声誉与传统传播概念

传统传播理论认为，“大众这个词表明传播是由一方发给多方，受众规模较大……有着一对多的定向。大众传播的另一个特点是媒介可知而受众不可知……大多数媒介不能直接得到信息受众的反馈。”[1] 20世纪80年代以来，随着万维网等信息技术的发展，过去大众媒体的“广播”“宣传（Propaganda）”传播模式面临巨大挑战。进入21世纪，数字媒体技术的高速发展，使社会化传播在声誉构建中的作用占据越来越大的比重，“群体和个体，受众与媒体的身份被模糊化，信息的传递进一步碎片化，而且突破空间和时间距离，使得信息的流动更类似于生物的神经网络——比生物学意义上的神经网络更进一步的是，随着存储介质技术的进一步发展，这种神经网络的记忆成本无限低廉，而且检索极大便利。”[2]

综上，一个公认的事实是：21世纪以来的信息技术革命为信息传播带来的改变主要体现在神经网络化的传递模式、速度和空间的解构、信息存储和检索成本的降低几个方面。

2000年以来，传统的大众媒体传播理论日渐面临诸多新的挑战，碎片化

[1] 大卫・克罗图，威廉・霍伊尼斯. 媒介・社会——产业、形象与受众[M]. 3版. 邱凌，译. 北京：北京大学出版社，2009：352.

[2] 戴维・克劳利，保罗・海尔. 传播的历史——技术、文化和社会[M]. 董璐，何道宽，王树国，译. 北京：北京大学出版社，2018：341-353.

的、即时的、亚文化社群等传播行为和现象涌现，巨量的信息、层出不穷的媒介形式使社会活动中的每一个个体急需一种简洁高效的信息识别系统，这就使我们不得不回溯人类进行早期社会交流活动的声誉时代，重新审视声誉这个古已有之、符合人类认知的惯有模式。按照后现代主义理论家鲍德里亚（Baudrillard）的观点，“形象的重要性日趋显著，这意味着一种新的现实，在后现代社会中，形象已经开始替代现实。结果公众往往很难分清形象和现实。”

近代以来，随着传播学成为一门独立学科，声誉管理进入定量分析的发展阶段。尤其是近10年来，随着互联网的发展，媒体和传播的形态已经产生了巨大的变化，当用传统的品牌、公关管理手段处理事务越来越无力应付之时，声誉管理开始引起一些决策者的思考。

经常有声音会问：

声誉不就是品牌吗？

声誉不就是口碑吗？

声誉是个刻意创造的伪概念吗？

声誉不就是公关界收取服务费的一种新工具吗？

……

鉴于此，我们很有必要对声誉与传统商业和传播理论中若干容易混淆的概念进行梳理和辨析，唯有从根本上厘清声誉与品牌、口碑、公关、整合营销的区别，才能真正理解声誉的本质，也才能真正认识声誉的力量、善用声誉的力量，构建有利于组织和个人发展的声誉。

一 相关概念辨析

1. 声誉与口碑

《现代汉语词典》对口碑的解释为：“指群众口头上的称颂（称颂的文

字有很多是刻在碑上的），有时也指群众口头上的评价。”可见，口碑是声誉的一个构成因素，是声誉的重要组成和表现形式之一，但是声誉并非全部以口碑的形式存在和起作用。

口碑也不完全等同于历史评价，口碑是群体交互评议后形成的综合认知，历史评价则不仅包含这种综合认知，还包含个体在征询他人意见前对主体的个体认知和评价。社会学和商业研究认为这种个体的独立认知和评价可以起重要作用，美国战略咨询机构、军事智库——兰德公司实行的德尔菲法（Delphi Method，专家调查法）就涉及对个体评价的典型运用。该方法是由企业设立一个包括若干专家和企业预测组织者的专门预测机构，按照规定的程序，背靠背征询专家对未来市场的意见或者判断，然后进行预测。在预测过程中采用刻意控制信息交互的形式，专家互不相识、互不往来，从而避免经常发生的专家不能充分发表意见、权威人物的意见左右其他人意见等问题。[1] 德尔菲法能够较为客观地反映专家个体意见的要点之一就在于保证个体的独立性，避免群体信息干扰个体判断和评价。

在实际的社会活动中，某一个体评价引发巨大声誉变化的情况时有发生，具备巨大流量和影响力的公众人物甚至可以颠覆多年口碑。

所以，历史评价是口碑的一种素材，口碑是历史评价的一种表现形式，历史评价包含口碑，口碑是由群体信息交互形成并获得群体认同的历史评价，两者的区别主要在于是否发生了群体之间的信息交互并形成一致认同。

口碑天然是声誉的一种口头体现形式，文字和印刷术的产生，使口碑声誉得以固化并依附介质突破时间和空间进行传输，信息技术则进一步深刻改变口碑外延。

无论是按照口碑的本意，将其定义为一种口头信息传播的方式，还是将

[1]　冯俊华. 企业管理概论[M]. 北京：化学工业出版社，2006.

口碑定义为“人际传播行为（包括而不仅限于口头形式）”，口碑都是声誉的一种构成方式，是完成声誉资本积累的一种传播构件。

2. 声誉与组织形象识别系统

组织形象识别系统是一种声誉符号或者声誉的一个度量指标，按照学者王文奎的观点：CI（组织形象识别系统）理论或技术比公共关系更能彰显和塑造组织形象；CS（顾客满意）又“超越”了CI；声誉管理则远比公共关系更加实在和科学。CI是包含MI（理念识别系统）、BI（行为识别系统）、VI（视觉识别系统）等三个子系统的整体，它本质上是现代社会组织的一种经营和竞争战略，特别强调一个组织与其他组织比较时的差异性或独特性，讲究在组织的经营和市场竞争中独树一帜、以差别取胜。

该论述更类似于声誉管理系统中“锚点定位”的一个构成部分。“在复杂科学的观念下，公共关系、CI、CS和声誉管理能够而且应该是相互补充和互相促进的，它们的核心理念——公众沟通、个性张扬（即特色竞争或差别战略）、顾客满意、公众信任（即良好声誉），以及组织良好形象和各具特质的具体理论内容与操作方法等，都是同一种复杂科学的不可或缺的构成组元，它们共同构筑了现代社会组织的经营与管理、生存与发展的理念系统和思想体系。”[1]

3. 声誉与品牌

声誉与品牌的诉求对象不同。品牌以直接顾客为诉求对象，声誉以包括顾客在内的更多元的社群受众为诉求对象。亚马逊也许在顾客中有良好的品牌表现，但在员工和供应商中的声誉可能并不如此；海底捞也许带给顾客和员工良好的体验，企业独特的管理模式在员工中也有显著的组织激励和情感效果，但是在供应商和股东中却未必也能如此。

---

[1] 王文奎. 公共关系与CI、CS和声誉管理［J］. 华北水利水电学院学报（社科版），2002（02）：25-27.

在实际的经济活动中，民营企业或者资本驱动型企业，“大品牌、小公司”的情况颇为多见；国有企业和某些特许经营、寡头行业中，“大单位、小品牌”的情形也往往常见。

品牌是企业声誉的一个维度，声誉是品牌的一份背书。

举例来说，一个商业或者职场上取得“成功”的人，可能只是在某一个指标上（如品牌、职位、资产）有所成就，而崇高的声誉则需要多维经营才能获得。短期来看，集中于某一个指标或许可以迅速“成功”，但是长久来看，这种不均衡带来的影响是不可忽视的；反过来，一开始就注重均衡发展，或许某一个指标并不突出，但是长期来看，这种声誉资本累积带来的竞争优势可以使组织走得更远，也更为稳健。

从某种角度讲，这是发展的战略与战术问题，纯实（品牌）走不远，纯虚（声誉）走不快。在企业创立初期，往往要快速获取盈利以争取基本的生存资本，不免忽视社会资本的累积；当企业发展到一定规模，对企业而言，社会性因素的影响会越来越大。近年来高速发展的互联网科技造就了大量行业垄断性巨头企业，尤其是在某些民生领域，如果还以单纯的盈利为品牌导向，无疑是要出大问题的。

企业作为以社会角色存在的营利性组织，如果仅关注最接近盈利的品牌建设，而忽略声誉建设的重要性，必然要付出巨大的代价。

品牌是声誉的一个识别特征，也是商业活动中声誉的载体和符号化呈现之一。

声誉作为一种与人类社会交往同步产生的文化现象，远比品牌古老，也比品牌的内涵更为丰富。品牌依托具体产品或任务，是一种商业活动中声誉主体的物格化评价，声誉依托的是人或组织，是一种附加了伦理评价的拟人化符号评价系统，声誉的建设者往往会有意识地关注更广泛的利益相关群体，希望获得不仅是用户，还有政府、媒体、合作伙伴等诸多相关方的认同、评价及态度，而这些远非品牌产生作用的范围。

一个生活优渥的主妇也许不会拼团购物，但这并不影响她对知名的拼团网站的声誉感知，从声誉的角度看，她也是拼团网站声誉受众的构成部分。

声誉能够在共同认知的基础上集结大批受众，使之灵活合作、充满激情，而且很多受众行为是无私无偿的，更是一种群体心理反应。声誉可以驱动其庞大的顾客群体自发包机赶赴一场新品发布会，而同一品牌的使用者则很难形成这种社会协作。

与品牌理论，尤其是后期以传播学为基础的品牌理论相比，声誉是更加完整的概念和更系统的工具。品牌是企业声誉资本的一个生产因子，也是企业声誉较容易为外界感知的符号系统，声誉价值大于品牌价值。品牌依赖主体对外的宣传和鼓吹，声誉是相关受众的评价总和。

企业声誉的首要着眼点是企业本身，关注的是各个利益相关方对企业整体的认知、评价和情感联系。粗略地说，如果把品牌看作偶像明星在公众面前展示的美好形象，企业声誉则是长期追踪了其家人、同事、朋友、邻居和粉丝的意见之后得出的受众的综合评估报告。

声誉理论弥补了品牌理论的可能漏洞，要求企业从长远的角度出发，长期考虑各个利益相关方的认知评价，并且要综合企业形象、自我认同和期望认同，使企业真正获得受众的信任和支持从而尽可能基业长青。

4. 声誉与企业形象

理论界对声誉与企业形象的关系认识存在较大的争论。学者Dowling认为企业声誉有时与企业形象同义，都代表利益相关者对企业的看法。但是Gray和Balmer认为企业形象与企业声誉有着本质的区别：突出的企业形象可以通过商标、广告、公关等企业沟通手段在较短的时间内获得，而企业声誉是对企业特点的价值判断，塑造良好的企业声誉需要一个长期过程，需要企业有长期的优秀表现。Franklin认为企业声誉是建立企业形象的总体过程和最终结果。Gotsi也认为声誉和企业形象是两个截然不同的概念，不过它们之间有一种动态的相互作用的关系，即利益相关者所持有的企业形象能被其对企业的全面评价即企业声誉所影响，同时企业声誉在很大程度上也会受到企业形象的影响。

声誉是比企业形象内涵更为丰富、也更为便捷的传播管理工具，其管理对象除了作为主体的企业外，还包括构成公众对企业感知的各个因子，比如企业领导人、员工、企业的民族和文化背景等。

5. 声誉与商誉

商誉是企业声誉在企业进行重组、并购等交易时的一种计量形式。

商誉本质上是一种特殊的文化资产，该文化资产依附于某个商业实体存在，源自商业行为中相关方的共同认知和评价。商誉有不同的定义，其计算方法和标准也不同。比如1993年纽瓦克晨报公司诉美国政府案中，美国最高法院认为“商誉指立足并超越于商品和服务并基于前期消费者的认知和依赖而产生的利益”。从价值量来看，商誉=企业的变现价值-实际价值，是企业交易过程中的一个附加增值，属于声誉的一个可以被量化为商品价值的部分。学术界关于商誉性质的权威观点，当属美国当代著名会计理论学家亨德里克森在其专著《会计理论》中总结的三个观点：商誉是对企业好感的价值；商誉是企业超额盈利的现值；商誉是一个企业的总计价账户。同时，美国会计原则委员会第17号意见书也将商誉定义为“被收买公司的成本超过其可辨认净资产价值的差额”。

简单来讲，在会计学理论中，声誉资本的价值只有在企业交易中才能以货币形式体现，企业声誉就是未商品化的商誉，商誉即商品化的企业声誉。

6. 声誉与企业信誉

学者白永秀和徐鸿认为信誉是一个过程量，而声誉是一个状态量（存量）。信誉是企业行为能力的一种表现，是企业能否履行其诺言的一种标识度，多次的诚信履约必然促进声誉的提升，但仅仅履约，只是声誉资产的一个方面。学者殷盛认为信誉只是对企业某一方面的评价，而企业声誉则是对企业整体的综合评价，声誉不仅包括企业对诺言的履行情况，还包括企业对重大社会问题的关注、对生态环境保护与建设的行动、对社会公益事业的参与、对企业员工的关心等良好的行为关系。

信誉是声誉的一个构成部分，也是声誉的指标之一。

7. 声誉与公共关系

学者赵友宝、李萌概括了声誉管理与公共关系管理的区别。

第一，二者的实质不同。虽然公关的作用也是能动地处理组织与环境的关系，使组织与环境彼此适应，但公关是通过信息沟通实现其作用的。公关的实质在于沟通，而声誉管理的实质是决策，其层次比公关要高。当然，声誉管理离不开公关的帮助。公关部门要为声誉管理的决策者提供信息，要参与实施其决策。

第二，二者的活动空间不同。公关活动仅发生在组织与环境的交界面上，声誉管理则贯串于企业的所有活动中。

第三，二者的参与者不同。公关的参与者只是公关部门的人员，在声誉管理中，对企业与环境之间关系的处理是每一位员工的责任。

可见，公共关系管理是企业有针对性和明确目的性的公众传播沟通活动，是构建声誉的传播技术手段和路径。

二 作为管理对象的声誉资本

1. 营销管理

从时间维度看，声誉理论要求企业从长远出发，建立综合性的情感连接；从对象维度出发，声誉理论要求企业针对不同的利益相关方，建立基于不同诉求的认知与评价，并且要综合企业形象、自我认同和期望认同，使企业成为真正受人尊敬同时能够持久存在的企业。

2. 资源管理

声誉管理是通过科学传播和心理策略对其受众的认知进行管理，使受众对主体产生有利的情感认同和坚固的信任连接，并在这一声誉认同的基础上，最大化调配受众的各项资源。

从战略和资源的角度来说，声誉具有吸引力、影响力和抗风险能力。声誉是基于利益相关方的信任、喜爱和欣赏构建起来的一种相对稳定的认知，容易引发偏爱，一般也不会轻易改变。

3. 情报和预测

无论是对过去的评估、对现状的分析，还是对未来的洞悉和解读，人们都可以通过声誉管理，模拟、分析与评估外界主体对企业或其某一具体举措的看法与态度。

战略管理理论认为企业声誉能给企业创造竞争优势，在商业竞争愈演愈烈的今天，嫁接了意识形态的声誉常常演化为竞争利器，既可以提升内部的认同感、凝聚力、勇气和斗志，还可以干扰、攻击、瓦解竞争对手。

在《认同的力量》中，卡斯特把认同分为三种形式，即合法性的认同、拒斥性的认同、计划性的认同。合法性的认同产生公民社会，拒斥性的认同产生公社与社区，计划性的认同产生主体声誉。

当然，声誉也会制造出假象、乱象，比如自我拔高式的沽名钓誉或攻击他人式的抹黑陷害。在任何追求公平与进步的商业社会，声誉都是人们辨识、衡量、判定一个企业商业文明程度的基准；声誉也理所当然地成为信息时代引领组织和卓越的领导者冲出迷途、快速前行的航标。

第三章　声誉资本概述

经济学研究认为声誉资本是人力资本和物质资本之外的第三种资本形式，那么作为一种创造价值和财富的生产要素，声誉资本形成的根源到底是什么呢？

经济学的瓦尔拉斯的一般均衡模型指出，“只要坚持同时交易的物品是不可度量的这一名不副实的假设，监察和实施的问题就无足轻重。但是当我们追加了获取信息的成本，尤其是衡量的成本以后，它就成了一个很重要的问题”，可见，只要在交易中存在交易价值的度量问题和信息差，监察和实施的成本就一定是存在的，尤其是“没有制度约束时，自利行为将导致复杂的交换，因为另一方在判断其利益是否与合约相符时存在着不确定性。交易费用将反映在不确定性上，它包括一个风险金，这一数量将表现为另一方对一方监督的可能性及其成本”。这一风险金不仅决定了企业的收益，按照诺斯的观点，甚至会在更大层面上产生巨大的影响，“通观历史，这一风险金额一般会妨碍复杂的交换，因而可能会限制经济的增长”。

声誉资本管理正是对这一监督和实施成本信息差构成的“风险金”进行管理和增值的过程。那么监督和实施成本信息的构成是怎样的？

可以说，任何声誉资本的构成，都可以用其构成要素、传播模式、来源模块进行评估。

第一节　声誉资本4要素

Browm和Logsdom认为，企业声誉是利益相关者对企业整体的认知，总体有三层意义：认知具有结构性；有相关标准作为对比；是所有利益相关群体的整体感知。

该论点在商业机构和一些社会组织的声誉管理中也得到了验证。首先，声誉的结构性在于受众认知的结构可以在一定标准下进行解构、分析乃至量化；其次，声誉的标准在同类主体的或者比较标准的前提下可以获得，这种标准化和对比性使声誉资本的概念不再是空中楼阁，而有了定量分析的可能；再次，声誉资本应该包含所有利益相关群体的整体感知，强调从传播受众和大众心理学的角度出发的规律性——其传播和感知的规律是可以被认知的。

现在，让我们回归声誉的根本，寻找其中共性的规律。

在没有固定的声誉传播主体和固定的传播受众之前，某些群体或者个体可能也会有声誉，但是这种声誉只是群体印象或者社会认知，对该印象和认知缺乏固定的投入与有序的管理，传播的发起者和接收者没有固定而明确的动机，不产生具体的社会驱动力，自然也不产出任何社会价值和财富，没有具体拥有者、管理者和受益人，更无所谓声誉资本。

比如“南方人”“生意人”这两个群体肯定有其声誉的传播受众，也有声誉评价，但是除非这两个群体有固定的组织成员形成“南方人协会”或者“商人行会”，以系统地向某一受众传播“好客的南方人”“厚道的生意人”或者其他某个具体的声誉认知为目的，使南方获得更多旅行者的青睐或增加生意机会，否则这两类群体的声誉均不能形成声誉资本。笼统的“南方人”“生意人”并没有具体的、固定的拥有者、管理者和受益人，没有具体的传播目的，自然也没有作为一种资本的基本投入产出的考量。所以，类似这样笼统且不固定的群体只具有声誉，却并无声誉资本。除了固定的声誉主体外，声誉资本还应有在一定时间内相对固定且明确的受众。声誉资本离不开的因素还有传播的媒介，媒介可以是口碑形式的人与人之间口口相传的生理语言，也可以是白纸黑字，更可以是数字信息媒介等。

也就是说，声誉资本必不可少的构成元素包含四大部分：声誉模因、声誉主体、声誉受众和声誉媒介。

一　声誉模因

1. 什么是模因

英国生物学家理查德·道金斯曾经从生物进化的角度深入研究生物的信息传递机制，在其所著《自私的基因》一书中，他参考“基因（gene）”的词型，制造了一个生物信息传递新词汇“模因（meme）”。在他的定义里，模因是文化传播的遗传单位，指“在诸如语言、观念、信仰、行为方式等的传递过程中与基因在生物进化过程中所起的作用相类似的那个东西。”模因能起到类似基因之于生物进化的作用，可以像基因一样变异、竞争、遗传，乃至通过文化自然选择进化。这种文化信息的集合包，有自己的生命力，并按照一定的规律在社会群体中传递。

声誉作为一种信息包块，其生成、发展和传播过程与模因是类似的。在社会的交换活动中，信息的交换常常先发生，人们往往根据交换对象的声誉情况做出反应。信息传达的模式基本是这样的：首先，对事物会有一个高度浓缩的印象描述，这个描述基于一种极简和符号化的呈现传达；然后，转述者为了支持该描述，会寻找并展开相应的论据。

这种压缩的声誉信息包块，可称为“声誉模因”，是一种精简化、人格化、符号化的信息包块。

任何一个声誉主体，在传播的过程中，首先以一种声誉信息包块的形式进行传递，接收者接收后，才会有“解压缩”的过程，从而完整呈现信息内容，而解压的过程本身也是一种再创作，受到很多因素影响。

比如，当两个司机谈论大众汽车的时候，这一声誉信息在两人中首先会以高度压缩了的“大众汽车”四个字进行传递，对接收者而言，接收这四个字后，解压缩声誉信息可能会有“W图形”“最常见的一种车型”“皮实、耐用”等最为大众化的信息，当然，也可能会加入一些个人的再创作——一次愉快或者不愉快的旅程、一次印象深刻的事故或者服务。

我们谈论任何一个声誉主体的时候，这种声誉模因是必备的，否则所有的个体感受和信息相加将是庞大而杂乱的，群体之间的信息无法形成有效的交流。

基于现代心理学的研究，声誉资本的素材必须考虑古斯塔夫·勒庞在其《乌合之众：大众心理研究》中所言：“无意识现象不仅在有机生命中，而且在智力活动中扮演了一个具体压倒性优势的角色，跟无意识的精神生活比起来，有意识的精神生活重要性很小……我们的有意识行为，是主要通过遗传影响在头脑中创造出来的无意识底层的产物”。因此，理想的声誉素材应该是标签化的象征符号系统，该系统应该简单化、形象化，同时避免过度的讨论和解释。

从社会文化角度讲，同一声誉主体的受众将通过声誉符号创造一种共同的文化认同，这种文化认同通过集体记忆和归属感获得进一步的放大。在追星族人群中，明星的粉丝通过“应援会”“后援团”形成紧密的协作，便是明星声誉资本成长的自然历程。

2. 声誉模因的特性

模因在互联网的数字化语境中的典型表现，可以是某个社群中独有的“梗”或高度浓缩了某种信息的压缩文化包，除了传递极为丰富的信息外，往往还具备某种情感性，并在此基础上形成一种极具效率的传播模式。

比如广州电视台采访一位市民，问他对“艳照门”的看法，这位市民说：“我出来买酱油的”，以此表示自己对此主体不感兴趣。这句话因其与严肃媒体的戏谑表达形成的反差，迅速引起观众的反应，并流传开来，甚至派生出“酱油族”的网络用语。除此之外，类似“真香”“蓝瘦香菇”等数字模因形式存在的传播现象，在互联网传播技术下，已经很常见。

作为一种流行的、以衍生方式复制传播的互联网文化基因，模因最初诞生时具有匿名、娱乐性的特征。其背后的社会学、传播学和大众心理学的形成机制的研究和利用，也是声誉资本积累的一个重要方面。

道金斯认为“任何一个事物要构成一种复制因子必须具备遗传、变异和选择三个特征”。在此基础上，对声誉模因的特性可以从3个方面来理解。

（1）遗传性。

遗传是复制的一种形式，在人类依据声誉进行的各种活动中，声誉是一种可以高效复制的、高度浓缩的、形象化的信息因子。模仿与病毒化传播是模因的主要传递方式。[1] 声誉信息传播的过程就是模因遗传的过程。

（2）变异性。

模因在传递过程中并非一成不变，人们在模因传递的过程中，往往会掺入个人情感和经历，进而增删模因的某些边缘信息，这种增删足以增加其传播动力，但往往又无损于核心信息。同时，受某些个人因素和外在环境的影响，声誉模因在人群中的传播不可避免被再创作。增删和再创作都决定了声誉模因在传播中的变异性。

（3）选择性。

模因的传播能力是不同的，某些模因更易于被传递，另一些模因则从来

---

[1]　高粱.关于meme的几个问题［EB/OL］. http://www.cssn.cn/yyx/yyx_gwyyx/201401/t20140108_938842.shtml，2014-1-8.

得不到传播。国际知名心理学期刊《心理科学》（*Psychological Science*）也证明了人类群体间信息的传染性，这种传染性（Contagious）甚至可以使一个人的记忆以社会关系间接影响另一个人。

美国学者克里斯丁・卢曼对信息是否与行为一样具有传染性进行了大量研究。结果发现，信息传输是社会行为传播的一个重要机制。为了解社会中各种行为传播现象，卢曼把设定好的人类认知过程存入电脑程序，通过模拟不同类型组群进行实验，以观察不同个体是如何相互作用以及是如何传递信息的。实验从3个人的组群开始，最后扩展为128个人的大群体。其中每个成员被设置成可以记住自己的信息并能从其他人那里学习到新的信息，最后将实验结果与人的实际生活对比。结果为，3个人的组群中相互学习的现象发生概率较小，可称为协同抑制；当组群人数扩大到7人后，协同抑制作用会增加到最大值，随后逐渐缩小。

将实验置于大型社区后，研究人员发现，距离较近的邻里之间拥有许多相似的知识，信息进行了流动，他们能够间接地受到彼此的影响。[1]

这一点，也是在企业的声誉塑造中不得不注意的，声誉受众的群体越大，利用传染性进行传播效率或许更高。这目前还是一项推测，有待数据证明和执行中的确认。

如果可以借助数字化媒介，根据精准的受众心理特征，将声誉信息以简单、形象、精确的“模因”形式传达给受众，对克服可能的心理抵触，消解受众防御是一种比较低成本的策略，无疑将极大地缩短声誉资本建立的过程。

---

[1] 心理学最新研究：个人行为在大群体中具有“传染性”［EB/OL］. http://www.cssn.cn/hqxx/201511/t20151123_2707649.shtml，2015-11-23.

二 声誉主体

1. 声誉主体的定义和特征

声誉必然依托主体存在，无论这个主体是具体的人、组织，还是笼统地理范围或文化概念前提下聚集的群体。

声誉主体应具备四个条件。

第一，可识别性：主体具备明显的可识别性，可以轻易区别于别的主体。

第二，稳定性：在一定条件下，在人的观念中是一个稳定的存在。

第三，目的性：主体的存在有一定的动机、目的和使命。

第四，驱动性：主体具备调动一定物质资本和人力资本进行社会活动的能力和条件。

声誉主体可以是虚拟的概念组织起来的群体，如民族、国家、企业，乃至于固定的夫妻小摊位，当然也可以是具体的人。

总之，声誉主体是相对固定的、能被识别的客观存在，是能基于一定目的调动资源的力量、进行社会活动的主体。

2. 物质和某种意识形态不构成声誉主体

某种特殊的物质、意识形态具备声誉，但是从声誉资本运作的角度考虑，我们认为其并不构成声誉主体。虽然这些主体也具备可识别性和稳定性，但是进行社会活动需要通过具体的某种人类社会组织调动物质资本和人力资本，从事生产活动也须经此类组织或个人才能进行，将组织或者个人视为声誉主体才有研究意义。

需要说明的一点是，同一个主体在不同的受众环境中，往往同时兼具几种声誉主体角色。比如一个人可以是一个家族的大家长、一家企业的CEO，同时还是某个行业的领袖；某企业可能是行业标准制订者，同时还是顾客信赖的商家、监管部门树立的行业典范、慈善基金的发起人、某个利益集团的代言人。

3. 松散的群体不构成声誉主体

有些群体也许有明显的特征，但并不构成声誉主体。比如列车上偶遇的同乡人形成的群体，这类群体只是个体的聚集，只有当这些群体有明确的、群体中个体普遍认同的目的时才构成声誉主体。

声誉资本的价值根植于驱动物质资本和人力资本完成某一事件的过程中。也就是说，声誉主体是与声誉资本相互依存的，声誉资本必须依赖声誉主体的目的才能形成和起作用。列车上偶遇的若干老乡，当他们决定成立一个同乡会以完成某件事情的时候，他们才构成一个声誉主体。

归根到底，声誉资本既然是依附于声誉主体存在的，则声誉主体一定需要满足可识别性、稳定性、目的性、驱动性四个特征。对不能满足这四个条件的群体，也许其有声誉（这种情况下的声誉，也许用评价更合适），却未必是一个声誉主体。

4. 声誉主体的类型

（1）声誉组织。

组织是为达到某种目的而组成的社会群体。这些群体可以因规模、技术、目标、资源配置方式不同而有所不同，但是任何组织都要实现一定的目标，并有实现目标的手段。同时，任何组织在运用手段实现目标的过程中，都会受到组织纪律和某种规则的约束，而不会我行我素、天马行空。

声誉主体的组织分两种：社会组织和商业组织。

社会组织包括地理概念和管理机构概念上的政治组织、单位、机构、NGO（非政府组织）、NPO（非营利组织）等。只要在一定的时空内，组织具备稳定性和可识别的特征，并能调动社会资源和人力资源进行活动，均可视为声誉的社会组织主体。某些人类共同想象建构的松散共同体，只要具备四个基本特征，也属于声誉的社会组织主体。

商业组织主要指以企业为主的商业机构，也是声誉最容易发生其“契约性”“资源配置性”特点的组织。作为一种社会性组织的存在形式，商业组织与自然人不同，自然人的声誉破产，并不至于让其生理性死亡，商业组织的声誉破产往往意味着其社会身份的消亡。商业组织声誉主体往往由一系列声誉模因构成，其产品、品牌、社团等具备稳定性和可识别性，声誉模因的声誉褒贬往往也会影响整个组织的声誉资本增损乃至盛衰存亡。

（2）声誉个体。

任何处于公众舆论场的个人也构成独立的声誉主体，良好的个人声誉往往会为个人的社会资源、资本带来很直观的增益。

一个职业道德和能力都很好的演艺工作者往往会有更多的工作机会，也会获得更高的工作报酬；声望卓著的公众知识分子可以获得更多的传播力和影响力，进而调动更多的社会资源；拥有良好声誉的政治人物可以获得更高的支持率、更大的资源调配力度等。

三 声誉受众

接收声誉主体的声誉信息，并据之做出某种可预期行为的群体即为声誉受众。

在实际的社会传播中，声誉受众可以是数量极为巨大的人类群体，比如人类命运共同体；也可以是三两个人，比如合租某单元房的三人。声誉受众应该≥2，才可成为群体，当其中两个人议论另一个人的时候，这两个人就成为另一个人（被议论者）的声誉受众。

声誉受众之间的连接可以是紧密的，比如家族成员；可以是松散的，比如品牌的共同消费者；可以是短暂的，比如某论坛的参会者。“广交会”这一全球性交易展会的参展商即构成“广交会”的声誉受众，参展商会讨论展会的参展商质量、交易收获、组织程序乃至举办城市的环境、酒店的价格等信息。

声誉资本的建立是双方的，依托于声誉主体存在，并由受众群体的反应形成，这就意味着，从声誉资本建立之初，就必须考虑声誉可能影响的所有受众。

对商业组织而言，声誉的受众包括以下几类。

1. 直接受众

对组织而言，直接受众分为内部受众和外部受众。

内部受众可以理解为“自己人”，是通过雇用或者其他形式为声誉组织主体工作的人，主要是与声誉主体存在直接利害关系者，比如员工就是企业的内部声誉受众。

内部受众是相对外部受众而言的，内部受众和外部受众两种身份可以不矛盾地存在于同一个人身上，对声誉主体而言，内部受众因为距离信息源较近，往往发挥更重要的作用。企业的一名员工往往也是该企业的消费者，而且往往还是重要的意见领袖，因为其还代表着企业的声誉。显然，企业的员工不愿意消费该企业的产品，对声誉外部受众而言无疑是一个重要的声誉信号。同样，一名辞职的明星经纪人透露的该明星的消息，外部受众往往更愿意相信。

外部受众群体根据不同的划分标准可做出很多细分，比如企业的顾客可以细分为重度、轻度、边缘等类型，演艺明星的粉丝可以分为“骨灰级粉丝”“铁粉”“路人粉”等类型。

2. 管理者

管理者主要指直接管理者、产权所有人或者上级管理机构，比如企业的母公司或者上级控股公司，国有企业的相关管理部门。

3. 监管机构

监管机构指更直接、更具体，也更独立的第三方监管、检验、鉴定机构和各类行业协会。比如劳动监察机构、质量监督机构、环保机构等，这类监管机构一般为政府机构或者是公众和行业公认的具有一定强制力的组织和机构。

4. 社区

无论是企业还是个人，均处在一定的社区环境中，是社区的一员。声誉主体首先是社区成员，将自己放在普通的社区成员的位置上考虑问题，进行传播策略设计，才能积累良好的社区声誉，使社区成为自己声誉资本积累的助推者。

随着社会治理和传播技术水平的提升，社区环境中的监督、共生现象将会更加常见，这也是声誉管理不得不重视的一个趋势。

5. 协作者和供应链成员

当代商业文明形成的是一种高度分工协作的环境，意味着任何组织和个体均处在一定的社会网络之中，网络中的任何成员除了是协作者，往往还是潜在的支持者或批评者。建立声誉管理系统，收集并倾听受众的声音，能极大改善生存环境，更能积累良好的声誉资本，尤为重要的是，作为同一生存链条中的共生伙伴，协作者的声音将在声誉主体遭受攻击的时候，提供防火墙的作用，为声誉主体阻隔非议，背书美誉。

供应链成员的意见往往极具传染性，不被供应链合作伙伴和协作成员欢迎的主体，意味着其生态环境的第一层恶化，对企业而言，没有什么比被打上“恶评雇主”或者被供应商、经销商联合抵制更可怕的情况。

6. 中立第三方

中立第三方受众包括NGO和NPO，还有一些随机聚合在一起的关注者，但是不包括非善意第三方。

NGO和NPO因其独立性而成为声誉主体的一个重要背书方，NGO和NPO一般具备系统的管理和独立的立场，基于非政府、非营利的性质，其不会轻易在与己无关的声誉事件中表态，虽然组织内成员会有自己的道德判断和评价，但是这种评价一般不会以组织的名义对外传播。

需要注意的是，不轻易表态，并非表示此类机构绝对不会参与任何声誉事件的讨论，在一些涉及社会公序良俗的伦理性的声誉事件中，中立第三方也往往会扮演重要角色，有庞大群体基数的机构更能在声誉事件中体现其“临门一脚”的作用，是不得不被重视的重要声誉干预力量。

7. 非善意第三方

非善意第三方并非恶意攻击方，非善意第三方往往是出于某种自身的利益而与声誉主体发生冲突的第三方。比较典型的有职业打假人群体。2016年10月，中国连锁经营协会联合中国食品工业协会等行业协会召集全国50多家大型商超及供应商负责人座谈，现场公布的一组不完全调查数据显示，2014年7月至2016年6月，17家大型商超企业和1家餐饮企业遭遇职业打假人索赔次数达到6022次，索赔金额达到2610万元。其中涉及包装标签问题的索赔案例比例最高，为55.78%，其次分别是食品过期（19.51%）、发现异物（12.92%）、产品质量（11.79%）。[1] 由此可见，正是企业的某些“灰色”行为和侥幸心理使非善意第三方群体形成。

对企业等商业组织而言，常见的非善意第三方还包括针对大型上市公司的做空机构，如香橼基金（Citron Research）、浑水调研公司（Muddy Waters Research）、哥特市（Gotham City）和匿名分析（Anonymous Analytics）等。做空机构的公开调研报告导致的直接后果往往就是卖空（估价大跌）和集体诉讼（索赔）。因为此类机构的盈利驱动特点，大型公众公司需要防备其对自身声誉的引导性攻击。此外，律师事务所，审计事务所，行业媒体，甚至有一定影响力和股民基础的个人投资者、股评人等群体都可能给企业带来巨大而不可预料的声誉伤害。在娱乐业中，媒体和演艺工作者

[1] 潘庆照，郭尧. 矛盾的职业打假人［N］. 济南时报，2017-3-14（A04）.

个人信息采集者也属于典型的非善意第三方。

总之，只要通过声誉攻击可以获取利益，那么就一定存在非善意第三方。对非善意第三方，应该建立关注名单，在防御的基础上寻求和解，还应建立独立于声誉主体的中间沟通机制，比如广告公司、公关公司、监管机构、行业协会等。

四 声誉媒介

声誉的传播途径和介质即传播媒介，媒介本身也是一种声誉背书。

1. 媒介即信息

在声誉传播的过程中，媒介本身也是声誉的要件，媒介的权威性势必影响信息的可信度，媒介与声誉受众的关系也会影响声誉资本构建的过程。媒介本身对声誉构成一种背书，用加拿大传播理论家马歇尔·麦克卢汉的核心观点来解释：媒介即信息（The medium is the massage.）。

声誉必须依赖一定的介质进行传播，介质包括但不限于人类生理语言（声音、肢体等）、出版物、电波媒体、数字媒体等。

媒介之所以可以凭借其传播介质的形态成为塑造声誉的一种力量，原因之一在于它通过构建“拟态环境”、把守新闻传播的渠道、设置信息的议程和引导舆论来影响民众的认知、态度和行动；原因之二在于随着技术、经济和社会的发展，新闻传播已经呈现媒体市场化、渠道多样化、区域全球化、内容多媒体化的时代特征。

媒体在报道的过程中扮演着“守门员”的角色，其价值观、报道方针和新闻标准决定了报道的框架和内容。

媒体具有“议程设置”的功能。媒体的“议程设置”指人们对事件重要性的判断与大众媒体报道活动之间存在高度的对应关系。对声誉主体而言，大众媒体报道什么、显著报道什么、优先报道什么将影响受众的关注和认知以及受众对事件重要性的判断。

媒体通过营造“拟态环境”影响人们的认知。人们对外部世界的认知大部分来自媒体构建的“拟态环境”，而不是人们所见所闻的“真实环境”，媒体在声誉构建的过程中发挥着举足轻重的作用。

数字时代，全方位的信息沉浸对受众形成一种深刻的、潜移默化的引导，只要在合法性和声量上做到位，某种指定的观点显然可以深刻甚至必然影响受众的认知、态度和行动。

简言之，媒体决定了什么样的新闻信息可以通过其渠道进行传播，而这些信息是声誉资本构建的必备要素。

2. 公众媒介

按照伊丽莎白·诺尔·诺依曼的“意见气候”理论，公众媒介是通过营造“意见环境”来引导和制约舆论的。在现代社会中，人们通过两个途径认知“意见气候”，一是其所处的社会群体，二是大众传播。

在超过人们直接感知范围的问题上，大众传播形成“意见气候”的作用十分明显。传播媒介影响意见环境有3个因素：第一，多数传媒的报道具有高度的类似性（产生共鸣效果）；第二，同类信息的传达活动在时间上具有持续性（产生累积效果）；第三，媒介信息的抵达范围具有空前的广泛性（产生遍在效果）。

3. 人际媒介

人际媒介，指个体传播者和在人际传播基础上形成的各种社交媒体与传播媒介，比如所谓意见领袖。分析人际媒介对声誉的影响，不可忽视“沉默的螺旋”理论。该理论源于德国社会学家伊丽莎白·诺尔·诺依曼对联邦德国议会选举过程的关注和研究。1980年，她在《沉默的螺旋：舆论——我们的社会皮肤》一书中对“沉默的螺旋”理论进行了全面阐述。

第一，个人意见的表明是一个社会心理过程。“个人在表明自己的观点之际首先要对周围的意见环境进行观察，当发现自己的意见属于‘多数’或‘优势’意见时，便倾向于积极大胆地表明自己的观点；当发现自己的意见属于‘少数’或‘劣势’意见时，一般就会屈从环境压力而转向‘沉默’或附和。”

第二，意见的表明和“沉默”的扩散是一个螺旋式过程。一方的“沉默”凸显“优势”意见的强大，这种强大反过来又驱使更多的持不同意见者转向“沉默”。如此循环往复，便形成一个“一方越来越大声疾呼，而另一方越来越沉默下去的螺旋式过程”。“任何‘多数意见’、舆论乃至流行或时尚的形成，其背后都存在着‘沉默的螺旋’机制，社会生活中的‘舆论一边倒’或‘关键时刻的雪崩现象’，正是这一机制起作用的结果。”

由此可见，人际媒介会构成一种声誉的意见气候，影响声誉资本的形成。

第二节　声誉传播模式

社会网络理论（Social Network Theory）对声誉形成过程的描述是：在社会网络内，人们以及人与人之间的关系处于声誉形成的核心位置，并在声誉信息传播过程中起重要作用。社会网络内的成员间相互交流感想和观点，继而声誉形成。

故而，对声誉主体而言，其受众形成的不同的社会网络往往也决定着其所能调动的社会资源的充足与否。不同社会网络中，受众贡献他们所拥有的资源的意愿也是不一样的：声誉受众的不同组织模式，必然决定受众的资源配置效率，也即通常所说的“号召力”。

举例来说，置身于严密组织群体中的个体，会被巨大的群体意愿裹挟而削弱个体理智，受从众心理的影响，这种强有力的组织将个体弱化为类似于流水线中的工人，将个体的社会资源最大化压榨出来。越是严密的组织，这种群体情绪的压力越大，对个体资源的压榨也越充分。反之，对缺乏组织性，处于离散状态的个体，唤起其贡献意愿，并调动其个人资源是极难的。对被严密组织刻意控制信息传递的、彼此孤立的个体而言，其对所崇拜的偶像做出任何狂热行为都是可能的。加利福尼亚大学媒体心理学的名誉教授Stuart Fischoff曾如此描述不同信息获取模式下个体的特征：对极度内向的人而言，明星崇拜可以为他们提供原本不会拥有的社交渠道，甚至可以成为某种“心理假肢”。

同样，在一个相对开放和自由的信息流通环境中，如果缺乏强有力的组织，这种狂热的贡献往往是较为难以引发的，因为各个体之间的信息交流会最终形成“纳什均衡”，个体从而对声誉主体做出最符合群体利益和个体利益的贡献。

接下来，我们逐个阐述不同网络形式下声誉传播模式和其特征。

一　声誉传播的离散模式

声誉传播离散模式下，声誉受众彼此处于信息隔绝状态，个体之间无声誉信息的交流，所有信源来自声誉主体。

离散模式是最为初级和信息交流效率最为低下的信息传播模式。这种模式往往由两种因素导致：对主体信息淡漠、认为没有传播价值；存在过于强势的主体管控。

东周末年导致国人暴动的“道路以目”[1]，便是一种高强度信息管控下的离散声誉传播模式。但是矛盾的是，声誉主体的过分强权导致的这种离散

[1]　语出《国语·周语上》，“厉王虐，国人谤王，邵公告曰：‘民不堪命矣。’王怒，得卫巫，使监谤者，以告，则杀之。国人莫敢言，道路以目。”

模式只是表象，声誉主体对受众信息的管控本身也构成一种独特的“中心模式”的声誉传播模式，离散模式与中心模式的区别在于受众之间是否存在通畅的信息交互。个体之间信息交流的充分隔离，在声誉主体单一信源的影响下，也较容易激发某种狂热，进而最大化个体资源的贡献效率，乃至使个体产生“献身精神”。

离散导致信息隔绝，基于信息隔绝的信息充分“灌输”，往往能最大化激发个体的资源贡献，实现“声誉资本的最大化”，但是这种“最大化”是基于“思想控制和洗脑”的，社会心理学家埃里克·霍弗对这种引发狂热的条件之一也有论述：“赋予他一个假象的自我……在他与真实世界之间架设一道帷幕”。

非法传销组织会依托一个具体的“项目”形成层级管理的群体模式，正式成员按照层级进行管理和信息传递，正式成员之间也会形成相对畅通的信息传播机制。但是对新进入的尚未缴纳“会费”的准成员，非法传销组织会进行刻意信息管控，对之进行“一对一”说服和信息灌输，避免准会员之间信息交流导致“灌输的信息”受到干扰而“脱单”。

交易风险较低和缺乏营销管理的商家对其顾客的宣传和销售也是一种典型的离散模式的声誉传播。比如火车站流动摊贩对其顾客便是典型的离散模式声誉传播，旅客在购买摊贩商品之后，彼此之间很难进行信息交流，确定摊贩的声誉优劣；摊贩因为缺乏声誉受众之间交互的信息制约，没有动力也不必管理自己的声誉，而会采取单次交易最大化利润的“撇脂”策略[1]。

典型的声誉传播离散模式如图3-1所示。

[1] 撇脂定价法（Market-Skimming Pricing）是一种营销学中的定价策略，以最快获取利润、收回投资为目标，又称高价法或吸脂定价（Skimming Prices），即在产品刚刚进入市场时将价格定位在较高水平，在竞争者研制出相似的产品以前，尽快收回投资，并取得较高利润。

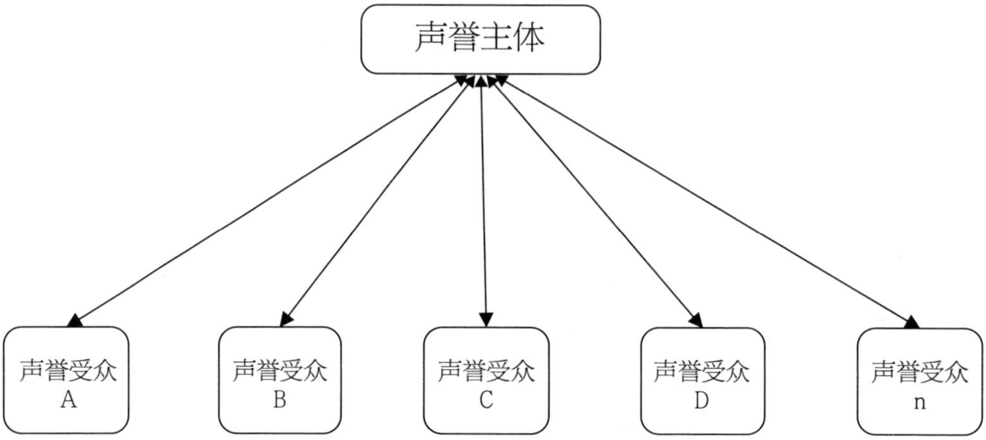

图3-1　声誉传播离散模式

二 声誉传播的单一中心模式

声誉传播的单一中心模式中，声誉主体只有一个，不存在竞争主体，受众之间会进行信息交互，并最终形成一个群体性的共识。

单一中心模式有两个衍生的状态：单一中心扁平化的信息传播模式和单一中心层级化的信息传播模式，如图3-2和图3-3所示。

受人类社会组织行为管理跨度的制约，单一中心扁平化的信息传播模式常见于小型企业的内部管理，小规模的集中采购行为中，卖方对买方也构成单一中心的扁平化声誉传播模式。

声誉主体对受众的驱动力和影响力也受到群体管理跨度的限制，法国管理学家、管理过程学派创始人亨利·法约尔认为，最高经理管理4~5个部门经理、工长管理25~30名工人较宜。另一位法国管理学者格兰丘纳斯也给出了一个分析管理幅度的公式，但未给出具体人数。在军事指挥领域，20世纪初期，美国伊恩·汉密尔中将发现，一般人的头脑在管理3~6个人时能处于最佳的工作状态，一个军士在仅指挥3个士兵时并不十分忙碌，一个陆军中将难以指挥6个师长的活动。也有学者认为管理者直接管理的下属人数不能超过24个人。

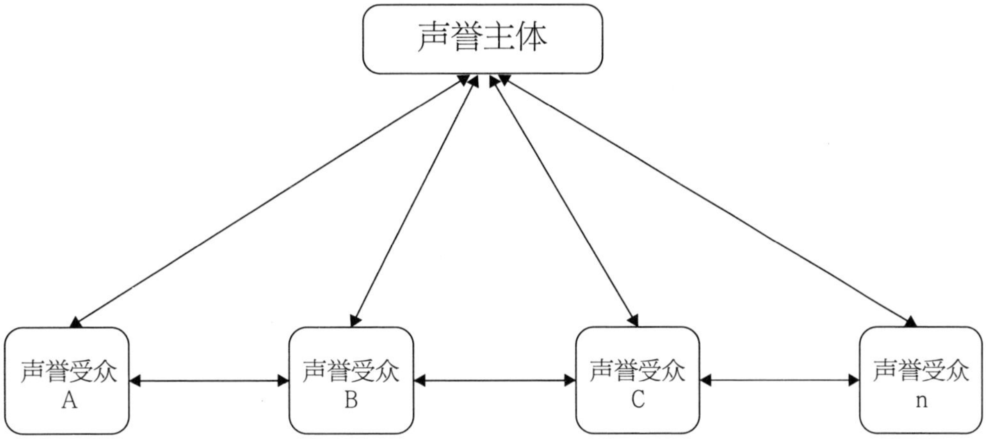

图3-2　声誉传播的单一中心扁平化信息传播模式

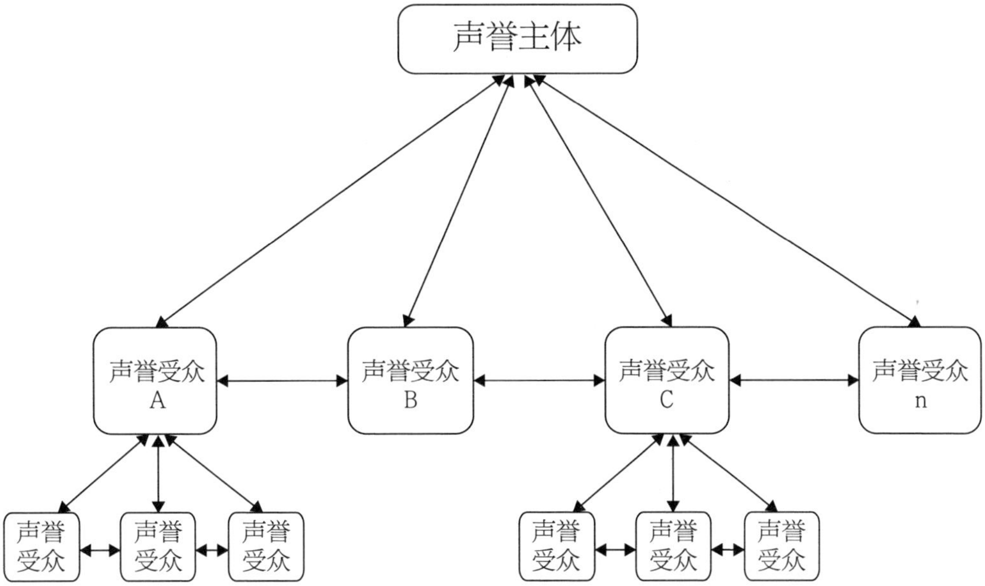

图3-3　声誉传播的单一中心层级化信息传播模式

总之，对单一声誉主体的受众群体而言，单一中心扁平化的声誉传播模式是一种不稳定的声誉传播模式，在实际传播中，其会导致不同社群的意见领袖自发产生，进而进入层级化传播模式或其他声誉传播模式。

三 声誉传播的多中心模式

声誉传播的多中心模式会使同一受众群体在同一声誉主体前提下形成态度迥然的群体，相近态度的群体又会聚集成单一中心的群体，受众群体之间会进行信息的交互，不同的群体受众会对不同的主体形成不同形态的声誉共识，如图3-4所示。

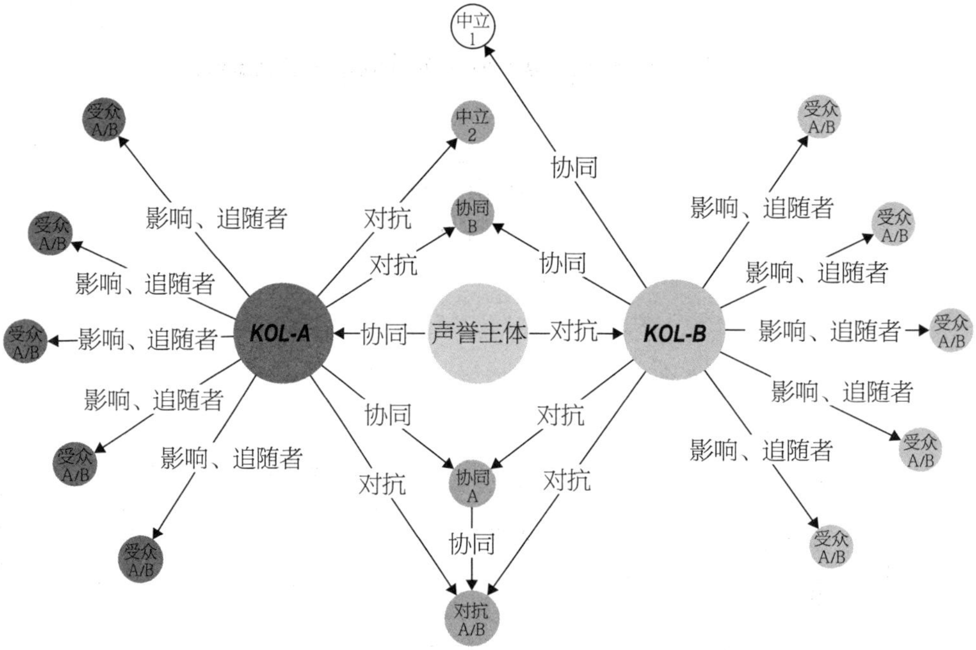

注：KOL即Key Opinion Leader，关键意见领袖。

图3-4 声誉传播的多中心模式

声誉传播的多中心模式有三种个衍生的状态：对抗型、协同型、彼此独立型。

比如一个粉丝小组往往同时是几个关联明星的追随者，同一演艺团体的粉丝也很容易裂变出协同、对抗和互不干扰的几种群体。

对企业而言，同一品牌下不同产品的顾客也会出现这三种状态，比如某著名机车品牌的顾客，会因车型不同而裂变成几个不同的阵营，甚至互相攻击。这种情况无疑会削弱企业的声誉资本。

四　声誉传播的去中心区块链模式

在传播权力完全均势、信息充分透明的情况下，群体中的各个主体互为受众和声誉主体，则形成一种声誉传播的去中心区块链模式，如图3-5所示。

去中心化的组织是一种适应高强度和时效性的组织形态，传统金字塔层级的组织形态在竞争中往往会因为过多的层级传递增加信息扭曲程度和降低信息传递效率。去中心化的组织形式最早应用于军事领域，是一种应对瞬息万变的战场环境的战术小分队组织形式。目前较为典型的去中心化模式有两种类型。

第一种为大后台小前台的模式。这种模式的典型代表是优步租车公司（Uber）， Uber每拓展一个新城市市场，均会组建一个三人城市小组，业界称为“Uber城市铁三角”。该小组以创业公司的形式在落地城市拓展网络，负责Uber在该城市的大部分决策，包括定价、目标用户锁定、媒体事务等。Uber后台仅提供运营、数据、营销等支持，三人城市小组依托Uber的后台支持充分发挥主观能动性，拓展运营城市网点。

第二种为大平台社团模式。该模式的典型代表是互联网服装新锐品牌韩都衣舍，韩都衣舍为旗下的每一品牌或服装款式设立独立的运营小组，小组设置产品设计、页面详情设计和库存订单管理等岗位，在韩都衣舍营销数据库的大平台里，自动形成机动、灵活、高效的开发小组。

在充分竞争的市场环境中，各企业也构成声誉传播的去中心区块链模式。虽然各企业因为对传播资源运用的程度和技巧不同而在舆论空间中的分量不同，但是任何声誉主体在受众中的话语权是完全平等的。

在现实中，这种传播模式最终往往会形成多中心的声誉传播格局，各个声誉主体形成不同的阵营和子中心，从而演化为一种多中心的复杂声誉舆论生态。

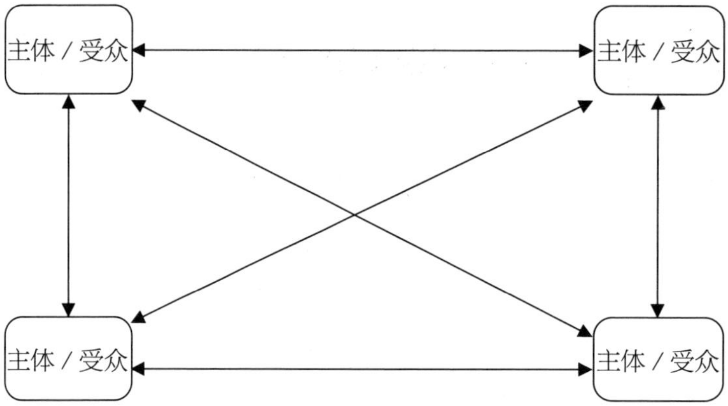

图3-5　声誉传播的去中心区块链模式

第三节　声誉资本的构成因子

声誉资本的现实意义在于通过影响受众认知诱发预期的实际行动，这种转化深度和力度体现声誉主体的实际能力，深入认识并管理这种能力，需要从以下5个方面进行分析。

一 先赋

许多社会学家已经意识到社会资本可由“遗传”获得，著名社会学家林南就认为社会资本或者是先天获得（如父母的社会地位），或者由后天的努力（如教育）获得。社会系统中，任何个体或团体均有其社会角色，不同的角色寄托了人们对主体不同的期望和要求，一方面，个体和团体都受此约束；另一方面，个体和团体也因此承接先天的社会义务，并因这种义务的完成程度接受其他社会网络受众的评价，这些看法形成声誉主体的声誉先赋。

由此可见，声誉先赋是一种声誉主体的先天保障，声誉先赋可以分为意识形态模因和职能模因，意识形态模因决定了职能模因的发展方向、速度和继承比例。

社会学中，先赋角色（Ascribed Role）指个体与生俱来或在成长过程中自然获得的角色，它建立在遗传、血缘等先天或生物基础之上，如性别角色等。还有一些角色是由社会规定的，如世袭制的皇帝、公爵身份，乡土社会的“族长”“话事人”身份。

声誉资本中的先赋是基于先赋角色产生的社会风评和情绪的体现。

在日渐开放的社会竞争系统中，虽然先赋对竞争结果的影响越来越小，但声誉的先赋因素仍然发挥着巨大的潜在影响，这种影响有其积极的一面——对先赋的判断，往往会形成一种群体刻板印象，这种标签化的印象可以简化不必要的甄选，增加判断的准确率。

任何新事物都有其产生和生存的基础环境，自然人无法选择其出身和所处的社会环境，企业作为一种社会组织，虽然可以选择进入的市场、目标顾客群等，但也只是选择，它仍然要面临不能完全自主的宏观环境。事实上，这种选择非常有限，企业往往受到其发起人、发起愿景、使命、社会环境、伦理文化环境等诸多限制。

作为声誉资本重要构成部分的先赋是所有的声誉主体声誉资本不可或缺

的部分。

西奥迪尼认为：“根据相关性原理，倘若我们能用一些哪怕非常表面的方式（比如我们的居住地）让自己跟成功联系起来，我们的公众形象也会显得光辉起来……我们展示积极的联系，隐藏消极的联系，努力让旁观者觉得我们更高大，更值得喜欢”。这就是说，提升声誉资本的先赋，需要展现更多的良性关联而隐匿消极关联和事件信息。

1. 刻板印象

声誉的先赋资源首先表现为声誉主体所属群体的社会评价和地位，社会学家也早在21世纪初就肯定了先赋因素对社会资本的作用。但是截至目前，学界对先赋和声誉的研究尚缺少系统的观点。

笔者认为，声誉的先赋首先体现在声誉主体所属群体的刻板印象方面。

现代传播学先驱沃尔特·李普曼基于社会心理学视角，将先赋形成的刻板印象阐释为“我们脑海中的图景（pictures in our heads）”，引申为某一群体对外界的认知图式。

牛津英语词典对刻板印象的解释是：特定群体广泛持有但固定和过度简化的图像或对特定类型的人或事物的想法。这一界定既反映了刻板印象的社会功能，又阐明了其消极特性——过度简化。从功能来看，刻板印象具有简化认知的作用，李普曼认为“个人不可能通过直接经验获得对世界上所有事物的认知，需要借助刻板印象将其转换为易消化的图像”。可见，刻板印象是个体知觉的一种自主简化方式。

声誉资本的构建是声誉主体在特定的声誉环境中对特定的受众进行传播的活动，因此，在对声誉环境进行调研的过程中，首先要关注群体声誉导致的刻板印象。

群体声誉是声誉受众对某一具有共性特征的主体采用群体标签化的形式进行信息预处理的一种自主简化的认知定势。

这种自主简化的认知定势会给声誉主体带来负面的声誉印象，良好的群体声誉环境也存在一种群体声誉资本向个体的溢出现象——虽然著名大学也会有不学无术者，但名校毕业生这一群体的声誉价值溢出显然更有利于其就业。

当某信息为整个群体带来明显的识别标签时，受众更乐意选择整个群体的声誉为相关个体赋能，这是信息传播中香农-韦弗模式在认知科学中的一种处理策略："通信的基本问题是在通信的一端精确地或近似地复现另一端所挑选的消息。" 信息是"人们在选择一条消息时选择的自由度的量度"。"信源发出信息……在传播的过程中，信号可能会受到噪声等的干扰出现失真衰弱的现象。消息所带的信息可以解释为负熵（信息熵指的是信息传播中的不确定性），即减少不确定性。"因此，群体声誉现象是一种个体在认知过程中处理信息噪声不可避免的认知模式。比如明星之间的密切互动、互相"站台""蹭流量"等行为也往往会给对方带来一定的声誉背书效应。

群体声誉为受众带来的刻板印象是一种信息传播中的客观存在，既能为受众带来信息处理的便捷性，也容易给声誉主体带来与实际无关的声誉资本增值或者损伤，这是声誉环境调研不得不重视的问题。

"原产地"优势是群体声誉的刻板印象比较典型的正面例子，比如西湖龙井、阳澄湖大闸蟹、古巴雪茄、法国红酒等。

2. 文化基因

文化基因对声誉主体而言也即"背景"。

比如，对从事演艺工作的个体而言，演艺世家的子弟先天就拥有更多的声誉资本增值可能性，他不止会拥有更多的获得指导和试错的机会，更会因为先天的世家禀赋获得更多关注，这些都是"素人"无法相比的。对一个组织而言，新企业的先天基因来自发起人、行业背景，甚至是地域特色。

声誉资本的文化基因特点也给一些组织或者个人带来困扰。虽然社会的流动性使子代拥有了更为广阔的视野和选择的可能，但是子承父业，克绍箕裘仍并不少见，对声誉受众来说，这些声誉主体的社会角色，往往带有鲜明的声誉文化基因。在企业发展中，子代企业也往往是在母系公司的市场背景下进行扩张，产业链上下游扩张即是如此，绝对“飞地”式的发展或者收购仍然是企业战略中的异类。

3. 职能基因

声誉主体从产生伊始即面临其特定的社会和文化环境，自然也有其职能资源。职能也即声誉主体在社会环境中所承担（或者说预备承担）的功用和职责，这些职能很多时候并非完全后天养成，也有相当大的部分来自先天，声誉一主体形成就带有的职能资源，我们将之归为声誉先赋要素的职能基因。一个人的身世，一个组织的技术背景和从成立那天起承担的职能，决定了声誉主体存在的合理性和职能竞争力。

这种从先赋中获取的声誉资本会在很大程度上转化为企业的社会资源获取能力，进而产生可观的利润。就企业而言，就是在行业口碑、产业链整合、团队磨合等方面的职能积累；就具体的个人而言，包括各类职业技能。

举例来说，一名新进入公众舆论的演艺工作者，评估其个人声誉，先赋的职能资源是不可忽视的，毕业的院校、专业的培训经历、运营的经纪公司等都在其进入演艺界前已经确定，这些先赋要素的职能基因将对其声誉产生一定影响。

同样，一家新创企业的先赋要素中，职能资源也是不一样的，发起人的专业背景、创始团队的磨合程度、运营项目的前期受众基础都构成这家企业的职能基因，这些职能基因也决定了企业的商誉估值。

总之，考察声誉主体的声誉资本，不能忽略其先天基因的特点，声誉先赋会对主体的声誉资本构成增益或者损失。

需要注意的一点是，虽然声誉的先赋因素不能改变，声誉主体却可以对不同受众群体进行定向信息塑造，有选择地传递先赋信息，使自身更容易被目标受众接受。

二 受众群体

声誉是基于受众评价形成的，声誉资本无法离开受众群体而独立存在，声誉资本的驱动效应，首先来自对其受众群体的驱动。Edward Freeman认为， 利益相关者是“那些有可能影响企业目标达成或者会被企业目标达成的过程影响的内外部任何个人或实体。”

所以，声誉资本的第二个构成因子即声誉主体的受众群体。对一个声誉主体而言，拥有多少数量、何种质量、何种类型的受众群体，决定着其对声誉受众的驱动力，决定着其声誉资本的多少，也决定着其在竞争中的胜负，乃至在竞争群体中的生存和发展。

对不同的声誉主体而言，受众分为不同类型，发挥不同的功能。对企业而言，可能有员工、客户、监管方、竞争对手等；对演艺工作者而言，可能有制片方、媒体、粉丝、经纪人等。受众对声誉资本构建而言，一般可以分为以下7类。

1. 意见领袖

因为对某一声誉主体的相似认知，同一声誉主体的受众可以在某种程度上构成一个同质化群体，这种同质化群体中必然会产生领袖型个体，声誉资本的建设需要特别关注这些特殊的目标受众——意见领袖。“一定数量的活物（不管是动物还是人）一旦聚集在一起，马上会本能地把自己置身于一位首领的威权之下”，这一点在米尔格拉姆实验中早已得到充分的验证。西奥迪尼认为，社会网络中的个体会倾向于寻找某一具有领袖特质的人：“服从权威人物的命令，总是能给我们带来一些实际的好处。很多情况下，只要有正统的权威说了话，其他原本应该考虑的事情就变得不相关了。”

古斯塔夫·勒庞曾指出，声誉受众群体中的领袖型个体往往是舆论和情感传染的起点，这种舆论惯性和情感往往是构建强大声誉资本的重要引爆点。比如，在对某明星的粉丝数据分析中发现，自发形成的明星粉丝群能组织起声势浩大的“应援”活动，往往也是基于某些“骨灰级”领袖型粉丝的组织和号召。

“权威人物”的行动信息往往体现整个受众群体的特点，而且也是研究整个声誉受众群体的标本，他们通常是整个受众群体中的个体典型。

2. 狂热分子

狂热分子在群众运动中的分布符合幂律模型，20%的狂热分子驱动了80%的人群，对狂热分子的驱动力和献身精神的准确认识和激发是建立声誉的过程中不能忽视的。对一个声誉主体起最为重要作用的，往往就是狂热分子。

拥有一定数量的狂热分子未必能够形成巨大的声誉认同，但狂热分子是任何一个拥有庞大追随者的声誉主体所必然拥有的群体，正是他们催化和点燃了整个群体的热情，也能在主体遭受舆论非议的时候不惜以身犯难。

美国群众运动研究学者埃里克·霍弗在其《狂热分子》一书中描述这种群众心理，“如果狂热者是鱼，混乱就是水。当旧秩序开始崩溃，他就会全力搅和进来，对可憎的‘现在’施以猛烈无情的打击……只有他一人知道群众内心深处的渴望：渴望联合，渴望团结，渴望在一个庄严雄伟的有力整体中分解掉该死的个体。”

狂热分子对声誉主体的群体受众有着不可估量的煽动和引导作用。狂热是一种人性特质，区别只在于有些人的狂热终生不曾被点燃，而有些人的狂热则轻易就能被点燃。获得积累声誉资本的狂热需要精确的识别、精妙的激发策略和科学的群体心理洞察。

3. 背书人

背书的本意是：持有票据的人转让票据时，在票据背面批注并签名盖章。经过背书的票据，付款人不能付款时，背书人负付款责任。在商业活动中，这个词渐渐衍生出为主体进行保证、担保、负责的意思，表示信用担保行为，也可以理解为“站台”。

网络直播平台中有一种值得关注的声誉（主要体现为流量价值）背书现象：大流量主播直播时，通过“打榜”或者私下商定，以“连麦甩单”形式为小流量主播推荐粉丝。

合适的背书人无疑可产生声誉转借的溢出效应，借助背书人的良好声誉，声誉主体可提高受众数量并获得声誉认知。

4. 缄默者

在微信公众号刷到一篇特殊的文章，或者是特殊的好，或者是特殊的“惊悚”，你对这些特异之处很有感触，但是出于某种考虑，你不便或者不愿意将这篇文章分享出去，这篇文章就不会进入你的朋友圈。

信息的人际传播也会出现这种情况，并不是每一个人都愿意从众，有些人会安静地逆行，在人群中传播的信息到他们这里就停止传播了。有些意见领袖或某一组织的实际领导人，也可能持有这种沉默的、实际弃权的不表态态度，我们姑且将之称为人际信息传递的缄默者，简称缄默者。

发生这种情况发生可能有以下原因。

（1）声誉主体与缄默者的关系定位存在问题。

声誉主体与缄默者的利益关系定位错误，导致缄默者在传播某些声誉主体信息的过程中出现观望，甚至抵触的现象。虽然该信息对缄默者而言也是有效的，甚至是有益的，但缄默者如果将信息接力传递下去，其本身即成为传播网中的一个节点，按照“媒介即信息”的原则，这种传播本身便构成一种表态，这种情况下，沉默、观望或者视而不见是一种最安全的策略。在官僚组织中，对上级传达的某一信息，下级某官僚可能因为自身利益问题采用“冷处理”的态度，这种缄默的处理方式构成一种信息传播中的结构洞，会使组织命令和信息的传递陷于局部失灵和迟缓。解决这个问题，首先需要排查声誉主体与缄默者的关系定位问题。

（2）信息本身与缄默者存在传播驱动力方面的不协调。

这种不协调可能是因为信息与缄默者个体在群体中塑造的公众形象不符合，也可能是因为信息与缄默者的自我认知不符合，或者纯粹是因为缄默者欲建立“信息差”的保密措施。比如某些组织的领导人会拒绝对过于个性化的信息表态，也有可能故意延迟某些信息传达到所有群体成员的过程，以便在信息流动的过程中巩固自身利益，获得信息利差。

（3）信息本身的传播驱动力设计问题。

个体接收信息之后，一般有三种选择，有动力传播则传播；无动力传播则无视；抵触继续传播则无视甚至压制信息传播。也就是说，缄默者出现的时候，需要考虑信息设计的问题。比如某些女性用品广告，因为格调不高或者存在物化女性的倾向，陷于被漠视甚至被抵制，就是信息设计不慎导致的缄默现象。

在组织关系中，作为组织领袖的个体，对某些组织成员的个性化信息采取“缄默”的处理方式，是一种常见的现象，这是组织内部声誉管理不得不重视的问题，处理不当，既会影响整个组织的团结和声誉认同，也会造成信息流通不畅的大组织病。

5. “八卦者”

与缄默者相反，还有一类活跃于多种圈层的信息高频传播者——仔细想一下，每个人的身边总有几个这样的人，他们活跃在各种圈层，八面玲珑，传递各种信息，信息的来源和准确性均不可考，其在群体中的使命仅仅是传播信息。因为没有特别合适的词语对这一群体进行概括，姑且用“八卦者”

来称呼这个群体。

“八卦者”传播的声誉信息虽然也不乏准确的，但是这类传播者的个人色彩往往使信息内容多为“流言”“传闻”和“闲话”。

流言“指针对某人流传的种种低俗故事，近乎诽谤中伤”。传闻的形态有两种：其一，“传播过程是连贯的，具有一种迅速蔓延的气势，而且幅度很大，其结果就是所有人声汇集起来形成可以听得见的音响，人们可以循声追踪——谣言在流窜”；其二，“过程则是间断的，它匍匐而行，游移不定，涉及面有限，如果它不够清晰的话，人们听不见它亦是正常的”。闲话，“议论我们周围大小人物的旦夕福祸。一般来说，闲话并无恶意，主要是人们喜欢嚼舌头而用之。闲话转瞬即逝，很快又有新的味道更鲜美的闲话取而代之。”[1]

不同于意见领袖具有在某一领域的专业性和积淀，“八卦者”往往活跃于多个领域和圈层。因为其并不专精于某一领域或忠诚于某一声誉主体，所以这类个体也不同于狂热分子，其追求的往往是信息落差中进行传递的愉悦和认同，他们往往是信息传播的加速剂或环境噪声。

“八卦者”虽然并不忠诚于某一主体和观点，但并不代表其不会有立场和个体判断，这类个体在信息传递中往往也表现出一定的立场，虽然该立场并不坚定。构建声誉需要同化或者吸纳“八卦者”，转变其游离的个体状态，从强化“群体认同和归宿”的角度争取他们，最终将之固化为忠诚的声誉受众。

[1] 让-诺埃尔·卡普费雷. 谣言——世界最古老的传媒［M］. 2版. 郑若麟，译. 上海：上海人民出版社，2018：18-19.

6. 乌合之众

社会群体中，占据更大比例是旁观者，他们与声誉主体并无实际利害关系。

如果一定要旁观某一舆论事件的中立公众对事件做出评论或表明立场的话，他们就只是需要做出选择的“选民”，有“现代传播之父”之称的沃尔特·李普曼对此有过经典论述：“如果选民没有时间、没有兴趣、没有相关知识，便无法把握问题的细节，他就不会时常有高明的舆论主张，他只能迷惑而倦怠地更倾向于遵从他人的意见。”

这一类公众，可称为The Crowd，也即古斯塔夫·勒庞在其经典大众传播学著作《乌合之众》中所说的“群体”——聚集在一起丧失自觉的个性、受集体精神支配的人群。其基本特征一是个性的消失，二是感情的强化，再者便是“无意识品质占上风”。群众在聚集时往往都会情绪高涨，个人的感情不分青红皂白地归顺集体思想，从而不自觉地进入集体意识中，群体行为脱离理性的最明显体现就在于群体的无意识行为代替了个人的有意识行为。

群体被某种新闻事件感染，产生一种兴奋的情绪，这种情绪或情感在群体里传染并不断放大，继而形成群体的盲从行为和过激行为。粉丝后援会的狂热情绪便是这种群体无意识的集中体现。

处于群体中的个体受众会迫于群体意见气候的压力而表态，并在压力中与群体保持行动一致性。对同一声誉主体的受众而言，完全摆脱群体无意识是不可能的，但在构建声誉资本的过程中，这种群体无意识的消极作用是可以得到控制的，而其积极作用则能通过传播策略的设计得到发挥。

作为中立的旁观者，该群体具备一定的摇摆性，既可以转化为声誉主体的追随者，也可以转化为声誉主体的反对者，尤其是在危机事件发生的时候，如何精确识别这类群体，应用声誉管理工具将其争取为支持者（起码不要被转化为对立者）是声誉资本构建策略的工作要点。具体操作大概可以分为以下几步。

第一，精准识别该群体的特征，主要包括统计特征（年龄、性别、职业、受教育程度等）和信息获取特征（根据浏览轨迹抓取，包括地理位置、浏览习惯、关注话题等）。

第二，根据统计特征和信息获取特征向其提供简洁易懂的说服资料，如果有娱乐价值更好。因为该群体并不愿意为无关的舆论事件付出更多的时间和精力成本，如果能将事件以具有娱乐性的形式呈现给他们，则娱乐价值本身会成为一种获取支持的传播动力。

第三，为该群体扶植代言人或者意见领袖，并为意见领袖提供必要的素材和支持。

第四，对该群体留置观测或动态回访，以态度量表等方式进行观察，及时了解其态度走向。

第五，持续关注该群体中发生良性转化的个体，与之建立情感连接，并最终将其转化为追随者，纳入忠诚声誉受众群体。

7. 叛逆者

任何社会群体中，只有一种声音的现象并不常见，在社会化传播发达的今天更是少见。

研究舆论中的叛逆者，必须首先从其动机入手，总结起来，叛逆者的动机大概有以下几种。

第一，利益受损，包括直接竞争关系导致的利益受损。

第二，叛逆姿态本身能带来利益，比如某些媒体会在企业上市前放出做空信息以获得一定利益。

第三，叛逆是一种客观的审视，事物有其两面性，异样的声音是构成舆论多样性的一个重要部分，也是个体彰显观点价值的一种方式。如果负面的评价是客观的，对声誉主体而言则获得了一个难得的改进机会。如果没有批评的权利，则赞扬本身也是无意义的。对声誉主体来说，反面的声音也是一种观点，需要听取和重视，有则改之，无则加勉，对负面舆论的宽容本身也是声誉主体的一种良好形象。

衡量一个声誉主体的声誉资本，考察其受众群体是必不可少的。除了对受众类型的识别外，对具体受众群体的考察还应包括以下4个方面。

第一，受众群体数量和其所能掌握的社会资源量。

第二，受众群体中各类型群体的占比。

第三，受众群体的覆盖面和资源配置类型。

第四，受众群体的组织形式。

三 历史评价

声誉资本的第三个重要构成因子是声誉主体的历史评价。历史评价来源于声誉主体的历史表现，各种历史表现最终会被简化为某种形象化、情感化的信息传达模块。历史评价是各利益相关者根据所掌握的直接或间接的经验或信息对声誉主体做出的总体评价，最终以某种标签的形式在受众群体的记忆（或某种介质）中保存。

声誉的历史评价作为一种声誉模因，可以理解为一种可在人际网络中传递复制的信息包块，它存在于每个人的记忆中，并可被复制到其他人的记忆中。历史评价可以是任何人类能够学习或者记忆的东西，如观点、知识、习惯、信仰、口号等，当然更可以是某种标签化的声誉评价。

在声誉资本的构成因子中，声誉主体的历史评价通过感性化、模块化、标签化的压缩信息包，在声誉受众中进行传播和复制，并最终形成声誉资本的一个基础构成因子。

对受众而言，声誉主体历史评价分为职能评价和伦理评价。

1. 职能评价

职能评价指向的是声誉主体的社会功能完成度，这也是声誉主体相对其受众的存在基础。在具体的社会活动中，职能评价体现为对企业通过产品和服务为客户提供价值的评价；对演艺工作者为受众提供娱乐价值的评价；对自然人在具体的社会活动中为其他人提供生活或情感价值的评价。社会功能的完成度是声誉资本的基本构成部分。

对企业的职能评价一般分为两个方面。

（1）职能的完成度。

企业职能的完成度是口碑的主要因素，也是历史评价的首要构成部分。

客户付出成本，企业在市场条件下提供对应此成本的价值，如此一来，客户的成本付出和企业的价值会存在一个性价比，在自由竞争情况下，客户会选择职能完成度最高的企业。提供高性价比的职能是一家企业声誉的基本契约担保，职能完成度越高，企业的声誉也越好；职能完成度越低，则企业声誉越差。在信息自由流通的情况下，这种声誉评价会使客户“用脚投票”，做出选择。

（2）职能的稀缺性。

企业为客户提供的职能的稀缺性也在某种程度上影响企业的声誉，企业提供价值的需求弹性系数越小，历史评价对声誉影响的敏感度越高，企业的性价比越高，则声誉越好，反之越差；需求弹性系数越大，性价比与历史评价的关联性则较弱，因为用户完全可以选择其他替代品，历史评价可能根本无法形成有效的口碑。对充分竞争的自由市场而言，比如瓶装饮用水市场，质差价高的品牌可能早在规模化铺货前期已经被淘汰出局；寡头竞争乃至垄断的格局下，淘宝和京东、美团和饿了么的“二选一”规则就容易引起较大的诟病，甚至导致政府监管方的干预。

职能越稀缺，越不可替代，则声誉主体的受众必然更加单一且数量巨大，声誉评价形成的力量经过群体的认同和放大，会对企业产生巨大的影响。

职能的稀缺性提醒企业，越是职能弹性系数低，声誉的敏感度越高，声誉资本在企业经营中占据的比重也越大，一旦发生声誉风险，造成的伤害也越大。

2. 伦理评价

伦理评价指向声誉主体的社会伦理表现，主要体现在声誉主体与受众的社会伦理层面的吻合度和道德完成度。企业声誉资本的核心是其受众的信任，良好的企业伦理评价表明利益相关者对企业高度信任和尊敬。

伦理评价也即伦理声誉，属于道德范畴，要求企业行为具有诚实、负责、合理、可靠等特质。

任何企业只有具备良好的职能评价和道德评价，并辅以有效的传播沟通，才能在经营发展中逐步积累起声誉资本。

3. 职能评价与伦理评价的转换

对声誉主体而言，职能评价倾向于其社会职能层面的完成度，伦理评价侧重于社会伦理层面的完成度，其中职能评价是声誉的基础。值得注意的是，这两种历史评价在某种情况下可以相互转换。声誉评价之间的互相驱动效应形成的成功跨界在演艺界颇为常见，比如演艺界常讲的“演而优则导”。

美国HIPHOP音乐明星JAY Z（真名Shawn Carter）是最为声誉卓著的嘻哈音乐艺术家之一，他先后获得21项格莱美奖，并14次夺得Billboard专辑榜冠军。JAY Z作为一名音乐家，成功地将他在音乐领域的声誉拓展到了商业领域——他是Def Jam与Roc-a-Fella两家音乐公司的CEO，拥有40/40俱乐部酒吧等企业股份，同时还是Roca wear品牌的创始人之一，这位音乐人同时还是一位声誉卓著的企业家。

显然，对乐迷而言，JAY Z的音乐创作能力毋庸置疑，这种职能声誉评价又延伸到商业领域，有益于他在商业领域的成长。

伦理评价和职能评价是声誉资本的两个重要方面，对声誉主体而言，在职能评价的基础上，伦理评价在整个声誉资本的构成中占据更大比重，也是更基础的部分，良好的职能评价有益于伦理评价的提升，伦理评价也可能在未突破临界点前，对整个声誉资本构成削弱。

声誉资本的增减是有惯性的，也即抵达某个临界点后，即使没有新的传播行为，声誉仍会按照较近的历史评价持续增减，该现象的产生一方面是由于信息传播和理解的滞后效应，另一方面可用“从众效应（Bandwagon Effect）”来解释。需要警惕的一点是：当群体认为真实性超越某个临界点后（哪怕此时不再输入新的信息），声誉受众仍将放弃独立思考而效仿他人的做法。

四 预期

“预期”通常用作动词，表示“预先期待”；“期望”通常用作名词，意为“对未来的事物和人的前途有所希望和等待”。“预期”侧重过程，“期望”为预期的结果。为了突出声誉资本中时间和心理的变量因素，在这里选择使用“预期”一词。

假定以企业为声誉主体，受众对企业的预期及对后续兑现过程的认知会影响其对企业的声誉评估，这种声誉受众与主体之间的互动过程可以表述为：效价决定个体的付出意愿（预期）→个人的实际贡献（绩效）→声誉主体对个体实际的回报（兑现）→形成声誉评估（评价），如图3-6所示。

20世纪中期已经有国外学者对这一“当下的投入与未来的回报预期关联”现象进行系统研究。1964年，加拿大著名心理学家和行为科学家维克托·弗鲁姆在其著作《工作与激励》中首先提出期望理论（Expectancy Theory），有时也翻译为“效价-手段-期望理论”，这是一种管理心理学与行为科学的理论。

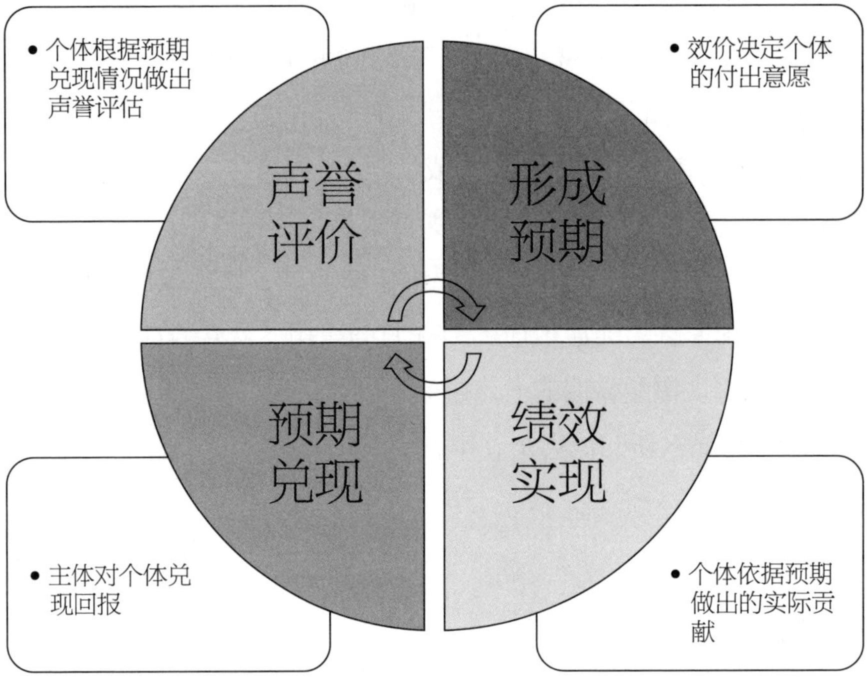

图3-6　声誉受众与主体之间的互动过程

弗鲁姆认为，人们采取某项行动的动力或激励力取决于其对行动结果的价值评价和预期达成该结果的可能性。

将期望理论中的激励力（Motivation）扩大到经济学领域，笔者将之视作一种综合性的资源投入，代表受众在主体的预期未兑现前，个体对主体所投入的社会经济资源量，这种资源包括管理科学和行为学中的人力、技能，也包括货币资本和其他社会资源。因为这种投入动用了个体的物质的、人力的和社会层面的资源，且这种投入是追求产出回报的，所以将这种由声誉预期激发的投入称为"预期激励资本（Expectancy Motivation Capital，EMC）"。

预期激励资本的产生，仍然符合弗鲁姆的期望理论，也即其大小取决于行动所能达成目标及其造成的某种结果的全部预期价值，即效价（Valence）×

认为达到该目标并得到某种结果的期望概率（Expectancy）。

假设，EMC表示个体因企业声誉所产生的预期，及在这种预期激励下产生的人力、技能、资金、物质和各种社会资源的投入；V表示效价，指达到目标对满足个人需要的价值；E是期望值，指人们根据过去经验判断自己达到某种目标或满足需要的可能性是大还是小，即能够达到目标的主观概率。

弗鲁姆的期望理论的公式可以表达为：$EMC = \sum V \times E$。

在管理学中，期望效应导致的激励力指调动个人积极性，激发人内部潜力的强度；期望值是根据个人的经验判断达到目标的把握程度；效价是所能达到的目标对满足个人需要的价值。这个理论的公式说明，人的积极性被调动的程度取决于期望值与效价的乘积。也就是说，一个人对目标的把握越大，估计达到目标的概率越高，激发起的动力越强烈，积极性也就越高。在领导与管理工作中，运用期望理论调动下属的积极性是有一定意义的。

这一效应在声誉资本构建中有着不可忽视的力量。受众对企业声誉的判断也取决于预期的“投入产出比”，这种声誉判断决定了声誉受众对主体的社会资源转化效率。声誉资本强大的主体往往能最大化转化其受众的社会资源，企业可以让员工更有主人翁意识，可以让顾客更忠诚、接受更高的品牌或声誉附加值……

知恩图报的人永远拥有更好的声誉并能调动更多的社会资源，其根本在于预期与效价的平衡带来的声誉价值，而以怨报德者会因为效价与预期的不平衡受到声誉惩罚。《汉穆拉比法典》中的“以牙还牙、以眼还眼”可以视为一种对暴力伤害预期“投入产出”的偿债与训诫警告。

持仓的股民或宁可等待某品牌推出新品也不愿意选用替代品的顾客，除了习惯方面的因素，显然都是出于对企业的忠诚，这种忠诚用企业未来的回报调动了他们当下的社会资源投入，也构成声誉资本的一部分。

1. 预期的特征

（1）契约性。

受众对声誉主体的预期的本质是一种心理契约。

以企业为例，该契约建立在企业和受众的信息交流基础上——“现在，付出你的……，未来我会让你拥有……”。这种心理契约以公众承诺、代言人、媒介背书等公关、广告或者其他方式达成。其目的在于建立一种平衡：受众现在的投入=企业未来可以提供的产出。这一等式的成立，是以双方的共同认可为前提的。若在兑现的时候出现不平衡，则受众会认为受到欺骗。虽然在传达的过程中可能出现偏差，但是在信息认同达成的那一个时段，受众会认为这种预期是合理的，也是企业应该予以兑现的，正是这种基本认同使双方得以继续保持关系。

（2）二元性。

受众对声誉主体的预期具有二元性。

声誉会左右受众的选择，同时声誉也是受众预期产生的依据，预期的高低会影响受众的贡献程度，也会在预期兑现后影响企业声誉。

较高的声誉资本通常会激发较高的预期，进而会使受众支付较大的预期激励资本（时间的、资金的、人力的）；企业兑现效价和期望值，会增加企业的整体声誉资本；效价和期望值未达成，会消耗企业的声誉资本，直至声誉资本被消耗完，顾客选择放弃该企业，也不再是该企业的声誉受众。

这也解释了这一现象：有些声誉较好的企业没有达成顾客效价和期望值，也会较容易得到顾客的谅解，并在短期内无损企业的生存发展，但是当 $EMC < \sum V \times E$ 持续多个循环的情况下，企业将逐渐被其顾客背弃，直至声誉破产。当受众对声誉主体的预期达成的时候，会受到激励，并进而强化与声誉主体的情感关联和对声誉主体认同，增加企业的声誉资本积累。

在不考虑其他声誉因子的情况下，预期的完成度与声誉资本成正比例关系。

（3）波动性。

受众的预期会随环境变化与信息传播的进程发生改变，竞争主体的完成情况，主体与受众在预期平衡过程中的信息沟通都会影响受众的预期。

受众越多了解实际情况，就越容易建立合理的预期，不当的信息传达会导致不当的预期，这主要取决于企业的主动传播。受众在不同时段的需求变化也导致预期的波动，比如银行的放贷业务，如果审批流程过长，受众可能会寻求其他资金来源，并随着资金紧张情况的缓解降低对该银行的资金预期，直至降低为0预期，这种波动必然在一定程度上影响作为声誉主体的银行在其受众心中的声誉。竞争主体的预期完成度也对受众构成影响，竞争主体的预期完成度低，也会导致主体受众调低预期。

除此之外，预期还与很多因素相关，比如环境不可抗力、受众需求的变化等。

2. 预期的来源

（1）自源动机。

自源性的需求是声誉主体与其受众形成组合的基本动机，受众抱有某种预期和需求，供应方作为声誉主体满足这种预期和需求，这种自源动机也是预期的根本来源。

（2）主体呈现。

受众会根据需求动机寻找可能满足该需求的企业，其寻求往往依据企业既往的声誉呈现。声誉呈现的来源有：企业受众群体中的个体社交信息，包括顾客口碑，也包括顾客群体展现的其他特征；企业自身的声誉塑造，包括广告承诺、公关手段等传播手段对预期的传达；企业对预期的承诺是以顾客的需求为基础的，往往是双方达成交易的基础，也是企业以声誉资本为抵押保障的一种隐性契约。

（3）环境因素。

预期的形成过程中，除了自源性的个体因素和企业源头的历史因素外，还与外在的宏观环境、竞争环境、个体之间的社交影响等相关，这些因素不仅构成预期的重要来源，也在预期兑现前的过程中影响预期的波动，继而对受众的实际行动构成决策依据。环境因素也往往容易造成预期的误差，这种误差通常会导致受众预期激励资本的波动，进而影响后期的预期兑现与声誉评价。

3. 预期的种类

（1）基本预期。

基本预期是企业基于顾客基本需求和动机所承诺的预期，也是双方形成交易关系的基础，该部分预期是必须达成的，否则必然消耗企业的声誉资本。

（2）差额预期。

差额预期是顾客期望与企业兑现存在的差额，分为正差额预期和负差额预期。

正差额预期指企业提供了超过顾客预期的额外价值。如果正差额预期与顾客的敏感需求吻合，会让顾客因这种额外的获得感产生良性情绪，从而较大概率增加顾客的重复购买，有利于企业声誉的积累。比如会员制企业额外的年费赠送、明星演唱会的计划外延长时间等，最典型的是某些预售产品的实际发售价远远低于顾客预期。如果企业提供的正差额预期并未满足顾客的敏感需求，则属于无效满足，比如电信公司的流量赠送对较少使用手机流量的老年人并不构成正差额预期。

负差额预期指企业提供的预期效价和期望值不能达到顾客的预期，这会导致顾客的消极情绪，消耗企业的声誉资本。负差额往往是企业的不当信息传播策略、顾客对自身投入的预期激励资本错误估计导致的。比如年初“跳槽潮”的动因往往有三类：企业盈利了，但是年终奖并未如预期提升；过去的一年个人付出很多，但预期落空；其他企业同类岗位有更好的发展和回报。

（3）环境预期。

因为预期的变动性特性，顾客的预期在企业兑现前往往也会受到环境的影响而产生波动，竞争企业的预期兑现、信息传播的干扰、群体互动等因素都会导致外源性的预期变化。

企业需要根据环境调整自身对顾客预期的满足程度，或者调整顾客的预期心理使其处在合理的区间。

五 贡献意愿

贡献意愿具体体现为一种驱动效应，也即声誉主体对受众行动的影响力度和预期反应唤起，是声誉资本的最终外化表现和声誉资本创造价值的体现。

贡献意愿是声誉资本对受众的具体行动产生影响的结果，是一种心理状态，并无限接近行为转变。贡献意愿最终会引发受众对声誉主体的实际行动，是声誉资本的驱动力，体现为声誉主体对受众的实际影响力和行为感召力。

西奥迪尼在其著作《影响力》中指出："人人都有一种言行一致（同时也显得言行一致）的愿望，一旦我们做出一个选择，或采取了某种立场，我们立刻就会碰到来自内心和外部的压力，我们会想方设法地以行动证明自己先前的决定是正确的。"对同一声誉受众来说，前述声誉资本的构成因子是明确的承诺行为，而贡献意愿则最终外化表现为对声誉承诺的践行。

在对社会资本的研究中，社会学家林南认为，社会资源是通过人们直接和间接的联系而获取的资源，社会资本是人们动用了的社会资源，主要是从社会网络中得到的。林南认为："资本是在市场中具有预期回报价值的资源投资，而社会资本是嵌入于社会网络中，在有目的行动中可以获得或调用的一种资源。"学者刘林平认为资源与资本的区别在于"资源是潜在的资本，资本是动用了的、用来投资的资源"。如果声誉主体可以驱动受众贡献其社会资源，且这种社会资源可以通过科学的方法测定，则受众愿意贡献出的这部分社会资源也成为声誉主体的资本的一部分，将这些受众愿意贡献出来的社会资本视为声誉资本是妥当的。

1. 贡献意愿的直接来源

贡献意愿的基础是对声誉主体观点和态度的认同，以及在这种认同前提下的追随、响应。贡献意愿体现为一种具体行动的驱动力，这种驱动力可能无须付诸行动或者体现为外在的形态，但是可以通过对受众群体的样本进行抽查获知。

声誉受众的贡献意愿来源主要有以下4种。

（1）获得感。

声誉受众的贡献意愿首先与个体对声誉主体的获得感有关。

客户付出时间或者金钱成本，企业需要回馈对应的价值。以某汽车企业为例，满足“安全、便捷、体面的交通出行”这一基本需求的职能价值是一种价值，品牌带给车主的心理满足、车友俱乐部的野餐社交也是一种价值，不过后者带给车主的是一种品牌附加值，也即情感价值，这些额外价值的获得会强化车主对品牌的忠诚，增强车主对企业的贡献意愿。

（2）互动频次。

贡献意愿与个体和声誉主体之间的互动频次有关。

高频的互动无疑会加强企业和客户之间的情感连接，而个体客户之间的互动会进一步同化个体，将之融入团体，演艺明星的粉丝会、见面会、生日会等就是这种互动的典型体现。

（3）价值认同。

个体对声誉主体的认同是多根源的，可能来源于某种威权、利益许诺、预期获得、安全感或者追随群体的归属感，这符合马斯洛的需求层次理论。这种趋利避害的情绪和认同，决定了个体对声誉主体的贡献意愿，并为声誉主体提供源源不断的“资本”——人力的、物质的、社会网络的。

（4）养成判断。

贡献意愿的形成也与受众对声誉主体的养成判断有关，这种养成判断可以理解为“他在按照我希望的样子成长”。

经济学的禀赋效应表明，个人一旦拥有某物品，那么他对该物品价值的评价要比未拥有之前大大提高，正常情况下，已经购买了某产品的顾客均有“转介绍”的口碑传播动力，能否激发这种力量是高明营销者与传统营销人员的区别之一。

受众的贡献意愿与价值获得感、互动频次、养成心理成明显的正比关系。

2. 贡献意愿的表现形式

贡献意愿的产生有两种根源。一种是内生性的，发自内心的贡献意愿，也即前述4种直接来源催生的贡献意愿；另一种由社会交往中群体和他人的压力产生。传播学者埃利休·卡茨对人际影响的类型论述如表3-1所示。

表3-1 人际影响的类型

		影响者	
		有意图	无意图
被影响者	知晓	说服（Persuade）	模仿（Imitate）
	不知晓	操纵（Manipulate）	传染（Contagion）

声誉受众对于企业的这种来自群体压力的、外源性的贡献意愿有4种表现形式。

（1）被说服的贡献意愿。

旅行团中原本没有购物意愿的旅客，会因为导游或者同行者的说服而感到压力，继而表现出某种不情愿的贡献意愿，虽然并非出于本意，但该类型的贡献意愿也能转化为实际的贡献。

（2）模仿的贡献意愿。

模仿同类的贡献意愿，更多时候是源自从众心理，模仿同类可以让个体获得归属感、认同感和安全感等良性的情绪回馈，或者回避恐惧、危险等负面压力。从个体角度看，这种行为大多是无意识的追随，在企业的声誉危机事件中，大多数不明真相的群众往往正是出于这种模仿而采取某些行动，恐慌性抛售和饥饿营销中也经常见到这种人与人之间影响的威力。

（3）被操纵的贡献意愿。

在霍桑实验中，被选中的工人往往会表现出更卓越的生产效能，这种“被关注”给人造成的心理意识往往也被操纵用来以某种荣誉的形式授予个体，从而让个体呈现出强烈的贡献意愿。

（4）受传染的贡献意愿。

按照古斯塔夫·勒庞的描述：“传染是一种很容易证实其存在，但不容易解释的现象。必须把它归类到我们随后要研究的催眠术所导致的那些现象当中。在一个群体中，每一种情绪和行为都具有传染性，其传染性到了这样的一种程度，以至于个体心甘情愿地为了集体利益而牺牲个人利益。”

在“追星群体（粉丝群）”内部，有组织和影响力的“应援行为”（有组织的粉丝对明星支援、捐助等贡献行为）即受传染的贡献意愿的典型。

第二部分　企业声誉管理实践

企业声誉管理即声誉主体企业运用计划、组织、领导、控制及决策和创新的管理职能，在综合运用大众心理学和传播学的基础上对建立、维护和修复企业声誉的传播过程进行有效的管理。

传统的营销管理、广告、公共关系等学科已经对声誉管理相关理论做了充分研究，但这些理论大多形成于20世纪前半叶的经济环境和信息技术背景下，随着信息革命的深入，许多理论面临修正。

从更深层次看，人们认知和决策的底层逻辑并没有随着传播技术的改变而发生质的改变，人们见到某种事物、听到某个消息时的心理反应、行动逻辑并没有因为获得消息的媒体形式不同而有所区别。

随着信息技术的发展和传播格局的改变，虽然品牌、公关、广告等传播方式仍然发挥着重要作用，但一些变化已悄然发生，从声誉资本、声誉管理的角度解读这些变化或许是一个新的视角，为我们更好地解读和认知数字洪流中的商业文明提供了另一种可能。

本部分，笔者试图用声誉资本这一系统来观察和分析企业声誉这一文化资本的运行逻辑。

第四章　企业声誉资本的构成

品牌作为营销学的一个概念，已经为广为人知，声誉作为一个交叉了社会学、心理学和传播学研究的、更为普遍的文化现象，较少被研究和应用，直到近年来声誉管理作为一种营销和公关技术进入公众视野。

在企业界，尤其是在大型企业的资产评估方面，包括品牌资产在内的商誉这一概念由来已久，商誉即对企业声誉的量化和估值；在文化体育娱乐业，根据诸多指标也有相应的评估，如演艺工作者的片酬、转会费、代言费等均会基于对人气、流量、口碑等声誉因素的考量而确定。

我们需要面对客观的事实：声誉是一个极为复杂的文化现象，虽然亚当·斯密到布尔迪厄、丰布兰、诺斯等各个领域的泰斗对这一概念及其影响的关注由来已久，但是从中找到全局性的、明确的、框架性的参考仍然极为困难。有关声誉的论述分散于经济学、社会学、传播学、管理学乃至心理学等各领域，却缺乏全面的、公认的理论论述声誉及其运行机制。

如果不能全面论述声誉及其运行机制，谈论声誉管理就难免陷于务虚，所采取的声誉管理措施也难免陷于舆情管理、CIS系统、公共关系管理等窠臼。

无论是规模庞大的企业集团、社会组织，还是拥有巨大受众的明星、“网红”，置身公众舆论场的个体和组织都必须面对当前信息时代声誉的管理问题，这就意味着我们需要一套简单直接的工具，描述和指导声誉的管理和建设，进而使这一属于意识形态领域的社会资本转化为实实在在的社会财富。下文将主要从企业角度，分两个方面论述如何构建和培养这种资本力量。

第一，企业声誉。企业声誉是一种无形资产，需要投资和管理，它与企业的物质资本、金融资本和人力资本一起，共同在企业的绩效中发挥作用。企业声誉是利益相关者在一个较长时间内对企业绩效形成的总体认知和评价，某一关键利益相关者的负面评价经媒体报道将影响其他利益相关者对企业的认知、态度，以及行动。

第二，声誉管理通过计划、组织、领导、控制及决策和创新的管理职能，对建立、维护和修复企业声誉的传播过程进行有效的管理。

第一节　企业声誉资本的先赋

作为企业声誉资本的重要构成部分，企业声誉资本的先赋是企业的底层逻辑，决定着企业是什么、从哪里来、到哪里去、为什么存在等根本问题。企业的声誉资本的先赋在一定程度上体现为企业的使命、价值观、愿景等意识形态层面的问题，也决定着企业在公众眼中的气质、风格等公众情感层面的问题，更是企业存在合理性、正义性和正当性的基础条件。

企业也许无法选择其自身的先天资源和所面临的后天环境，但可以梳理自身的先赋资源并对企业声誉受众进行有选择的展现和关系强化，这正是声誉资本的先赋需要管理的原因所在。企业或许没有雄厚的资本，但是创业团队深厚的行业经验积累和某些特殊的技能也能成为声誉资本的重要因子，作为企业的先赋之一。依靠创始人的特殊背景、社会资源、技术禀赋突围的企业并不少见。因此，如果产品、品牌、战略是企业的顶层设计，企业声誉资本的先赋就是企业的底层运营逻辑、本色和基因。

企业声誉资本的先赋也决定了声誉受众的刻板印象，这种刻板印象影响之强大，是企业不可不重视的，也决定着所谓“众望”——是有负众望，还是众望所归。企业声誉资本的先赋通常包括4个方面。

一　企业的源系

作为一种社会资本，企业声誉资本的先赋首先来自其创建者，或者说来自核心团队的社会资源和社会网络。

企业核心团队是企业人力资本的基础，核心团队介绍中的“拥有较丰富的人力资本，可以为企业提供多角度、全面的建议、咨询、公关以及沟通渠道等资源”显然是企业声誉的加分项。

管理者的个人声誉也是企业声誉资本的先赋的重要构成部分，而且是最容易被感知的因素。德国的一本商业周刊做过的一次调查显示：64%的企业主管深信企业声誉主要来自其CEO的声誉。英国类似的调查也显示：49%的意见领袖认为CEO声誉的好坏决定了企业声誉的好坏。Tom Bell Jr认为，CEO的声誉占企业声誉的40%左右。还有观点认为，CEO声誉对企业声誉的贡献度至少达50%。

管理者的声誉资本，可以用边燕杰和丘海雄在《企业的社会资本及其功效》一文中提出的社会资本指标体系评价。

第一个指标是企业法人代表是否在上级领导机关任过职。企业法人代表曾在上级领导机关任职意味着企业的纵向联系有优势，反之则不具备优势。

第二个指标是企业法人代表是否在跨行业的其他任何企业工作过及担任过管理、经营等领导职务。企业法人代表若有上述经历，表明该企业的横向联系占优势，反之则不具备优势。

第三个指标是企业法人代表的社会交往和联系是否广泛，这是一个定序的主观评价指标。交往和联系广泛者的企业在社会联系上占优势，反之则处于劣势。

从声誉资本的角度看，法人代表（可以视为与企业股东、核心团队、创始人和实际控制人相同的群体）显然决定着企业可以调动的社会资本的总量，也是社会公众对企业声誉评价的重要参照标准。

创始团队、核心管理者作为组成企业的源系，主要包括以下几部分。

第一，企业的核心团队，如发起人、创始人或股东（包括组织形式的法人单位）构成情况，包括人员专业背景、教育背景、商业背景、从业履历等。

第二，核心团队的伦理背景，如征信情况、诉讼情况、发展履历、个人品德和习性等。

第三，核心团队的重大历史污点事实和重大利好事实。

二 商业伦理

商业伦理指的是企业组织处理内外部各种利益相关者关系的价值观和行为准则。

牛文文将企业（家）与政府、股东、合作伙伴、员工、消费者的关系称为“五伦”。更广义地讲，企业的关系包括企业与供应商、消费者在价值链上的供需关系，与其他企业的竞争关系，与股东、员工的分配关系以及与国家、社会的共生关系。道德原则对企业的声誉管理和经营成功都至关重要，道德原则作为道德评价的基准，必须是一种可操作的行为规范。

商业伦理包括企业设立的使命和愿景，及其向外界传达的价值观和预设的行为规范等，在新组建的企业中则包括各组建方的目的、短中长期战略目标、必须承担的义务等。

如果将企业视为一个人，企业的愿景和价值观便是人的志向和气质。作为一种对外展现的形象，愿景和价值观分别向外界传达“我想成为怎样的人”和“我准备如何为人”的信息。作为企业的公众“人设”，愿景不仅决定着企业希望成为什么样的社会公民，也决定着每一个企业的相关方如何看待企业。保罗·阿根狄等管理学者认为企业愿景是一条把员工以及在理想情况下把所有利益相关者连在一起的主线，保持一个清晰的愿景有利于建立强大的企业声誉。企业的愿景类似于一种企业的声誉图腾，有效的愿景应该是一种足够简洁而有说服力的传播符号，并通过这一图腾符号将相关受众调动起来，最大化配置资源。

企业价值观是企业对其存在、发展乃至成功目的的总体看法，对企业的发展有着重要的作用。确定企业的价值观并有效实行，对企业的发展至关重要。

企业作为一种拥有巨大影响力的社会公民，在确保自身的生存和发展的前提下，还要负责将与之共生的各种关系网络中的社会分子组织起来，维持好整个商业生态环境和社会秩序。对很多企业的潜在受众而言，在任何实质的价值交换发生之前，企业首先是一个社会公民、一个可以感知的邻居、一家存在于社区或舆论场中的“某企业”“某单位”。这就意味着，对企业而言，在获取目标消费者之前，追求社会责任声誉将是比追求职能声誉更高的目标，因为首先扮演良好的社会公民角色不仅能树立正面的企业形象，还是进一步获得消费者信任的基础。

伦理学家早就从社会公民责任的角度论述过企业声誉的重要性，Etzioni认为，在经济活动中，企业的这一公民角色体现在盈利与商业伦理的权衡两个方面，一是企业经营的目的、动机和欲望；二是实现这一目的的手段。

毫无疑问，以追求盈利为目标的企业应该将利润最大化视为经营的目的，但这并不意味着可以采取有违伦理的手段以获得盈利。在实现目的的手段上，企业将面临如何处理与各利益相关者的关系的问题，即商业伦理的问题。当企业利益与周围环境利益产生冲突的时候，是选择一己之私的“独”，还是选择共赢平衡的“众”，在某一历史时期是阶段性的战术问题，但长远来看，这终究还是一个伦理问题——只有与社会文化伦理环境契合才能走到最后，忽视社会伦理也许可以保证一时的利润，但是最终必将付出沉重的代价。

三　职能先赋

企业的职能先赋，也即企业先天拥有的，足以保障其承担社会责任的资源。这部分先天具备的、职能方面的资源将在其受众中形成一定的声誉先赋资本，极大推动企业后期的发展。

美国的 Zachary S Johnson 等心理学者研究发现：当企业新产品与原有品牌契合度比较高时，企业职能声誉对新品的助益显然更大；但当新产品与原有品牌契合度比较低时，作为伦理声誉的一部分，企业社会责任行动带来的正面影响明显大于职能声誉。由此看来，合理利用先赋中的职能资源对企业的业绩有很大助益。

职能先赋具体包括如下几部分。

第一，物质资本的基础，如资金实力、实物资产、设备与团队资源。

第二，社会资本的基础，包括产业链、市场网络等相关资源的基础。

第三，独有的技术传承点，主要是市场职能满足方面的特殊竞争力技术。实际的企业测评中称之为特殊的技能点（Key of Unique Skill，KUS），主要评估企业产能、可复制性和市场价值。

第四，目标市场契合度，主要是对目标市场职能满足的考核，包括契合度、可替代性、性价比、竞争强度，以及现有市场的满足度。

四 自身背景、文化环境及契合度

企业从诞生伊始就身处不断变化的环境，不同的企业因其活动范围不同也身处不同的环境。

任何企业都必须面对的环境因素：人文、经济、自然、技术、政治-法律、社会-文化。其中人文、政治-法律、社会-文化对声誉资本的建设尤其重要。

企业面对的文化环境中，核心价值观和文化传统往往具有高度的持续性，亚文化、亚信仰和某个圈层的价值观常常处于变化和流动中。核心文化和价值观虽然较为稳定和持续，但在数字技术加速发展的全球化背景下，任何构建声誉资本的企业也都有这种可能：从亚文化切入，逐渐渗透和引导亚文化的改变，直至核心文化和价值观的改变。

不同国家和地区有着不同的文化伦理，与目标市场的文化伦理的契合度决定了企业是受欢迎的还是被排斥的。

企业声誉资本与环境的契合度主要与以下几个方面相关。

第一，国别与地区文化背景。

第二，特殊的地理环境。最早体现在一些依赖特殊地理和气候条件的特色农产品上，今天全球经济产业高度分工，区域声誉对企业的影响也越来越大。

第三，目标市场人群的民族、文化、风俗、习惯。

第四，特定阶段的民族情感。

第五，与目标市场的历史契合度、当下的状态和未来的走向。

第二节　企业声誉受众管理

企业的声誉管理首先需要定位其声誉的受众。企业声誉是其利益相关者对企业的总体认知，在传播之前，识别企业利益相关者十分重要，只有识别出利益相关者，明确关键利益相关者，企业才能确定需要通过传播影响的对象，并合理分配在声誉管理上的预算。

一　确定企业声誉受众

学者郑文哲和王水嫩认为，企业声誉是企业在与其公众（主要有顾客、协作者、投资者、员工、政府、新闻界、社区等）的社会交往中自然形成的，是企业行为能力与公众认知两方面相互作用的结果，是公众在对企业的各种因素认知的基础上得出的综合评价。做好声誉管理，意味着必须了解受众的思想行为特点，受众在哪里，主要方向就在哪里，新闻舆论的阵地就在哪里。

1. 确认利益相关者的方法

可先就可能影响企业声誉的机构和个人列出清单，再排出优先次序。

确认关键利益相关者可采取“两步走”的方法。

第一，根据声誉管理工作的重点确定关键利益相关者。

第二，根据关键利益相关者对业务的影响程度确定优先级。

2. 不同战略阶段有不同的利益相关者

企业的利益相关者具有多样化和复杂性的特点，从战略角度考虑，企业不仅要准确无误地确定当前的利益相关者，还要预判在企业发展过程中可能出现的利益相关者；关键利益相关者及其优先级也并非一成不变。企业时常审视并调整自己的核心受众排序，才能更有效地制订有针对性的声誉管理策略。

2005年年初，在东方卫视《头脑风暴》节目中，主持人就“企业声誉调查”与三位来自著名企业的高级管理人员进行了对话。三位管理者分别为互联网企业TOM集团总裁王珧、青岛啤酒总裁金志国、摩托罗拉通信中国企业总裁时大鲲。王珧认为企业的战略伙伴关系对企业声誉影响最大，企业首先要得到合作伙伴的认同，合作伙伴的品牌有助于企业品牌的建立和成功。可见，王珧将战略合作伙伴放在关键利益相关者的优先位置。金志国认为产品和服务与媒体报道是影响企业声誉最重要的内外部因素，在所有的利益相关者中，他更注重消费者。时大鲲认为创新是影响企业声誉的主要因素，他认为员工在关键利益相关者中占据第一的位置。

1999年年初，牛根生初创蒙牛，由于乳品企业最重要的资源奶源已被大企业抓住，牛根生提出“先建市场，后建工厂”的战略。在这一战略指导下，蒙牛托管了8家当时经营不善并急需加强管理的奶制品生产企业，通过向这些企业出人才、出标准、出管理、出技术，与这些企业建立起信任关系，从而保证了蒙牛产品供应端稳定。当蒙牛的生产基地建成后，牛根生领导的管理团队提出蒙牛的“全国攻略”。这时，为确保高质量的产品和高覆盖的销售，蒙牛将员工和经销商放在关键利益相关者的优先位置。随后，蒙牛实施其“世界牛”的品牌战略，其关键利益相关者名单中又加入国际著名投资银行。在不同发展阶段对关键利益相关者的准确识别将蒙牛推上了中国乳业“巨头”的位置。

以上案例生动说明，企业的关键声誉受众在企业的不同发展阶段是会根据战略发生变化的，及时调整核心声誉受众的位次有利于企业更好管理声誉资本，获取更有利的社会资源与发展条件。

二　企业声誉受众的类型

根据受众与企业的关系强度，可将企业的声誉受众设定为3个等级，分别为核心受众、密切受众和边缘受众，如图4-1所示。

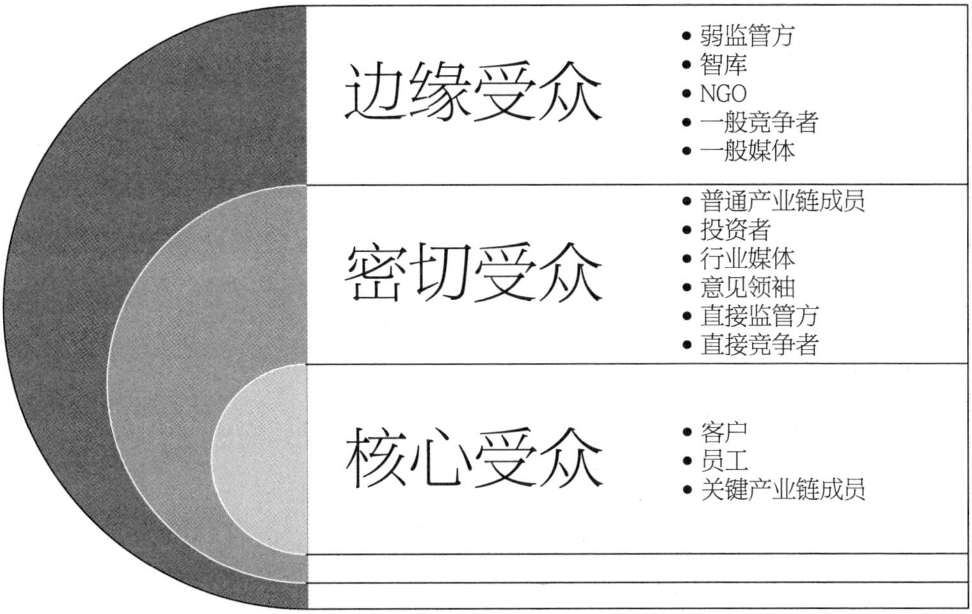

图4-1　企业声誉受众分为三个等级

核心受众具有不可替代性，是企业生存与发展的基础，包括企业的客户、员工与不可替代的关键产业链成员。密切受众有一定的可替代性，是一些能在不同程度上影响企业生存和发展的组织和个人，包括企业的一般产业链成员、投资者、行业媒体等。企业的边缘受众虽然一般与企业并无日常业务交集，但往往会影响企业发展和生存的舆论环境。

1. 员工

企业的声誉不仅需要外部群体的传播，还需要企业内部全员的共同建设和维护。学者Knowlton认为，包括企业高级管理层在内的集体声誉，比董事长、独立董事等管理者单独的声誉对企业的影响更大。除了企业高管扮演声誉管理的重要角色，企业大多数员工也与企业各种利益相关者产生不同层面的“触点”沟通，员工的态度和专业水平，都会影响顾客对企业和品牌的感知，都在传递企业信息，代表企业的声誉。

企业内的工作人员乃至所有人对企业的看法与外部相关利益群体一样，同样可以对企业的声誉构成巨大的影响，而且很多时候，这种影响可能是更根本、更深层次也更具影响力的。可以说，员工是企业的第一声誉受众，素质良好的企业团队不仅有利于塑造更好的企业声誉，也更容易通过群体凝聚力提升企业吸引、保留和发展优秀员工的能力，还决定了员工是否能够把自己的职业发展目标和企业的发展目标结合在一起，形成更紧密的共同体。

2. 客户

企业声誉的建立有利于企业与客户之间的信任关系的建立，客户对企业的信任和情感连接的差异也导致了不同企业声誉资本的差异。

客户群体中，忠诚顾客是企业建立声誉的第一关键外部群体。首先，忠诚客户将为企业带来长期的收入和利润；其次，高忠诚度的客户不仅介绍品牌，还能将其品牌体验与家人、朋友、同事分享，为企业发展新客户。

3. 媒体

媒体是企业声誉受众中最不能忽视的特殊群体。广告投放和媒体的正面报道可以增加企业的正向声誉，相反，媒体对企业不良行为的曝光会迅速降低企业声誉，进而影响企业声誉资本。

我们一般将媒体分为强关系、一般关系和弱关系三类。强关系为本区域、本领域的行业媒体；一般关系为“一跨”的媒体；弱关系为“三跨”的普通媒体。当然，在互联网新媒体发展和传统媒体普遍“触网”的环境下，媒体关系管理已经发生了一定变化，需要企业的媒体关系管理人员注意。

4. 投资者

企业声誉将影响投资者的决策。一旦投资者对企业丧失信心或对企业前景产生负面看法，则企业或者不能吸引新的投资，或者不能以低成本再融资。对投资者而言，介入声誉破产的企业，即便该企业当下仍然拥有良好的现金流和盈利能力，长远看来，无异于画饼充饥。

5. 意见领袖

在企业声誉管理中，有两种情况需要意见领袖的协助：建立和加强企业声誉；应对企业的声誉危机。

与企业内部的新闻发言人相比，公众通常会认为这类独立于企业的“第三方”的意见更为公正和可靠。

6. 产业链成员

企业的产业链成员因其与企业的关系强弱分为普通成员、密切成员和关键成员三类，考量指标为贡献度和可替代性（可替代性=替代数量÷替代程度）。

企业声誉将影响企业的议价能力和与产业链成员建立长期稳定合作关系的可能性，善于与产业链上下游企业共生的企业，才能打赢“战争”。

7. 智库、NGO及其他组织

企业声誉将影响智库、NGO及其他组织对企业行为持善意批评的态度还是尖锐批评的态度。尤其是，企业声誉可决定某些社会活动家或行业学者组建或者领导的非政府组织对企业的态度，决定它们是否接受企业在某个社会活动上的合作提议。

企业通过公益或者慈善的方式影响这一部分社会公众，塑造自身声誉是一种经营形式外的社会活动，从其直接目的看，是与营利性相排斥的，但从更长远的战略视角出发，则是一种改善声誉受众对企业的社会感知，营造良好生存环境的合理手段。

三　企业声誉受众的影响因子

对声誉资本的评估离不开对受众群体的洞察，声誉资本是与对受众、受众关系结构和受众群体的质量等各方面的综合评估分不开的。

对企业声誉受众的研究，主要从以下4个方面展开。

1. 声誉受众的质和量

（1）声誉受众群体数量。

声誉受众的数量也可以理解为通常意义上的“流量”，代表着为企业带来主要价值的群体的大小，分为固有流量和新流量。流量的本质是受众的数量，是信息场中的个体。毫无疑问，拥有数量较为庞大的声誉受众的声誉主体，其声誉资本也较高。

对个体而言，追随数量较为庞大的群体通常是保险的做法。在社会竞争中，控制其他变量的情况下，较为庞大的群体往往会获得更大的胜算；较为庞大的群体也会压制数量较小的群体的意见表达，“沉默的螺旋”也解释了这种现象。

只要获取的流量基数足够大，就具备巨大的经济收益可能。毕竟，在庞大的受众数量之下，任何小比例的情绪激发，都会产生不可估量的效益，而效益的来源就是这种贡献意愿和每一个个体背后巨大的经济、社会资源。

（2）声誉受众群体质量。

声誉受众的质量包括企业核心受众、密切受众和边缘受众的社会统计学意义层面上的素质和数量，这些统计有利于评估企业受众的盈利能力、发展前景，以及对竞争的对抗能力。声誉受众的质量可以理解为其对企业的贡献能力，最直接的质量表征是消费能力。

学者张莹瑞和佐斌总结，声誉个体受众在声誉主体信息的传播过程中，先是找到个体价值和自我定位，进而定位个体对群体的认同，通过社会分类，对自己的群体产生认同和归属感，并产生内群体偏好和外群体偏见，最终强化为与声誉主体相关的“认同与归宿”，并成为声誉资本的第五要素“贡献意愿”的行动和实践基础。

（3）核心受众中不同声誉传播形态者的占比。

也即7种传播形态的个体在群体中的数量比例，这个比例往往说明企业声誉资本的健康程度，对其的统计有利于建立具有驱动力的声誉受众群体。

（4）声誉受众之间的相似度。

相似度的来源一方面是先天的，在个体组成稳定的某个企业的声誉受众群体前，已经具备一定的文化和价值观的类似；另一方面的来源是组成企业的声誉受众群体后的后天习得。正常情况下，一般健康的企业声誉受众统计特征通常符合正态分布，保持完全的一致性往往是一种极端的状态，许多企业希望通过“团建”乃至极端的灌输方式达成整齐划一的贡献和付出状态，现实中往往是极难实现的。较高的近似度，无疑表示企业文化的一致性和凝聚力，其作用确实让人惊叹，但这需要先天就具备一定文化基因的团队基础，绝非纯粹靠后天的团建等人力资源管理技术能轻易做到。据统计，中国前500强企业中，有军人背景的总裁、副总裁多达40%。我们发现，这类企业早期的核心团队往往具备浓重的军事化色彩，在很大程度上保证了企业团队的高度相似性，减少了内部耗散，同时在企业的经营活动中很容易被类似企业和个体接受，并且这种军事化色彩往往在企业规模已经很大的情况下依然可发挥不可小觑的作用。

在不同声誉主体存在竞争的情况下，决定个体立场的除了声誉主体的因素外，还有个体的自我判断及个体与归类群体的亲密度，这决定了个体愿意融入哪个群体，并与群体保持一致的行动。亨利·塔菲尔和约翰·特纳等人的社会认同原理指出：社会认同由类化、认同和比较三个基本历程组成。类化是受众根据自己的特征，将个体编入某一社群；认同是认为自己拥有该社群成员的普遍特征；比较是评价自己认同的社群相对其他社群的优劣、地位和声誉。

相似度对声誉资本的贡献有两个方面，一是可以更高效增大群体数量，二是可以促成某种“群体冲动”，继而有利于完成某项事业。

（5）互动频次。

相似性有利于提升互动频次，是互动频次的群体心理基础，但是不必然导致互动频次的提升。互动频次与相似性的共同作用会使受众另一个变量提升，即受众的向心力。

（6）亲密度。

声誉受众划分可采取一种渐进变量的划分标准——亲密度。对亲密度的测量可以采用声誉受众与主体的利益紧密度和互动频次两个可以量化的指标。利益紧密度是一个相对模糊的概念，但对任两个声誉主体而言，它们与其各自受众群体的利益同步程度完全可以用数字指标比较出来。互动频次则是具体可量化的指标。

比如，对一个企业而言，最直观的利益紧密度表现为持股比例，假设互动频次采用考勤指标，股东a持股10%，月考勤指数为15次；股东b持股5%，月考勤指数为25次，在不考虑加权因素和其他影响因素的情况下，两个股东与企业的亲密度为分别为Qa=10% × 15=1.5和Qb=5% × 25=1.25。声誉受众群体与声誉主体的亲密度与利益紧密度和互动频次两个变量成正比关系。

（7）声誉受众的向心力。

向心力的基础来自受众个体的高度相似性，高度的相似性降低了信息环境噪声和说服难度，使同一群体的个体之间拥有较低的信息传播成本，进而提升了信息的传播效率，这必然导致高度认同，并为一致行动创造条件。企业受众的向心力在测量中分为正向和负向，其受众也分为三种类型，因与企业的关系强弱，呈现不同的状态。

声誉群体的向心力也是构成声誉资本的一个重要因素，向心力的产生与两个互动因素相关：互动频次和互动收益。互动包括群内个体互动和声誉主体与个体的互动。互动往往会具备鲜明的两面性，一方面使群体内成员保持高度的一致，一方面又会对与群体声誉认知不同的一切信息保持警惕和排斥态度，表现为同一声誉受众的圈层封闭和集体认同性。

2. 声誉受众的组织形式

（1）离散形式。

考察声誉受众的离散形式，需要注意其与离心力的区分，离心力是受众群体的心理测量，离散形式是企业的组织能力和组织形式的体现，如是否组织用户俱乐部、各部门员工的联谊会、“粉丝”后援会等。

（2）单一中心组织形式。

表现为多级组织的情况下，下级中心对上级中心的服从和认同情形。

（3）多中心的组织形式。

常见于企业的多级组织形式，需要考虑其扁平化程度、组织间信息的协同顺畅程度等。

（4）去中心的组织形式。

分为被动的、失控状态下的去中心组织形式和主动的、后台支持下的去中心组织形式。前者是一种声誉负资本，后者在良好的支持系统下则容易成长为独有的、灵活的优质声誉资本。作为一种伴随协同办公技术、SOHO工作业态出现的新企业形态，绝对的去中心需要高超的协同能力、强大的后台支持系统和文化融合。良好的战略协同和文化基础上的去中心化声誉组织，往往具备良好的机动灵活性，能对环境竞争做出敏锐的反应。反之，缺乏文化和战略层面协同的去中心化企业往往出现散漫和声誉噪声，无法调动组织内个体的社会资源，更不能形成有效的企业声誉资本。

3. 协作群体

企业的协作者形成的群体，因为与企业存在不同程度的业务关联，作为企业的密切受众，其对企业的评价和对其他受众的影响有着不可低估的作用。协作群体主要有共生群体和寄生群体两种表现形式。

（1）共生群体。

共生群体形成的某种产业集群组织，在实际的经济运行中，其声誉资本的叠加往往会产生1+1＞2的超额获益现象，在信息经济学中，这种超额收益被称为“集群声誉租金”，主要描述以下情形。

在竞争市场中，拥有集群品牌资产的产业集群组织的资源异质性和能力差异性激发产业集群组织的要素价值，使其可在一定程度上控制集群产品的价格，使组织整体价值获得市场溢价，创造出比没有集群品牌资产的集群组织更多的超额收益，这样的超额收益即“集群声誉租金”。具体而言，“集群声誉租金”可分为“集群地理租金”和“集群组织租金”。一方面，产业集群具有明显的地理依附特性，产业集群活动依托于特定地理空间的资源禀赋、人文习俗、市场条件、产业氛围等资源要素，产业集群内的利益相关者共享集群品牌资源的溢出效益。此类集群声誉租金可称为“集群地理租金”。另一方面，产业集群还具有明显的组织特性，产业集群内的企业之间分工协作，形成网络组织，降低交易成本和经营风险，通过集体行动，开展集群营销，提高创新能力，实现协同共生效应，此类集群声誉租金可称为“集群组织租金”。

（2）寄生群体。

企业对寄生群体的利益输出大于寄生群体对企业的利益输入。寄生群体通常有较大的可替代性。

4. 竞争群体

按照竞争强度和资源的稀缺性，竞争群体可分为以下3种。

（1）弱竞争群体。

（2）强竞争群体。

（3）敌视群体。对某些极度稀缺且必需的资源的高强度竞争，往往决定着企业的重要发展命脉。

在市场环境中，竞争群体的数量和可替代性也在很大程度上影响企业的声誉。

案例：微软的“少数派报告”与《瑞士银行保密法》

著名导演史蒂文·斯皮尔伯格2002年执导的电影《少数派报告》设定了这样一个背景：2054年，所有犯罪场景会被“先知”预先演示给警察，警察便可以提前阻止犯罪。

在现实中，这个设定已经在某种程度上得到实现：2003年1月，多伦多警局探长Sergeant Gillespie感到，尽管他所管理部门的警察正在试图了解互联网犯罪的方式，但犯罪分子仍能以匿名的方式欺骗上网的少年儿童。一筹莫展之下，他给比尔·盖茨写了一封信，请求他在网络犯罪案件侦破上给予帮助。为此，微软加拿大企业设计了一套追踪犯罪的系统，通过实时和事件锁定的方式，使警察能够对有关嫌疑人的活动和行踪进行跨区域的信息交换。微软在制止网上犯罪上所表现出来的社会责任感，吸引了全球许多执法机构与其合作。

与微软为安全部门设计犯罪追踪系统不同的是，瑞士银行在国际舆论的压力下则选择对客户资料的绝对保密。瑞士国土面积狭小，自然资源匮乏，但是其在全球经贸体系中的地位却不容小觑。数百年来，瑞士银行以严格的银行保密制度闻名于世，瑞士最早的银行保密立法产生于1713年，日内瓦大理事会做出明确规定，除非与理事会有书面协议，银行职员不许与任何人分享客户信息。与严格的保密制度共生的是瑞士的银行业也成为犯罪组织的“避难天堂”。史学家研究发现，1933年到1945年，纳粹德国掠夺了相当于今天85亿美元的黄金，并把其中大部分浇铸成每块近400盎司（约合12千克）的金锭，一部分藏在德国各地和帝国银行，另一部分藏在一些中立国的银行，其中便包括瑞士银行。第二次世界大战结束后，在同盟国的压力下，瑞士银行承认保存了价值8800万美元属于比利时的黄金。1997年，瑞士银行被迫公开了一份第二次世界大战期间存户的名单，共有1872户在战后未与银行联络过，其存款总额估计有4200万美元。

微软和瑞士银行大相径庭的做法，在某种程度上反映了组织关键利益者的变动特性，而对关键利益者的判定，则关系组织的生死存亡和兴盛衰败，更考验组织运营者在不同条件下应对时局、平衡商业盈利与社会伦理的智慧。

第三节　口碑：管理历史评价

历史评价可以视为某种美誉度，带有感性和高度概括性的特征，现实中多采用态度量表的形式进行量化评测。学者认为美誉度是一种综合性的积极心理反映，是基于认知产生的信念和好感，比较全面地涵盖了声誉资本与历史评价因子的描述。

企业的历史评价主要是一种利益相关者的综合评价，包括可量化的业绩，也包括某种基于不同观察视角的主观感受，不同相关方会有不同的标准。

企业需要根据不同受众设立不同的标准，持续优化自己的历史评价，在不同群体中适应各种文化、行为、理解力，并通过实践消除评价之间的差异。

对企业而言，最难的地方在于平衡好各相关方的关系，适当对信息的传播要素进行检测和管控，尽量保持企业历史评价在不同利益群体中的一致性。

一　历史评价的构成部分

1. 职能声誉

构成企业历史评价最直观也最基本的部分是企业提供的产品的可靠性和性价比，“产品质量”是企业树立声誉的重要措施，企业产品质量的好坏是企业职能声誉的重要构成部分，会对企业声誉产生很大的影响[1]，只有那些为客户提供更多价值的企业才能在经济全球化背景下立于不败之地[2]。如果消费者相信企业的服务与其他企业的服务有着明显的区别，在其享用此种服务时会产生一种身份地位上的认同和归属[3]。

企业的职能历史评价通常包括两个方面。其一，职能完成度：完成度=完成数÷接触人数（或者以投诉率/退换货率/差评率为测量标准）。其二，职能的稀缺性/需求弹性系数。

2. 伦理声誉

企业对其运营环境的社会文化的尊重、与风俗习惯的契合度，以及对重点受众的公益活动及交互频次，都是构成企业伦理声誉的重要因素，良好的企业社会责任感与道德伦理性是回应社会各利益相关者的最好声誉砝码，能

[1] Oliver Richard L. Customer satisfaction with service [C]. Teresa A, Swartz, Dawn Iacobucci. Handbook of Service Marketing and Management. CA: Sage Publications，2003.

[2] 董立人，董立民，董常乐. 强化企业声誉管理意识应对WTO和经济全球挑战 [J]. 现代管理科学，2002（11）：8-9.

[3] 陈平，向长江. 加强企业声誉管理的探讨 [J]. 郑州航空工业管理学院学报，2003（4）：38-40.

使企业获得良好的伦理声誉[1]。

企业的伦理声誉一般包括两个方面。其一，社会活动，包括慈善、公益、社区互动等文化项目的频次；其二，社会活动契合度，包括参与人数、忆起度、好评度。

3. 财务指标

从相关受众的角度分析，包括企业股东、投资方及纳税人的角度，良好的财务指标是企业历史评价的一个重要组成部分，尤其是对上市企业而言，向社会公众提供的真实、盈利良好的财务报表本身就是一种企业的声誉管理工具[2]。

4. 特殊事件

企业的历史评价往往与有代表性的特殊历史事件相关，这些历史事件以其独有的特点和重大的情绪刺激构成历史评价的重要部分。

特殊事件通常有两种。其一，历史污点，即重大恶性事件，主要指涉及关键受众的恶性事件、处罚记录等。 其二，历史亮点，即历史亮点事件，包括涉及关键受众的历史善行和里程碑事件、涉及重点个体的重大良性事件、嘉奖记录等。

历史污点和历史亮点的影响程度可通过报道媒体的等级和影响面，涉及的个体数量，知晓的公众数量，获取或检索难度，公众的忆起率（可采取分层抽样计算），公众的当下情绪色彩判断。

5. 传播声量

历史评价的重要基础是传播声量，受众闻所未闻的声誉主体，是谈不上

---

[1] Fombrun C J. Reputation-Realizing Value from the Corporate Image [M] . Harvard Business School Press, 1996.

[2] Vergin R C, Qoronfleh M W. Corporate Reputation and the Stock Market [J] . Business Horizon, 1998 (41) : 19-26.

声誉资本的。传播声量与传播主体对受众群体的传播力指数（包括曝光次数、到达率）成正比，体现为受众群体中历史评价的记忆人数。

传播声量的构成要素主要有传播频率、内容设计对受众情绪的刺激力度、传播的时长积累，这三者共同构成声誉的传播声量。

6. 传播形式

历史评价是某种情绪和认知的传播，这种传播需要两个基本要素：情绪强度和社会关联强度。历史评价的传播因受众与声誉主体的关系强度和情绪刺激强度不同有不同类型的传播形式，如图4-2所示。

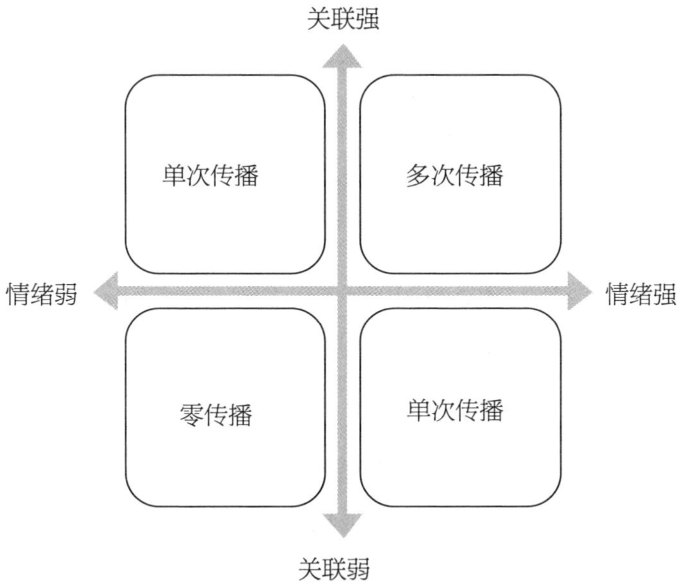

图4-2 不同类型的传播形式

（1）零传播。

零传播指的是企业对其顾客或者其他受众有某种程度的信息交互，顾客或其他受众对企业有某种程度的体验，形成某种情绪，并生成某种具体评价，但是并无将该评价主动传播给其他人的动力，多见于产品力或品牌影响力较弱的企业或组织，也常见于流动的顾客或者受众群体，作为声誉主体的企业与作为声誉受众的顾客处于弱关联的社会交互状态。

比如经过某高铁站的旅客不会对其临时就餐的某个车站餐馆形成再次传播的动力，除非该餐馆使其形成某种足够强烈的情绪——特别优质或者特别劣质的餐食质量、服务态度、环境等。

弱关联的企业和其受众也基本会处于零传播历史评价的状态，旅客可能余生都不会再与某餐馆发生关联；不追星的商务人士不会与亲友谈论在航班上遇到某演艺明星；一家照章办事、安分守己、毫不突出的企业大多数时候也不会引起监管机构的口碑传播。

综上可知，弱刺激、弱关联情况会产生零传播历史评价。无论从何种角度看，几乎没有社交传播声量的企业都是不具备竞争力的。

（2）单次传播。

单次传播通常指个体形成对企业的历史评价后，基本没有再传播的动力，或者仅有个体间的一次传播行为，该评价的接收者没有再传播的行为，常见于社会关联强度和情绪刺激中某个单因子强烈的情况。

仍以高铁站餐馆举例，特别差或者特别好的餐食质量、环境或态度会对旅客产生足够强烈的情绪刺激，这种刺激会使旅客即便在弱关联（余生可能都不会再来用餐）的情况下也会将该刺激分享出去，他可能会将这次难忘的经历分享给亲友或者旅途中的邻座，这是一种正常的心理反应。

强关联的弱情绪刺激也会产生单次传播。比如对某品牌的忠实顾客甲而言，该品牌微小的价格浮动或促销都可能引起甲的二次传播，他会自发寻找可能对该变动有兴趣的顾客乙并将信息传播给他，如果顾客乙并非该品牌的潜在顾客，也即弱关联，则信息的传播会就此终止，也即完成一个单次传播的过程。如果顾客乙恰好也是该品牌的忠实顾客，或者是正准备购入该品牌的潜在顾客，则顾客乙与该品牌形成强关联，也就可能进入多次传播模式。

（3）多次传播。

企业的历史评价接收者会将该评价传达给其他受众，其他受众也会将之进一步传播给更多受众，从而形成重复传播。多次传播的过程中会有一定程度的信息衰减和负向扭曲，主要体现为企业正面历史评价和亮点内容遭受质疑和被淡化，如某次深刻消费体验的传播。

通常，声誉受众处于强关联和强刺激的情况，才会有足够大的动力进行多次传播。

（4）病毒式传播。

与多次传播不同的是，企业的历史评价信息会因噪声而扭曲放大，主要体现为负面和历史污点评价内容的传播。病毒式传播往往是企业其他声誉因素综合的放大和累积导致的。广为诟病的传销模式是这种强情绪、强关联情形下的典型表现——已经加入传销团队的个体和团队形成一种强关联，多级分销的盈利模式又形成强烈的情绪刺激，使个体有足够的动力去发展下线，只要盈利模式设计足够强烈，潜在的下线在加入团队前便往往会寻找另外的目标。

在许多舆论事件中，病毒式传播也较为常见，许多关系自身安危（强社会关联）的重大社会事件（强情绪刺激）往往都是两种因子共同作用的结果。

（5）传奇崇拜、信仰与“妖魔化”。

在受众某种刻板印象已经形成的前提下，某些较强情绪刺激的因素往往导致强化群体幻象，受众通常在新的历史评价因素基础上还会进行个体的再创作，这往往需要较长时间历史背景的积累，如“德国工艺”等声誉集群的崇拜心理。

二 应对历史差评

企业永远不可能完全回避负面的历史评价，需要重视的是在某个特定的受众群体中，管控某些关键人群的“致命”负面历史评价。

不同历史评价对不同人群的影响是不一样的，顾客也许在意产品的售后服务，却并不关注企业的财务指标，股东和投资人则更重视财务指标，因此企业需要根据不同阶段的目标，有针对性地管控不同方面的声誉信息。具体操作步骤如下。

1. 建立健全舆论与情报搜集系统

确保及时发现相关利益群体的历史评价情况，尤其对不良评价，应跟踪重点公众的反应，并了解这种评价产生的缘由。对企业负面信息，越早发现，就能越早介入处理，使负面信息对相应受众的影响降到最低程度。

2. 及时回应历史差评

精准对核心声誉受众进行洞察，总是以同理心，而非对抗来回应差评，要制订针对不良评价的规范化答复策略，并及时实施。

3. 公开答复与私下接触应该同步进行

公开回复应该更为慎重——也许无法公开全部实情，但是可以公开部分真相，对可能涉及的敏感数据，不适合公开讨论的问题，应移至私下接触的渠道。

4. 道歉不是应对“差评”的万能药

在没有搞清问题之前，慎重“背锅”，某些情况下，道歉也会提升谅解的阈值，甚至可能激发更大的愤慨。确认确实有错误时，则及时道歉，拿出补偿和解决方案，并向公众承诺会做得更好。

5. 密切关注“差评”个体

应该密切关注恶性评论的起源和传播个体以掌握形势变化，最好通过有针对性的策略进行追踪和转化，“差评”个体的态度转化往往是极具价值的。

第四节　预期管理

企业的预期来自哪里？其构成因素又有哪些？

Whettena和Mackey认为，企业声誉是利益相关者以对企业的期望作为测评准则对企业的状况做出的评价。

在上市企业的并购事件中，企业的声誉分两类，一类是并购中体现在财报上的“商誉”，是被收购企业“不可辨认资产所能带来的预期利益”[1]；另一类是“自创商誉”，也就是企业的声誉在企业的实际运营中发挥作用的部分。

商誉这一“对未来预期产生的收益”源于声誉受众的各种社会资源和资本，在企业的声誉管理过程中，洞悉客户预期，满足合理预期，控制不合理预期，提供适度额外预期，是管理预期的核心所在。

一　客户预期的来源

1. 需要与想象

作为声誉的重要构成部分，预期可以是受众自身已经觉察到的，也可能是在外部因素（如市场沟通、有形证据、产品价格和口碑宣传等因素）的刺激下激发出来的。

对企业的预期必然是一种受众基于个人需求的想象，这种想象的来源很多，包括企业的宣传、公众的口碑、群体间互相的影响，以及宏观环境的影响等。

目标受众对企业的信息掌握越全面，越容易做出合理预期。

2. 明确的承诺

企业通过广告、宣传、人员推销等市场沟通方式向顾客公开的承诺直接

[1]　澳大利亚第18号会计准则公告对商誉的定义。

影响顾客预期的形成。

虽然目标受众的预期是可以通过宣传手段进行干预的，但是过高或者过低的预期显然都是对企业不利的。将顾客的预期提升得过高，如果不能达成，则容易影响企业的声誉，给顾客以失信的印象。将顾客的预期压制得过低，虽然有利于超额完成预期，带给顾客超预期的额外价值体验，但是在预期完成前，也容易遭受竞争对手的伏击和分流。

从策略和宣传技术上看，操纵预期虽然是可能的，但是往往也是危险的——波动的认知往往会降低企业与顾客之间的情感连接，这种不确定性造成的不安全感显然有损于企业的声誉。

3. 暗示与引导

暗示与引导也能形成一定预期，并且相对于明确的承诺，对企业更有利，因为暗示与引导产生的预期拥有更大的解释空间，更具弹性。

比如，与产品和服务有关的价格是企业暗示的承诺，在人们通常的观念中高价代表高质量，客户会理所当然地认为高于竞争对手的价格背后有更优越的价值，如果企业不能在定高价的同时提供更高的价值，则其声誉就会在这个过程中发挥解释和缓冲的作用——声誉资本丰厚的企业，声誉自然会来充当这种溢价的价值补充；没有足够声誉资本的企业，顾客会认为自己付出高价却没有得到相应的价值而产生负面情绪，从对企业的声誉构成削弱。同样，服务企业可以通过服务定价和服务环境向顾客暗示对某种服务质量的承诺，酒店门前的豪华轿车、富丽堂皇的门厅、洁白的桌布均可构成对顾客预期的暗示与引导。

暗示与引导往往以某种务虚的“场面”出现在企业的运营中，这种“场面”形成的暗示与引导会对其目标受众的预期产生影响，有利于企业达到某些目的。但是这种方式的运用，要以基本的、务实的价值提供为基础，否则由此产生的预期必然是空中楼阁，会对企业的声誉造成不可挽回的损伤。

4. 经验与经历

不同立场的声誉受众，会因为历史经历不同对企业产生不同的期望，这种个体感受的差异也影响着企业的声誉。个体对企业的期望差异越大，则群体越难形成一致认同。受众群体的一致性越高，企业可动用的社会资本越大，声誉资本也越大。

个体的经验是必然存在差异的，合理的管控能弥合这种差异导致的群体期望分裂。比如在民宿行业中，对旅客之间的差异，经营者除了明确自身特色，采用4P因素对目标顾客进行筛选外，还可以通过提供个性化体验干预，使顾客形成较为一致的预期。地产、汽车，乃至上市企业的投资者预期管理，也是同样的道理。提前筛选目标受众，是建立合理预期的重要前提——举债加杠杆进入比特币市场的投资者与稳健性基金的投资者不会是一类人，他们对回报的预期是绝对不一样的。

5. 群内口碑

许多成功的企业均离不开其顾客的口口相传，而群内负面口碑往往会以类似神经网络的形式高效传播，形成恐慌性的危机事件。

2020年4月1日甘肃银行股价出现连续跳水并跌破每股1港元。4月5日，甘肃银行陇南市徽县支行营业网点出现部分储户集中办理业务现象，以至于中国人民银行陇南市中心支行、中国银行保险监督管理局委员会陇南监管分局和徽县人民政府不得不紧急发布通告维持稳定。此类事件充分说明声誉管理在银行业中的重要性。

可取代性也会影响受众对企业的预期。在受众拥有选择权和选择空间的前提下，可取代性越高，则预期相应越低，没有顾客会过度关注一个可有可无企业的业绩。企业在其受众认知中的这种可替代性也决定了其声誉资本的价值，可替代性与预期和声誉资本成反比例关系，可替代性越强，预期越低，声誉资本也越低。

需要特别强调的是，这种可替代性与垄断和行政压力造成的一家独大、别无分号不同，可替代性一定是建立在顾客拥有自由选择权和选择空间的前提下。某些情况下，这种声誉导致的期望也会选择对抗行政或垄断造成的不可替代。

二　预期的构成因素

企业的声誉资本中，预期决定了相关受众社会资源和其他两种资本的投入意愿和获取难度，这种通常意义上的支持率其实正是体现了相关受众的资源和资本的调动效率和调动能力。企业给相关受众的预期是一种人类社会构建意义的“想象图景”。从声誉资本的角度考察与测评企业的预期主要从5个方面进行。

1. 职能回报

企业对其受众的职能回报预期是其立足的根本——为顾客提供价值；为股东提供资本增值；对政府照章纳税等。职能回报预期的测量有两个指标。

（1）职能增长率。企业要合理管控声誉，传达得当的职能满足信息，企业顾客或其他受众过高或过低的职能增长率预期都是有损企业声誉的，需要正视企业受众的职能需求有一个不断增长的过程。在市场竞争中，胜出者必然是能更好解决主要矛盾的企业，也只有这样的企业才能获得更高的声誉资本。声誉资本的职能增长率需要根据不同的受众、不同的指标，采用不同的方式进行测量，比如针对顾客的功能或者价格调整可以采用灰度测试法。

（2）预期回报率。在增长率的基础上，可以进一步测定顾客的预期回报率及需要增减的职能敏感点。对不同的企业受众群体，统计不同的职能预期点和量。多参数复合的动态气泡图也是常用的方法，该方法可以更好地体现预期的趋势，并在不同的受众中寻找均衡的发展策略。

2. 伦理回报

伦理回报通常表现为一种情感回馈，这种情感回馈有3个方向的情感流动——企业对受众的爱与尊重、娱乐或者其他情感价值；同一受众内部的接纳与认同、群体归属感；受众对企业的价值认同和养成心理（“粉丝”对偶像的养成心理最为典型）。伦理回报可通过问卷、访谈、观察、透镜观察等社会实验方法具体锁定，并测定其强度，也即测定伦理预期回报活动的类型、频次、人数等执行指标。声誉预期中的伦理回报预期通常测量以下几个方面。

（1）公益或慈善活动。主要是基于受众群体心理的非营利性互动，测量其类型分布和频次等统计特征。

（2）情感投射。主要基于涵化效应理论，测量受众希望企业的成长方向与此类受众在群体中的占比。

（3）群体内部活动。主要测量基于个体心理需求的活动要求，并统计频次、类型等特征。

3. 回报概率

主要体现为一种受众的趋势判断，是受众基于企业历史行为对企业给自身带来回报概率的预期，稳定的概率反映了企业的信誉和经营在受众心理上的投影——对企业的时间、精力、金钱和感情投入会得到回报的预期。

用公式表示为：回报概率=合格预期兑现次数÷预期兑现次数×100%

回报概率的形成有3个基础，分别是历史回报概率、当下的企业表现、同类企业的回报参考。回报概率在声誉资本的变动中有3种情况。

（1）回报概率稳定。通常情况下，成熟企业的受众对企业的回报概率保持稳定，因而企业需要精确锁定回报需求、满足度，并设定必要的有竞争力的富余概率量。

（2）回报概率提升。锁定回报概率提升的原因是环境导致的竞争性提升还是受众个体需求的内源性提升，或者是企业给了受众不合理的回报概率信息传达。在固定时间段内回报概率的提升往往意味着企业的经营压力。企业需要对回报概率提升的受众进行抽样测试，测试指标有两个，即提升率和回报概率提升个体占群体的比例。

（3）回报概率下降。在固定时间段内回报概率的下降往往意味着企业的经营风险。企业需要对回报概率下降的受众进行抽样测试，测试指标有两个，即下降率和下降个体占群体的比例。如果市场中有同类替代企业，则对本企业回报概率下降的个体往往有流失风险。

4. 投入产出比

这是一种基于回报概率的对预期产出的判断。过高和过低的预期都可能给企业带来声誉资本的损害。可以按照个体单位时间的价值最大化来计量投入产出比，但是更多时候，用户对预期回报会有一定的先验心理。

历史声誉资本较强，则会按照较低单位价值计算投入；历史声誉资本较弱，则会按照较高单位价值计算投入。以一个较为极端的例子来说，在一些物业企业对业主的互动活动中，如果物业企业声誉较好，与业主的联系较为亲密，即便缺乏一定的物质激励，业主往往也会无偿配合；而一些进入社区以“会议销售”形式推广产品的保健品企业，因为既往声誉资本较弱，与业主处于较弱的关系状态，业主往往会较为严格地计算投入与产出。

2015年左右，笔者团队为某地卫计委组织的“健康进社区”活动提供咨询和调研服务。该项目最初由一家知名医药企业执行，该企业拥有良好的医疗专家资源，可通过宣讲普及健康知识，也可为后期产品销售收集信息，同时并无销售方面的考核指标。但是，活动执行三个月收效甚微，负责执行落地的团队拥有一定的社区会议销售经验，在前期课邀约方面有较好基础，每天的拜访流量也足够，但在后来的跟踪研究中，我们发现客户除了有对这种弱关系的抵御心理，会较多代入某种计算投入和预期产出的心态，在抽样的深度访谈中，我们也高频采集到过这样的诉求：“礼品太差了，白等了两个小时”。问题明显不是出在技巧和作业能力上，而是该企业在目标社区缺乏必要的声誉基础，拜访的流量并不能形成有效的转化。我们后来决定改变策略，由卫计委与当地街道办出面，通过社区组织业主进行健康宣讲，还是由该医药企业执行，但是统一以物业的名义举办宣讲会，如此发现无论邀约难度还是到场率都有了极大的改观。这一改观同时直观体现在赠品支出费用的降低上。

显然，对同样一群业主，物业企业与医药企业的声誉资本存在较大差异，这种差异在宣讲会的组织上，首先体现为邀约成本的降低，降低的根源就在于不同的声誉主体的受众对个体投入成本的预估标准不同，同样两小时，业主出席物业组织的宣讲会，这两个小时的时间成本可能会被按照闲聊、打牌的无效甚至负效益计算；出席医药企业的宣讲会，这两个小时的成本可能会被按照时薪，甚至更高价值的某种活动来计算。不同企业的声誉资本明显影响了其受众的价值评估，进而影响了投入产出的预期。同理，这种投入预期的积累也会影响企业的声誉资本，声誉资本与其受众的投入产出预期存在明显的正相关关系。

用公式表达为：预期投入产出比=实现量÷预期量=回报量÷投入量

声誉资本构建中，按照不同的投入产出比例关系，存在3种情况。

（1）投入产出比＞1。顾客认为前期投入的资源应该得到物超所值的回报，如果不能实现，则可能影响受众的忠诚，继而有损于企业的声誉。从预期的实现后果来看，如果实际兑现大于预期，则形成声誉的正面强化效果，正强化的情况有利于企业的声誉资本积累，在这种情况下，顾客会增强信心，激发力量。在负强化的情况下，如惩罚、灾害、祸患等，期望值大于现实，就会使人感到失望，因而产生消极情绪。

（2）投入产出比＜1。顾客对前期自身投入企业的资本有较低的回报期望，并不期望企业回馈高于甚至等同于自己投入的价值，企业如果能在未来回馈给顾客相应心理价值或高于心理价值的回报，则构成“期望外”预期，有利于企业的声誉资本积累。从预期的实现后果来看，如果实际兑现持续低于预期，顾客会在这种不平衡的投入产出中产生挫折感，继而产生消极情绪，对企业的声誉构成削弱。如果预期较低而实际兑现大于预期，则有利于调动人们的积极性，因为这时人们做了最坏的打算和准备，结果却比预想好得多，自然会对积极性产生激发，继而使企业进入声誉良性积累的循环。

（3）投入产出比=1。顾客对企业的回报价值产出预期保持稳定认知，即“上个预期-兑现”的循环，人们的期望变为现实，结果与预期符合。顾客会认为企业的回馈物有所值，这种情况一般也有助于提高人的积极性。如果从此以后没有继续给予激励，积极性只能维持在此水平上。这种状态往往也说明企业拥有较为稳定的声誉状态。

5. 重大预期事件

（1）重大预期利好。

重大预期利好是一种受众依据当下的信息形成的判断，有利于受众调动个体资源，继而形成对企业的贡献意愿和实际贡献，因而预期利好也是企业声誉资本的构成部分。预期利好可以是一种非公开信息，也可以是一种受众群体中的“想象图景”。无论这种预期的利好以何种形式存在，只要可以被受众感知并认同，就有利于企业的声誉提升，并影响受众的资源和资本调动。

（2）重大预期风险。

重大预期风险分为两种，一种是实际存在、无法规避的预期风险；另一种为顾客、某些意见领袖或者媒体等声誉受众基于某种舆论态势虚构甚至“臆想”出的，需要启动危机公关程序进行澄清和规避。

三　管理预期的步骤

可以通过以下几方面工作对顾客预期进行有效管理。

1. 建立预期清单

对收集的客户预期需求信息进行分析并做出评估和判断是预期管理的前提，包括两方面工作：第一，核心受众画像——统计特征与企业历史关联特征；第二，对不同受众的预期进行三级预期测定——预期中位数、预期均值和预期底线。

建立预期清单要建立在充分了解客户预期的基础上。对一些潜在的客户预期挖掘是需要一定技巧的，调研的时候，客户未必会表达出其真实预期，但实际运营的时候，这些潜在的预期未能得到满足，往往会导致企业的声誉降级。

2. 分析预期

分析预期的基础在于全面排查客户预期，并对不同群体的预期进行排序和测评，以抓住最核心的预期和人群。可通过合理性、合法性、重要性、差异性、后果影响等标准对客户预期进行分析。

（1）合理性指结合双方所处的背景，判断客户提出的预期或需求是否是合适的，主要依据社会标准、行业标准和企业自身的承诺。

（2）合法性指客户提出的预期是合法的，企业满足客户的预期不存在违反法律法规的风险。

（3）重要性指客户提出的预期和需求对客户感知和满意度、对企业形象和经营的影响程度，影响越大，越重要。如对企业而言，优先满足核心的高价值顾客的预期是无可厚非的。

（4）差异性指同一受众群体的预期必然存在个体差异。对企业而言，如有多个客户有同样的预期，在满足个性化和标准化预期的基础上进行差异化的预期满足是有必要的，差异化可能带来成本的增加，应对成本的增加与声誉给企业带来的长期价值进行权衡。

（5）后果影响指假设满足特定客户的预期会对其他客户的预期和感知、对企业未来的经营和预期控制产生什么样的影响。

3. 兑现预期

预期可以拆解为多个阶段来兑现，在兑现过程中可通过一定策略调动顾客的资源和意愿，如饥饿营销、赠品和促销等，但是所有营销和传播策略，其根本应该是兑现承诺。

在不能兑现基本承诺的前提下，利用营销策略和话术与顾客进行沟通，显然是一种有违商业伦理的操纵与失信。

所以，对预期的管理根本上还是应该集中精力于基本价值的提供和满足，通过切实可行的努力和措施，确保预期兑现过程中的稳定性。为获得高预期做出不当的承诺而且难以兑现，会失去顾客的信任，造成企业声誉资本的流失。

4. 管理预期反馈

预期管理指根据目标受众的预期需求种类制订具体措施并通过各种方式反馈给客户。

5. 动态评估预期

预期会受到社会环境、行业环境、满足水平、竞争者的介入等多方面因素的影响，并且随着影响因素的变化而变化，因而对预期的管理也需要进行动态调整。随着时间的推移，一些在当下无法满足的需求或惊喜需求可能会变成客户的基本预期需求，应及时进行动态调整。

应注意的是，客户对基础服务的预期是相对刚性的，企业一方面是要保持对基本预期的满足；另一方面未能满足预期的情况应提供充分的理由与客户沟通，引导和管理客户预期。

四　突破预期的5个手法

在经营中，惊喜是一种被低估的情绪价值，也是一个值得深度挖掘的顾客心理维度，这种“意外价值”的获得感与预期管理的技巧密切相关。

真正能加强情感沟通、增进声誉认同的要点在于突破预期。数学家克劳德·香农对信息给出的定义之一令人惊讶。对香农来说，信息的数量是惊喜的一个度量，这与概率密切相关：惊喜与预期的概率相反，因为无序的惊喜多于有序的惊喜。惊喜与预期实现的概率成反比，也就是说，意料之外的预期实现，总会带来更多的正面声誉价值。这意味着企业需要控制预期传达的信息声量，冗余信息会被过度解读，容易产生过高的预期，而这种预期不能实现时，会对企业构成伤害。这与互动的频次并不矛盾，互动可以是重复性的，针对不同个体的高声量传播，简单讲，就是需要保持信息传递的一致性，并把预期控制在合理的范围内。

依靠提供额外的价值突破预期，很大程度上会造成一种结果，那就是逐步提升受众的心理快感阈值，如果每次都提供赠品，那么用不了多久，这种“搭头”就容易被顾客视为理所当然，偶有不送，还很有可能造成顾客的不满情绪。此外，提供额外价值来突破预期的做法很大程度上也会损伤企业为其受众提供的本质价值，长期的打折或者买赠，无疑会让真正重视货真价实的价值型顾客敬而远之。

所以，突破预期的本质不在于提供超出预期的价值，而在于预期管理中对群体心理的洞察和管理，我们认为常用的手法有以下5种。

1. 组合

将本质价值与受众某种欠缺的预期进行组合。比如意大利费列罗旗下的巧克力品牌——健达奇趣蛋，形似复活节彩蛋的奇趣蛋为购买巧克力的小朋友提供各种意想不到的小玩具，使受众在品尝美味的同时还可以体会到“拆盲盒”、收集模型的乐趣，并将这种超出预期的快感固化，形成固定的产品组合，“一次满足三个愿望：美味+玩具+惊喜”。这种组合带来的预期突破，也给费列罗集团带来不凡的销售业绩[1]。

2. 单项夸张

通过对顾客的某项已经固化的心理预期进行单维度的夸张形成突破。海底捞在服务这一项上的极致化，可谓是单项夸张的典范，在火锅行业中，口味带给顾客的价值已经边际效应极低，海底捞则依靠提供美甲、擦鞋乃至各种意想不到的服务将一众食客牢牢地吸引在自己的门店。

某一预期的强化，也会获得更多受众的关注。焦点即意味着巨大的流量基数，而流量基数背后是巨大的社会资本。特斯拉创始人马斯克之所以被称为营销大师，在于他总能给人们带来预期，并且无论是Space X火箭，还是隧道钻探企业Boring Company，马斯克对公众传播的种种预想最终得以实现，这种实现的概率会强化其声誉资本，增加其在资本市场的“吸金”能力，这一切就像是一个高速滚动的雪球，使马斯克和他的企业带着公众的热望、资本的追逐滚滚向前。

3. 声誉特征强化

强化某项已经胜出的声誉特征也是一种声誉标签的防御或固化方式。

比如上市企业通常以分红的形式回馈中小股东，中小股东对此形式也视为寻常。但是爱尔眼科通过把分红这一常规操作与主营业务进行组合，使自身声誉特征得以强化。2019年，爱尔眼科通过微信公众号对外发布消息称，将在公司上市纪念日“向连续6年持有公司600股股票的个人投资者赠送价值100股的股票收益券”。选择“6年600股”的原因在于每年的6月6日是全国爱眼日，在爱眼日发起赠股，对企业“专业眼科”的声誉强调和固化也是卓有

[1] 陈淑华. 年售35亿个，健达奇趣蛋是如何让你买上瘾的？［J］. 销售与市场（管理版），2019（10）：88-89.

成效的，最直观体现在股价——8月14日起爱尔眼科股价连涨两天，创造了每股32.48元的历史新高。

4. 竞争对比

根据竞争对手的预期完成情况，提供能产生强烈对比的额外价值。

比如，在竞争对手普遍以鸡蛋作为促销赠品的时候，选择用鸵鸟蛋，或者只是鹅蛋都会对顾客产生巨大的心理冲击。

5. 时间、地点、路径

在受众预期固化的情况下，打破预期兑现的时间、地点或者次序往往也能收到良好的情绪价值，继而增进企业声誉资本的累积，比如提前交付产品。但是时间、地点、路径的打破，本质也是一种额外价值的提供，不能作为常规化预期管理手段。

总之，突破预期的本质是制造某种心理激荡，并使这种心理的波动产生一定的情绪价值，这种反应最终与企业的声誉关联在一起，长此以往，必然对企业的声誉产生巨大影响。

第五节　激发贡献意愿

对企业而言，不能脱离应用谈声誉，更不能脱离投入产出谈资本，声誉资本在企业运营中能否发挥作用，取决于企业拥有多少可供调动的社会资源，通过声誉管理积累的这些资源的投入产出比如何。简单讲，资源是没有进入企业生产和创造财富过程的资本，资本是进入企业生产和创造财富过程的资源。声誉作为一种人类情绪和心理的外化事物，可以被确实转化为资源调动能力，这种调动能力可以通过一定的技术手段被测量，可以在某种程度上实现预测和量化，这也是贡献意愿作为声誉资本的必要构件的意义之所在，更是声誉资本作为一种社会资本存在的形式。

企业只拥有具备社会资源的潜在顾客，但是顾客没有贡献意愿，或者这种贡献意愿仅停留在口头或调研中，显然是没有意义的，这种资源显然构不成企业的资本；同理，只有贡献意愿，但是并没有有效的资源和贡献能力，也构不成企业的声誉资本。贡献意愿是企业的声誉受众中各种社会资源（包括前述其他声誉因子）转化为生产力、转变成企业声誉资本的必要途径。

一　贡献意愿的构成因素

1. 贡献能力

贡献能力即企业受众所拥有的各项社会资源和资本。从声誉资本的角度看，企业受众的贡献能力主要有3个指标。

（1）资本能力。包括物质资本能力和人力资本能力。物质资本能力（如顾客的支付能力）最直接的表现是顾客愿意为企业产品和服务支付的价格，一些国有企业也涉及对资金、土地等资本的调配能力；人力资本能力主要是受众对企业的技能贡献度，比如媒体记者的采编能力、员工的作业技能、供销网络的产销能力、上级领导（也是声誉的受众）对企业或者个人的支持能力。

（2）社会资本能力。主要包括声誉受众的传播能力和社会网络能力。传播能力主要指企业声誉受众的社会影响力、影响面、公信力，比如某些“意见领袖”对企业的表态往往能影响一家企业的存亡。

（3）网络能力。此处的网络能力指声誉受众影响人群的数量、资源量。

2. 贡献意愿

贡献意愿即企业受众愿意将自己的社会资源和资本拿出来为企业做贡献的程度。企业对受众具体的贡献意愿进行测定的时候，可以采用分层抽样的形式，以灰度测量的方式进行，测量改变不同的环境变量时企业受众的承受力。

贡献意愿与贡献能力在不同的受众群体中对企业会形成不同的价值，一般以贡献意愿-能力矩阵对受众进行分析，以便对不同的受众采取不同的影响策略，如表4-1所示。

表4-1　声誉资本中受众的贡献意愿-能力矩阵

		贡献意愿	
		高	低
贡献能力	高	高声誉资本受众	声誉资本待开发受众
	低	声誉资本待开发受众	低价值声誉资本受众

3. 驱动引擎

驱动引擎即能够引发声誉受众实际贡献的关键节点，仅有贡献意愿和社会资源，但不能测得何种情形能驱动这种意愿和资源，于企业经营也是枉然。

（1）撬动点。企业受众的贡献意愿和贡献能力，在某些情形下会被激发为实际贡献，这些情形可称为撬动点，贡献能力一般情况下是固定量，实际贡献则是贡献意愿与贡献能力结合的产物，正是这种实际贡献将受众资本转化为企业可以利用的声誉资本。实际运营中，不同的情形下贡献意愿程度不同，对受众社会资源的调动能力也是有所不同的，两者往往呈线性增长关系，所以，对撬动点的准确测量决定着企业是否能最大化其社会受众的社会资源。

（2）逆转点。在某种情形下会发生企业声誉受众的贡献意愿急剧下滑的情况，这些情形可称为逆转点。逆转点需要进行定性和定量分析，定性分析寻找逆转的情形，定量分析寻找逆转的量。比如影响顾客贡献意愿逆转的因素可能是提价、竞品介入、产品质量问题等，则逆转点分析为提价到何种程度、竞品降价到何种价位、产品质量产生何种问题，退换货率到什么水平，顾客便会从推荐者转为贬损者。

二　贡献意愿的发展过程

根据贡献意愿强烈程度不同，声誉受众可分为以下3种。

（1）传播者——自愿传播、扩散声誉主体的口碑和声誉。

（2）维护者——当声誉主体遭受质疑时，有意识或无意识地维护声誉主体。

（3）“布道者”——忠诚的传播者，狂热的维护者，无我状态。

声誉受众从游离状态转化为“布道者”，贡献意愿逐步增强的过程如图4-3所示。

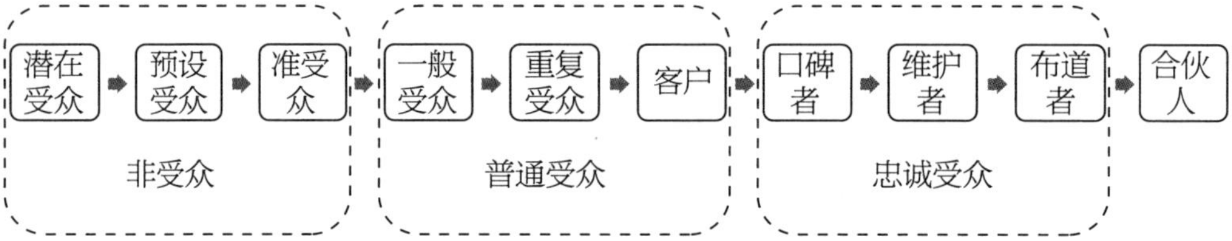

图4-3　声誉受众贡献意愿逐步增强的过程

对组织而言，贡献意愿是比集体认同和归宿更强烈的一种荣耀感。受众的贡献热情主要来自3个方面：对组织的价值依附、与组织共进退的融入和对组织可能解散的恐惧和无依。

比如，“追星”行为就是贡献意愿充分的外化表达。演艺工作者通过一定的媒介形式曝光，以标签化的形态在目标受众中传播，获得一定的知名度，并进而形成一种固定的人物设定（“人设”），进而吸引目标受众（“粉丝”），构成一定的美誉度，并初步建立同质化的声誉受众群体（“粉丝”团、后援团等），受众之间的同质化在传播和互动中得到加强，受众产生归属感和认同感，进而，许多追随者愿意付出金钱、时间、劳动力维护所喜欢的“明星”，也即声誉受众对声誉主体的贡献意愿得到体现。

三　贡献意愿≠忠诚度

贡献意愿容易和忠诚度混淆，将贡献意愿等同于忠诚度是简单的表层思维，对这两个概念识别不清可能会给声誉主体和受众都造成不同程度的伤害。这二者的区别主要有以下3点。

（1）对象涵盖范围不同。在企业运营中，忠诚度的测评对象可以是员工，也可以是顾客，一般是已经建立某种强关联关系的群体；贡献意愿则可以更广泛涵盖一些弱关系群体和潜在群体，对拥有良好声誉的企业而言，在某些情境下，弱关系群体也可能表现出较强的贡献意愿。

（2）适用阶段不同。忠诚度一般体现在已经形成强关系的声誉主体和其受众之间；贡献意愿则可以体现在尚未与声誉主体形成某种持定或稳定关系的受众群体中。

（3）表现时态不同。忠诚度是已经外化的、可以通过考察评估的历史行为；贡献意愿则是潜在的、未来的可能行动概率。忠诚度可以通过考察历史行为获知；贡献意愿只能通过样本和设置特定的情景测得。

四　贡献意愿的测量

贡献意愿不等同于实际贡献，而是一种基于声誉受众拥有的社会资源的潜在意愿，当个体拥有的资源作用于主体的声誉时，该资源即转化为声誉资本的一部分，在这种意愿可以被测定的情况下，贡献意愿即转换为声誉主体的声誉资本，即便这种意愿是潜在的。贡献意愿通常可以通过态度量表结合抽样测试的方式较为准确地测得。

贡献意愿在一定情境下可转化为实际贡献，与个体的行动能力和行动概率相关，用公式可以表达为：实际贡献=个体能力×贡献意愿×实际行动概率。

在实际的企业管理中，我们也验证过贡献意愿相关推论的正确与可行。

受试企业是一家与我们合作近6年的餐饮企业，该企业拥有300多家分店，以高品质的特色餐饮在顾客中拥有良好的口碑，受新冠肺炎疫情的影响，2020年下半年该企业一度采取降价策略维持较低利润水平，2021年该企业面临原材料成本增长和股东利润要求的双重压力。作为一家“视员工为家人和合作伙伴”的企业，采用996工作制、裁员或者“自愿降薪”等方式缓解压力显然有违股东本意。在这种情况下，获取合理利润、据实提价成为企业的必然之选，但如何提价、提价幅度、顾客的接受度和反应是必须要考虑的问题，该局面构成对顾客未来贡献意愿测评的典型背景。

测评步骤如下。

（1）测试以灰度单盲测试[1]形式进行，也即在受测顾客未知情况下进行提价告知，并测试相关数据和行为反应。

（2）测评样本选择。采取多段抽样的方法，样本从CRM数据库（Customer Relationship Management，顾客管理系统）中选取，对不同消费频次的顾客，按照月度消费中位数选取样本。

（3）测试样本组。对照组：未提价的全体同等消费额和消费频次顾客；实验组：按照月度消费中位数分为4类顾客，对每类顾客采用不同的提价幅度。

（4）提价幅度：5%、10%、15%、20%、30%，共五组（实际操作中还结合了地区、消费习惯、地理位置、顾客活动半径等参数）。

（5）实验时间：30天。

（6）贡献意愿指标：不同提价幅度下，顾客的消费频次变化。

如图4-4所示，虽然提价必然会导致消费频次降低，但是在第二档提价

[1] 单盲测试（single-blind experiment），只有研究者了解分组情况，研究对象不知道自己是实验组还是对照组。

（10%提价）情况下，各消费档位顾客的消费频次下降最为平稳，结合客单利润率和消费频次，最终我们为客户提供了提价10%的运营策略。实际的提价操作中，我们对受测顾客采用了不同的价格体系，在事后告知并通过代金券的形式补偿了受测顾客。

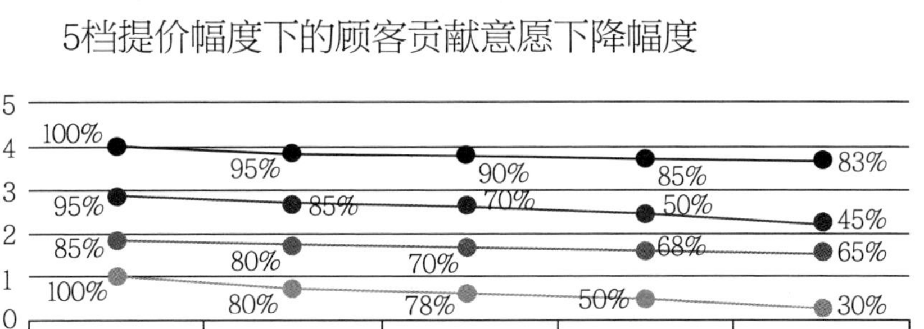

	1	2	3	4	5
顾客组4	100%	95%	90%	85%	83%
顾客组3	95%	85%	70%	50%	45%
顾客组2	85%	80%	70%	68%	65%
顾客组1	100%	80%	78%	50%	30%

图4-4　5档提价幅度下顾客贡献意愿情况

事实证明，价格调整策略实施3个月后的季度财务核算中，该企业月利润同比提升了8%，各平台的顾客口碑并无显著波动。

虽然人们常说“人性是经不住考验的”，但是声誉管理是一种基于传播学和心理学的管理科学，在商业运营中，通过合理的测试设计，设置一定的测试环境，并控制相应的变量，认识并把握普遍的人性规律是可行的，这也是在声誉管理过程中进行受众情绪和心理管理的基础。

第五章　声誉资本构建的流程

第一节　声誉资本的因子分析

一　层次分析法

在对声誉资本进行应用的过程中，常用层次分析法（Analytic Hierarchy Process，AHP）分析各因子之间的关系和消长。该方法是美国运筹学家T L Saaty提出的一种系统分析方法，用于求解层次结构或网络结构的复杂评估系统的评估问题，该方法结合了系统分析与运筹学方法，对声誉资本管理中多受众、多因素、多目标、多方案的综合问题评价非常有效。

层次分析法模型一般分为3层。第一层为目标层，也可以理解为当下科技企业中常用的OKR法，按照业界描述是“一个重要的思考框架与不断发展的学科，旨在确保员工共同工作，并集中精力做出可衡量的贡献”[1]的方法。第二层为准则层，或者为评价标准层。第三层为措施层，即对策、方案层。

确定声誉资本指标权重的步骤如表5-1所示。

[1] Mitsuo，Kawato，et al. The cerebellum and VOR/OKR learning models［J］. Trends in Neurosciences，1992，15（11）：445-453.

表5-1　确定声誉资本指标权重的步骤

步骤	方法
（1）分解指标层次结构	建立声誉资本的层级指标结构
（2）构建指标评定判断矩阵	在文献法、观察法、灰度测试等基础上，德尔菲法进行最终把关，并进行一致性评定
（3）解评定矩阵，得出特征根与向量，进行一致性检验	随机一致性比值CR，CR=CI/RI，通过原则：CR＜0.1
（4）计算指标的权重	根据判断矩阵特征值计算

在声誉资本各因子的权重判断过程中，需要用到判断矩阵，如图5-1所示。

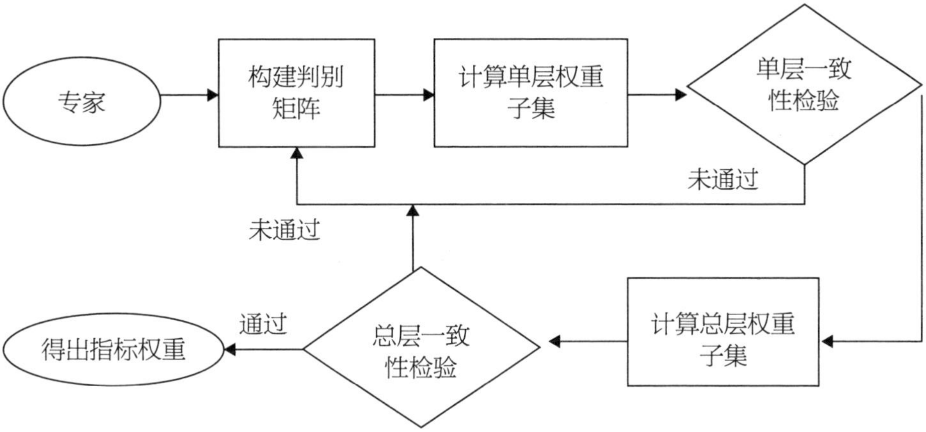

图5-1　声誉资本分析流程

二　散点分布对比分析法

在进行声誉资本构建策略设计的过程中，为了更全面、准确了解声誉资本的情况，还可以通过对声誉受众对各声誉因子评分（对不同重要性的受众，也可以在分值的基础上进行加权，赋以不同的分值），进行更为直观的逐个因子分析，为组织的声誉建设提供更为有效的策略指导。

以下以某一地方国企为例将声誉因子的散点分布分析操作步骤示例如下。

（1）设计声誉5因子态度量表，并进行抽样调查，汇总声誉各因子分值。

案例企业系某省国有民生企业，我们抽取了企业服务区域内有代表性的10个社区为样板，对该企业的声誉5因子进行了态度量表调查，在结合德尔菲法进行赋权等数据处理基础上，提取合理数值。抽样调查各声誉因子的分值，得到表5-2所示汇总。

表5-2　声誉5因子抽样调查汇总

	受众1	受众2	受众3	受众4	受众5	受众6	受众7	受众8	受众9	受众10
先赋	5	4.5	5	4	3.5	5	4.5	5	5	4
群体	3	4	3	5	4	4	4	4	4.5	3
史评	2	2.5	2	1	2	1	1	2	1	2.5
预期	2.5	2	1	3	3	2	1.5	1.5	1.5	3.5
贡献意愿	1.5	3	2.5	2	1	0.5	2	2.5	3	2

（2）将各声誉因子分值和受众样本数量作为纵横坐标，进行散点分布代入，得到散点分布如图5-2所示。

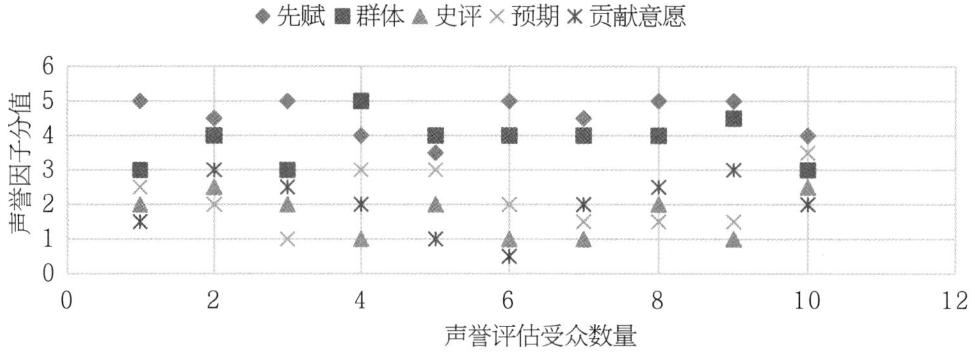

注：实际应用中可根据声誉5因子更为细化地设置分值，样本量也会有更大的扩展，这种情况下，社会学分析软件的介入就成为必要，如SPSS软件（Statistical Product and Service Solutions，由IBM公司推出的一系列用于统计学分析运算、数据挖掘、预测分析和决策支持任务的软件产品及相关服务的总称），也可以将散点连接为趋势线进行研究。

图5-2　声誉5因子散点分析

（3）由各声誉因子的散点分布趋势可以得出组织的各声誉因子在公众认知中的问题和优势所在。对该企业的分析可以得出以下4条结论。

第一，“先赋”因子高位：源于国有企业背景对公众认知的良好赋能。

第二，“群体”因子高位：该企业目标受众主要为关联企事业单位，具备高净值特征。

第三，“史评”因子低位明显：在进一步的客情调查中，发现被管理层忽视的某公众事件善后处理存在较为明显的瑕疵，造成了对公众口碑和认知的负面影响。

第四，“预期”和“贡献意愿”因子无明显趋势：主要体现在公众沟通、客情建设方面薄弱。

（4）依据对声誉资本各因子的散点分析，确定各因子的强弱态势，制订有针对性的传播沟通策略。主要考虑受众数量和因子分值两个维度，可以组合成4类态势并提出应对策略。

第一，高受众量、低分因子：较多受众认同的低认同声誉因子，如上述案例中的“史评”因子。针对重点声誉因子制订沟通策略，比如采用针对历史污点事件的重点修复、善后措施，并进行有深度、长时间、大面积的传播与公众沟通。

第二，低受众量、低分因子：精准锁定给出低分值的受众群体，针对低分声誉因子制订专项传播策略，进行重点人群的重点事项沟通。

第三，低受众量、高分因子：此部分给出高分因子的受众往往是口碑受众的“种子”传播群体，应该锁定该部分受众，制订口碑扩散策略，将该声誉因子项的口碑扩散出去，形成公众传播的“涟漪”。

第四，高受众量、高分因子：占受众大多数的个体对声誉主体持有较高认同的声誉因子，也是一个组织或者公众人物最理想的声誉资本状态——众人360°无死角的好评，虽然这种情况并不多见，却是进行声誉资本构建和管理的最终目标。

使用声誉资本多因子的散点分布分析工具，在于更为精准和全面地掌握声誉资本的构成特点，以便采用有针对性的声誉构建策略，更为高效地构建声誉资本。

三　SWOT声誉分析法

企业决定建立声誉管理体系之前，需要进行外部环境分析，包括对组织风险、传播渠道以及利益相关者的调查，这一过程中，SWOT分析是一种可以充分利用的管理分析工具。

SWOT中，S（Strengths，优势）、W（Weaknesses，弱势）是内部因素，O（Opportunities，机会）、T（Threats，威胁）是外部因素。SWOT分析就是基于内外部竞争环境和竞争条件的态势分析，将与研究对象密切相关的各种主要内部优势、劣势和外部的机会、威胁等，通过调查列举出来，并依照矩阵形式排列，然后用系统分析的思想，把各种因素匹配起来加以分析，从中得出一系列结论，其结论通常带有一定的决策性。

企业声誉的强势表现在企业声誉指标在企业利益相关方那里获得了较高程度的正面认知。企业声誉的弱势体现在两个方面，一是虽有正面的认知但程度较低或存在争议，二是与行业中的主要竞争对手相比有较大的差距。企业的机会表现在企业可以利用内外环境中的机会建立和提升声誉。企业的威胁体现在企业的声誉风险。SWOT声誉分析如图5-3所示。

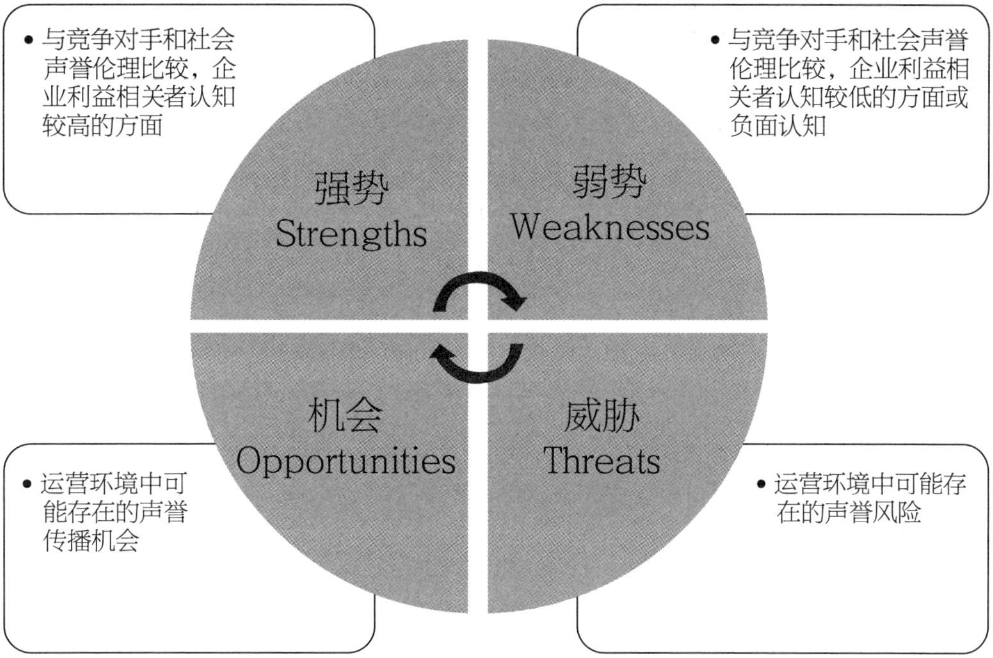

图5-3　SWOT声誉分析

公共关系研究者格伦·布鲁门等基于SWOT分析提出了SO、ST、WO和WT四种战略。SO-进取战略，利用外部环境中的机会建立企业的声誉强势；ST-引导战略，规避外部威胁，建立企业的声誉强势；WO-转移战略，利用外部环境中的机会改善企业的声誉弱势；WT-保守战略，改善企业的声誉弱势和降低外部的声誉威胁。

SO、ST、WO和WT战略在声誉管理的实际工作中是不可能独立存在的，在制订声誉管理战略时，应采用以下3个步骤：第一，根据整体发展战略，考虑内外部的机会和风险；第二，针对不同发展阶段涉及的关键利益相关者，评估有效影响利益相关者认知、态度和行动的传播机会、信息、媒介及传播方式；第三，确定声誉管理的行动方向和资源配置。

四　需求层次分析法

美国社会心理学家亚伯拉罕·马斯洛指出，人们需要动力实现某些需求，有些需求优先于其他需求，该理论基于心理学的激励理论提出，最广为人知的是5层次金字塔理论，后升级为8级金字塔形的需求层次系统。

对声誉主体而言，改善声誉受众对主体的感受，提升评价，可以在受众基本需求的基础上逐个进行各因子的分析和加强。对声誉资本各因子举例分析如图5-4所示。

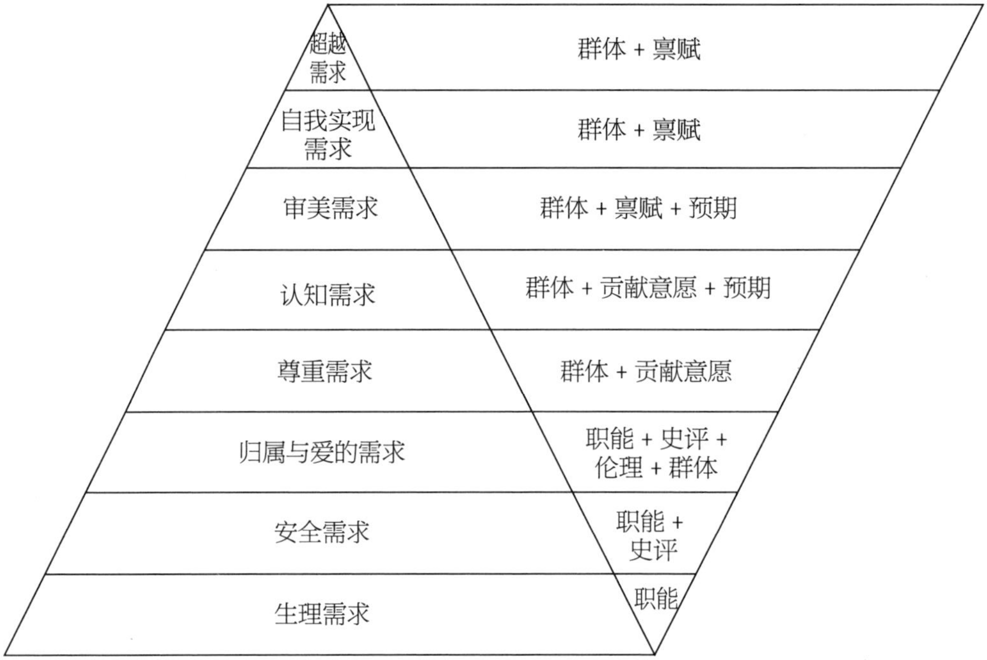

图5-4　8级金字塔需求层次分析

（1）生理需求（Physiological）。指食物、水分、空气、睡眠、性等基本的生理本能需求，这些需求在人的各项驱动中最重要，最有力量。对处在该阶段的声誉受众应该侧重传播满足其职能声誉模块的信息——对温饱阶段的受众而言，物美价廉的衣食胜于其他任何信息。

（2）安全需求（Safety）。指人们需要稳定、安全、受到保护、有秩序、能免除恐惧和焦虑等。对处在该阶段的声誉受众应该侧重在满足其基本的职能声誉模块外，提供充分的历史评价——对满足了基本生理需求的受众，尤其在有同类竞争声誉主体可供选择的情况下，历史评价信息将成为其选择归宿的重要决策依据。虽然该阶段不同声誉主体的群体构成、预期等也会进入影响范围，但是历史评价占有更大的权重。

（3）归属与爱的需求（Belongingness and Love）。指一个人要求与其他人建立感情的联系或关系，如结交朋友、追求爱情。对处在该阶段的声誉受众，除了提供声誉信息外，还需侧重强化群体构成信息，侧重满足其群体归宿和认同，强化群体质量层面的声誉，这些因素在该阶段声誉受众的决策中占据较大比重。

（4）尊重需求（Esteem）。马斯洛将之分为尊重自己（尊严、成就、掌握、独立）和对他人的尊重（地位、威望）两种，无论哪种尊重均在满足前三项基本需求的基础上，对受众群体的归宿和对声誉主体的归宿的认同表现，也是更高层次的声誉资本驱动力——贡献意愿的外化阶段。

（5）认知需求（Cognitive）。指知识和理解、好奇心、探索、意义和可预测需求。

（6）审美需求（Aesthetic）。指欣赏和寻找美、平衡、形式等。

（7）自我实现需求（Self-actualization）。指人们追求发挥自己的能力或者潜能，并使之完善。

（8）超越需求（Transcendence）。指个体需求的更高层面的认知、审美、自我实现和超越需要的需求。在声誉受众中体现为对声誉主体的贡献，对处在该阶段的受众进行足够的群体效应催化将有利于最大化激发声誉受众的贡献意愿，极大推动声誉资本转化为驱动力。

五 波士顿矩阵分析法

可用波士顿矩阵分析法对企业的各项声誉进行分析，也可以借鉴波士顿矩阵分析法对各项评价因子归类，在实际的声誉传播规划战略中逐项处理。

以我们服务过的一家企业为例进行分析。

该企业的客户感知为拥有较强的产品力，客户感知强烈，群体受众广泛，产品得到客户群体的普遍认同；售后服务一直存在种种问题，广为客户诟病；企业研发团队技术领先度在业内广为认知，新近承担了行业内的某项重点科技攻关项目，获得国家层面的嘉奖，但客户层面并不知道；企业CEO是一个口无遮拦，私人品位和公众形象较有争议的人，其参与几次现场活动均给客户留下较差口碑。

对这样一家企业，利用波士顿-声誉矩阵，可以做如图5-5所示的声誉传播分析。

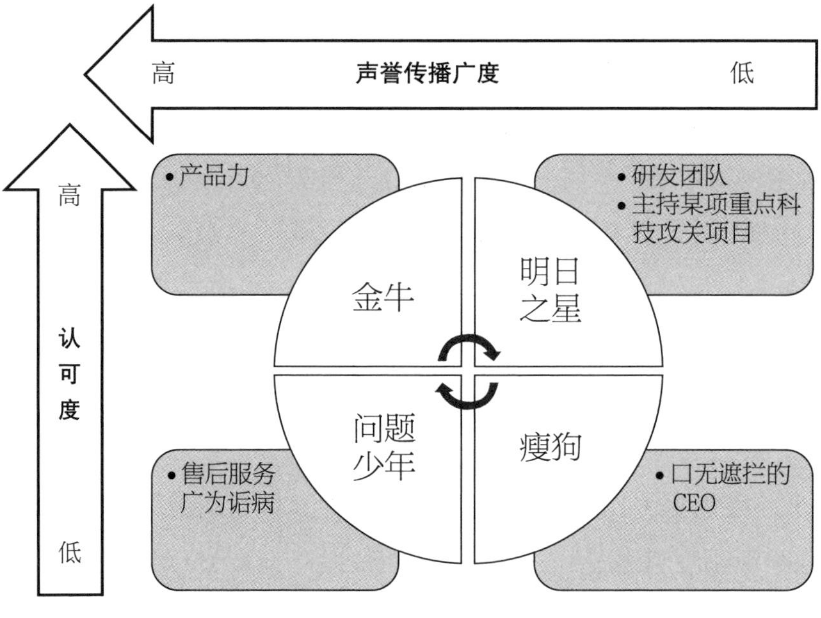

图5-5 对案例企业的波士顿-声誉矩阵传播分析

在具体执行方面制订如下声誉传播策略。

（1）在售后流程完全健全之前，对发生问题的重点客户，组建善后突击小组，定点攻关，强化售后，解决意见领袖问题。

（2）尽量谢绝媒体CEO面访，采用预约和邮件访问形式，确需CEO出席的公共场合，采用标准QA（Question & Answers，问题与答复清单）和活动说明书（Briefing Book，针对不同媒体和受访者的活动说明与设定）方式参与，或者由新闻发言人、指定部门负责人对接客户和媒体。

（3）组建行业内的科普自媒体矩阵，对客户强化企业的行业技术领军者形象。

（4）加强与科技类媒体的沟通，提高曝光率，巩固行业技术领导者声誉。

在上述策略执行满一年的年底总结中，通过一项样本量为2200人的消费者调研，发现潜在客户购买意愿同比增加31%，售后投诉同比减少46%。

第二节　声誉的过程管理

一　声誉构建计划

1. 摸排企业的声誉先赋

声誉锚点的第一要素是声誉主体的先赋部分。

声誉主体的先赋基因是作为声誉主体的企业与生俱来的资源和特性，决定着声誉主体后续的发展和进化，与声誉主体的后致因素共同决定企业的发展途径和在社会系统中的存在意义与使命。

2. 对声誉环境进行调研

对企业内外部环境中有助于声誉建立和维护的环境信息进行搜集和分析，对关键利益相关者进行必要的调查，可以发现声誉管理的问题和机会。

调研主要包括3个方面。

（1）历史评价。由相关者对声誉主体过往综合信息的感知形成，这种感知不仅影响亲历者对声誉主体的认识，也会通过群体间的传播发生作用，最终这种作用会形成一种群体间的综合评价，从而构成对声誉主体的整体历史评价。

（2）受众预期。基本预期，即基于相关者基本需求和动机声誉主体所承诺的预期；差额预期，即相关者期望与声誉主体兑现存在差额的情形；环境预期，即相关者受环境的影响产生波动，竞争者的预期兑现、信息传播的干扰、群体心理之间的互动等因素导致的外源性预期变化。

（3）环境噪声。声誉主体的声誉信息之外的信息统称为环境噪声。环境噪声可以是竞争者的干扰、刻板印象导致的负面评价等，国外学者比如Gotsi和Wilso便意识到竞争、对比等因素对声誉的影响。作为一种传播过程中客观存在的背景因素，成熟的声誉管理团队应该更善于利用噪声，而不是消除噪声和以高声量压制噪声。

3. 协调声誉受众利益

在对企业声誉先赋和环境进行摸排和调研的基础上，制订声誉构建计划还应基于声誉主体的受众群体。精准的声誉构建计划应最大可能地获取尽量多的高价值受众，并使受众群体形成尽可能高的贡献意愿。

首先是对受众群体的充分认识。对不同特质的受众，各项声誉因子的影响力是不一样的。学者Sylvia在进行营销学研究时提出“企业声誉是客户群体根据企业过去行为以及企业现在对利益相关群体的影响，进行的总体测评”的观点。采用主流的社会伦理作为声誉设计的锚点，而不是重新识别，根据个体的特征进行说服，无疑是较为容易获得成功的一种策略。

与企业各部门协调，制订对不同利益相关者建立和维护企业声誉的目标和方案。对不同利益相关者制订的各项传播方案中，企业要在关键信息的基础上调整要发布的信息。

当企业需要媒介传播时，还要基于不同利益相关者特性对媒介进行审慎的挑选和评估，以找到最有效的传播方式。

4. 设定声誉目标

声誉资本构建的战略目标主要有3点。

（1）建立和增强企业利益相关者对企业战略目标、愿景、使命、价值观、宣传主题、重大项目与行动、社会责任、经营业绩及产品和服务质量的认知。

（2）降低企业各项战略决策和具体实施中的声誉风险。

（3）加强各相关方对企业战略方案、价值观、行为规范、工作计划的了解和认同，协调并尽可能激发企业相关群体的资源贡献意愿。

5. 制订声誉战略方案

在通盘考虑企业关键利益相关者预期的基础上，根据企业的总体战略方案，构思和完成传播方面的战略方案。在方案中，可以通过“利益相关者-传播行动矩阵”来确定对不同利益相关者可选择的传播活动，并且确定必须在各种行动和项目中传播的核心关键信息。

6. 量化考核声誉指标

在战术目标方面，企业要尽可能量化考核。例如，将“加强员工对企业战略方案、价值观、行为规范、工作计划的了解和认同”的战略目标变成“在85%以上的员工中建立对企业战略方案、价值观、行为规范、工作计划的认知和认同”。

7. 做好声誉计划和预算

企业还要制订工作内容、时间进度、人员分工的具体工作计划以及预算和活动程序等。

二　组织实施

1. 考虑关键声誉影响者

企业声誉的建立和维护牵涉企业与员工、客户、股东、媒体、政府、社区等多个利益相关者的信任关系，因此，声誉管理必然涉及公共关系部、风险管理部、人力资源部、市场营销部、客户服务部、政府事务部、投资者关系部和法律部等多个部门的共同协作，通常也会组建联合小组或者通过委员会的形式组织跨部门合作。

2. 设立声誉管理部门

企业需要在总部设立一个声誉管理小组或声誉管理委员会，特别是银行、保险、证券、通信等服务性企业，互联网服务和电子商务企业，以及医药和食品企业等。

3. 指定声誉负责人

企业指定一位总部的高层管理人员作为声誉管理小组的领导，由其负责声誉管理的决策程序和各部门之间的协调工作，并负责将管理情况向最高领导汇报。

4. 建立责任制度

由于企业绝大多数的声誉风险来自媒体对高管渎职、企业案件、产品质量、政府监管、客户投诉、法律诉讼等的报道，企业可以考虑将声誉管理的职责，包括声誉风险的跟踪监测、声誉管理的协调以及通过内外媒介的传播建立和维护企业声誉的工作，交由企业传播部或公共关系部门负责。

5. 授权领导者

企业各级领导的权力可以由董事会和上级领导授予，但领导各级员工、激励下属、营造组织气氛等都必须依靠人际沟通、群体传播和内部传播来实现。

三 声誉管理的过程控制

从声誉管理的角度，目标控制、动态控制和要素控制是3种有效的控制方法。

1. 目标控制

通过对利益相关者进行调查的方式搜集数据和信息，企业可以将调查结果与预定目标比照，并对传播效果做评价。企业在反馈信息上的分析，将有利于发现执行上的偏差或者进行预定目标的调整，以为下一次企业声誉的传播过程制订更好的计划。

2. 动态控制

因为目标控制是事后控制，企业还需要在传播的过程中进行实时的动态控制，以尽可能地确保目标能够实现。企业要将战术方案中的计划、预算、流程以及活动前的各项准备和预演等作为动态控制的手段。

企业在利用大众传媒进行传播时，常常仅知道媒体在新闻发布会上的出席率、新闻报道的数量和篇幅，却不甚了解媒体报道在读者和受众中产生了多大的影响，要想获得大众传播的确切效果，企业就需要做结果导向的专项调查。

3. 要素控制

由于传播效果受选择性接触机制的影响，目标受众（需要接收企业信息的利益相关者）对媒体或报道内容的接触表现出选择性注意、选择性理解和选择性记忆三个递进的层次，被媒体报道的企业信息的传播效果是有限度的，因此，企业需要了解哪些主要因素影响传播效果，以便通过有效控制获得尽可能好的传播效果。

这些因素包括企业发言人的可信度，信息传播的方式、语言、表达方式和技巧，传媒的类型及其影响力，传播议题与框架，意见领袖的态度，受众的既有立场和态度。

四 动态评估

为了便于管理和执行，要对声誉资本指标进行及时的动态评估，评估的过程需要遵循SMARTER原则。SMARTER原则是一种科学管理思维，可解决在声誉管理过程中经常发生的模糊与主观等弊病。

（1）S（Specific），具体。声誉资本的指标必须是具体的，目标需要定义具体清晰，使受众理解一致。比如，HR领域的员工流失率指标，必须明确是月度流失率还是年度流失率，是否包括被动离职。在定义目标时，需要通过计算公式或者解释说明使目标更加具体清晰，最好具体到“5W1H”。

（2）M（Measurable），可度量。声誉资本的指标必须是可以量化或者能够准确度量的，而且这些量化的数据可以获得。员工的绩效考核表常可见到“准确率达到99%”，这符合量化的要求，但是没有明确分子和分母数据如何收集。在制订目标的时候，不仅要考虑是否量化指标，更要考虑数据收集的可操作性和成本与意义。

（3）A（Attainable），可实现。声誉资本的指标必须是可以达到的，能通过努力实现。这需要考虑外部环境的变化、自身的可控和资源拥有程度。比如采购指标为“采购成本降低10%”，但组织的供应商、产品结构基本不可改变，又面临原材料大幅上涨，那么该如何能完成目标？定义了目标，还必须匹配相应的权利和资源。

（4）R（Relevant），相关性。声誉资本的指标要与其他目标具有一定的相关性，首先要与承担目标者工作相关，而且是自身可控的。比如，财务部承担企业利润率指标，但财务部仅负责统计和核算管理的工作，利润率指标并非财务可控指标。在定义目标的时候，不要简单坚持“目标必须层层分解”的原则，在分解目标的时候，一定要考虑承担者自身可努力的点是什么，要评价努力和贡献，而非制订不可控的目标。

（5）T（Time-bound），有时限。声誉资本的指标必须具有明确的期限，也就是说声誉管理过程中设定的各因子的指标一定是一定时期内的要求，没有时限要求，指标也就失去了意义。

（6）E（Evaluate），及时评估。必须对声誉资本的指标进行及时评估。在企业的声誉管理过程中，要根据各因子的完成情况，设定动态的评估和测定，根据完成结果及时调整传播策略。作为一种文化资本，声誉资本的评估与物质资本的管理不同，物质资本只要在某个节点完成最终指标即可，声誉资本的特性决定了进行动态评估和过程管理的必要性。

（7）R（Rewarded），奖励和反馈。声誉资本的指标一旦达成，要予以相关人员及时的奖励和反馈。对声誉资本的相关指标达成，要保证对全员的信息透明，因为执行声誉管理的个体也是声誉受众的一部分，对其执行状况的及时反馈决定着声誉管理全程的绩效。

第三节　声誉的内容管理

一　根据特点定制声誉素材

1. 充分认知媒体需求

对声誉内容的管理要建立在对大众媒体需求的深度认知之上，只有在尊重媒体客观需求的基础上，企业的声誉传播才能真正被媒体和各类传播者接受，企业的声誉战略才能是持久稳健的。

对媒体需求的认知通常包括以下8个方面。

（1）真实。媒体需要向受众传递真实信息，真实的新闻报道是媒体公信力的集中体现，也是媒体的生命线。

（2）及时。包括3层意思：其一，媒体需要在第一时间和地点获取新闻；其二，媒体需要一些与当前局势及受众关注点相关的新闻；其三，及时发布和传递给目标受众。

（3）清晰。在信息不够准确或事件未澄清前，有责任感的媒体通常较难撰写客观的报道。

（4）贴近。从受众的角度考虑问题，与本地的政治、经济和社会发展联系越紧，与受众的利益及文化背景越贴近，事件越可能被媒体选中。

（5）冲突。公众关注的有争议的观点、冲突性的事件等。

（6）强度。无论是在物质层面还是在情感层面，传播的事件具有重大性和震动性，才会成为媒体报道的重点。

（7）差异。与众不同或异乎寻常的事件也会引起媒体的兴趣。

（8）分析和预见。对政治、经济和社会发展有指导和启发意义的分析和预见会受到媒体的青睐。

真实、及时、清晰、贴近是媒体选择新闻事件的基本标准；冲突、强度、差异、分析和预见是媒体判断新闻价值的标准。

2. 善用公众印象管理素材

印象管理指人们试图影响他人对自己形成某种印象的过程，可通过建立声誉印象管理素材库对声誉素材进行管理。“利益相关者与传播方式表”是一个常用的声誉管理工具，举例如表5-3所示。

表5-3　企业声誉管理素材“利益相关者与传播方式表”

传播方式	利益相关者								
	员工	顾客	媒体	投资人	KOL	供销链	NGO	政府部门	社区
管理者线下互动	«	«	«	«	«	«	«	«	«
员工线下互动	«	«				«			«
企业官方媒体（官网、官方社交账号等）	«	«	«	«	«	«	«	«	«
管理者线上互动	«	«	«	«		«	«		«
企业内部线上互动	«								

续表

传播方式	利益相关者								
	员工	顾客	媒体	投资人	KOL	供销链	NGO	政府部门	社区
企业开放日		«	«	«	«	«	«	«	«
员工志愿者活动	«	«	«	«	«	«	«	«	«
企业慈善公益活动	«	«	«	«	«	«	«	«	«
新闻发布会 / 媒体见面会	«	«	«	«	«	«	«	«	«
广告传播		«	«		«	«	«		«
植入式传播（赞助活动等）		«	«	«	«	«	«	«	«
体验与邀请活动	«	«	«	«	«	«	«	«	«
直复式传播素材	«	«							«
节庆	«	«	«	«	«	«	«	«	«
事件营销	«	«	«	«	«	«	«	«	«
符号载体（承载企业声誉的伴手礼等）	«	«	«		«	«	«	«	«
在线声誉管理系统（ORM）	«	«	«	«	«	«	«	«	«
舆论与情报检测系统	«	«	«	«	«	«	«	«	«
游说	«		«	«	«		«	«	«
媒体库（MMR)			«		«				
客户数据管理库（CRM）		«							«

可逐一列出企业的声誉受众和可以利用的传播方式，通过评估不同传播方式对不同利益相关者的影响以及相应的成本和效用，在战略上确定有效的传播方式。

3. 声誉的晕轮效应

高效的声誉管理者还善于强化某一声誉素材，利用认知的晕轮效应制造一种“以偏概全”的受众好感。晕轮效应在人际交往中的体现为个体表现出的某一方面的特征掩盖了其他特征，从而造成其接触者的认知偏差。创造“晕轮”的要点在于从竞争对手和受众心智中寻找某一精准的专一因子进行强化传播。

创造专一而强大的“晕轮”，通常需要掌握自身强大的利益点、受众关注点、竞争对手的缺陷点，三者的交集往往是容易形成声誉晕轮的要点，如图5-6所示。

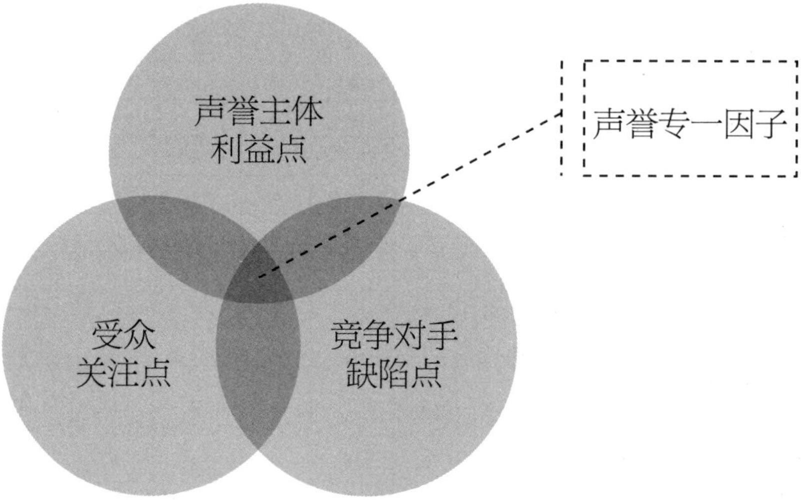

图5-6　寻找精准的专一因子

二　对声誉素材的要求

1. 标签化

基于人类的感官认知特点，要想在复杂的信息环境中实现从传播到记忆，从记忆到反应，从反应到反射的过程，建立独特的声誉标签是很重要的一步。声誉是一种高度简化的感情符号，将这种感情符号标签化是构建声誉资本的捷径。

标签化的首要特点是简单和可识别，传达给公众的声誉标签必须简要、精准、鲜明、有趣。标签化的另一个重要特点是要有足够的声量，通过不断重复加深公众的印象。

2. 一致性

企业声誉的建立不可能一蹴而就，关键信息需要反复传播，在这个过程中，关键信息不能随意变动，但当信息反馈证明部分关键信息不能被外部利益相关者理解和接受，企业对关键信息进行修改和完善是必要的。

企业利益相关者接收信息不一致或者混乱时，不仅难以对企业、产品、服务的品牌建立清晰的认知，而且会对企业管理水平产生怀疑。传播的一致性表现在两个方面，一是不管通过何种渠道，对外传播的关键信息要有横向的一致性；二是在时间的跨度上，对外传播的关键信息要有前后的一致性。

3. 简洁性

关键信息一定要清晰准确、简明扼要、提纲挈领、富有激情和吸引力，通常实行“一页纸”原则。在每一条关键信息之下，需要一至四条精练陈述作为支持。

在形成企业关键信息的过程中，与此项工作有关的人员要群策群力、反复斟酌和提炼。企业要将关键信息融入活动和事件的传播过程中。企业应该在关键信息的基础上，研究和撰写问题清单的标准模板。

4. 独特性

独特性本身就是一种信息传播中的竞争力。独特性能带来关注度，抵抗传播过程中的环境噪声，带来一定的受众流量，而声誉的基础因子即为流量。 企业对外传播的关键信息只要足够稀缺，必然能吸引其核心受众，而且稀缺本身也意味着排他性和竞争壁垒。

第六章　构建声誉资本的策略

关于真实与认知，希腊哲人柏拉图曾经做过“洞中之影”的假设：一群人生来就生活在洞穴之中，从来不曾离开，对外界的所有感知都来自投影在他们面前洞壁上的影子，这些人会如何通过影子来判断洞穴外的世界？

在无法真实接触和全面考察某一声誉主体之前，人们其实正是通过所有的外在媒介传递的信息来判断声誉主体的情况。

可以想象，任何一个经过精心管理的声誉主体，在各种媒体的投射下，呈现在公众面前的正如虚幻的“洞中之影”。如何管理洞中之影，呈现怎样的洞中之影，取决于传播素材、内容，媒介和展示的方式，也即声誉管理的基础。

本章将论述在数字传播时代构建声誉这一“洞中之影”的策略。

第一节　“魔弹”传播论

魔弹效果论（The Magic Bullet Theory）一直是一种颇受争议的传播理论，该理论认为：传播者只要把精心设计的信息对准目标受众，就可以把自己的思想、情感和动机灌注到受众的脑海中，促使受众的态度和行为发生改变。在综合其他声誉因子的前提下，如果将品牌视为外部刺激的集中表现，通过精心设计，这一品牌“魔弹”显然可以使受众按照企业期望的方式行事。实际中，声誉资本的建立需要5个层面因子的综合作用，但是，从企业运营的角度看，品牌可以作为企业声誉的集中体现，其对受众影响的力度和深度取决于对企业声誉这颗认知“魔弹”的传播策略设计。

一 品牌是企业声誉的集中体现

品牌是组织或者个人声誉的一种构成元素，其本质是一种符号学意义上影响大众消费心理的工具。品牌将声誉浓缩为图像、文字、标语，并通过各种传播手段将之灌入人心，最终成为声誉资本的一个重要构成部分。

企业声誉体现所有利益相关者，包括员工、客户、股东、政府等对其的总体认知，品牌则强调企业与消费者或客户的关系，品牌是企业与其关键受众——顾客的重要连接之一，在消费者看来，品牌主张往往是企业声誉的集中体现；对企业而言，声誉资本很大程度上也是以品牌为基础的，企业往往需要通过品牌将各类资源和资本汇集起来为己所用。

二 品牌主张体现声誉和情绪

企业提出品牌主张有以下目的。

（1）表述品牌的核心意义。品牌符号系统表达简练，较易被利益相关者认知和记忆。

（2）品牌主张与利益相关者的预期、情感及价值观吻合，较易在其精神世界中产生共鸣，继而建立情感连接。

（3）有利于企业声誉的识别，与利益相关者建立联系、巩固和提升情感。

强有力的品牌系统可以为企业赢得高度的声誉认知，并让品牌这一声誉模因在个体之间进行复制和病毒式的传播，并最终将众多个体黏合在一起，成为同一“图腾”驱动下的现代“部落”。媒介和传播技术的演进，并没有改变我们对外界事物的认知形式，从这个角度讲，我们和几万年前的祖先相比并无质的区别，只是现在的“图腾”体现为Logo、Slogan等品牌系统，通过营销传播或者数字媒介传播。

三　传播“魔弹”脑白金

作为现象级商业品牌产品，脑白金自1997年一路高歌猛进，凭借“收礼只收脑白金”的广告轰炸，连续16年高居保健品单品销售上榜者。这一品牌的诞生和成功，无疑是传播学和大众心理学理论在商业操作中获得成功的典范。

脑白金的成功，主要在于以下几点。

1. 利用人性，“催眠”心理

（1）启动节日送礼首选“占位”，提出“收礼只收脑白金”，接下来通过传播声量形成社会群体效应。

（2）主打“今年过节不收礼”，而不是“今年春节不收礼”。脑白金虽未明确锁定春节，但是春节前的广告投放显然有利于受众对“春节”送“脑白金”的接受，而用“今年过节”也将其他传统节日纳入其中，扩大了目标受众群体和产品适用范围。

（3）广告中使用“舛互”手法——“今年过节不收礼”，先否定所有的送礼选择，再推出“收礼”唯一选择——“只收脑白金”。

脑白金巧妙利用“过节不收礼”，挤占其他品牌的“送礼”份额，同时并未点名任何商业行为和领域，规避了“不正当竞争”，利用送礼心理，灌输了自己作为第一收礼选择的品牌概念。

2. 传播切入：累积、遍在、共鸣

脑白金的宣传似乎采用了“广告轰炸”的做法，但事实上，其营销传播显然不是用无区别的、单纯大声量的广告轰炸可以概括的，而是包含了对大众心理和行为的深度洞察和利用。

脑白金的宣传“魔弹”被制造出来之后，进入高效复制和“传染”阶段。这种通过“送礼-收礼”的群体行为交互进行品牌认同传播的高效“传染”，只能采用极为简单、确定的方式，而不能采用大段说理的方式进行。按照古斯塔夫·勒庞《乌合之众》中的描述：“纯粹而简短的断言，摒弃了所有的推理和证明，是把某种观念灌输进群体头脑的最有把握的手段之一……除非不断重复，而且要尽可能用同样的措辞重复，否则断言不会产生真正的影响。”脑白金并没有再去解释为什么“收礼只收脑白金”，而是不断重复“收礼只收脑白金”，开始营造群体送礼行为的“意见气候”。

根据德国政治学家、传播学大师伊丽莎白·诺尔·诺依曼的意见气候理论，意见气候的形成与3种条件有关：累积、遍在、共鸣。

可以对照看一下脑白金的广告投放策略。

（1）同类信息传播的连续重复性产生的累积效果：固定广告词，黄金时段的广告投放，结合生活场景中各类广告的高频次曝光，在顾客心智中形成累积。

（2）信息到达范围的广泛性产生的遍在效果：媒体选择包括报纸、各大电视台广告、传单、《席卷全球》等小册子、户外广告、店面堆头等，无缝覆盖目标受众全部生活场景，制造遍在性。

（3）多数传媒报道的类似性产生的共鸣效果：利用广告软文、媒体报道和生活场景化的广告片影响目标受众心智，获得“收礼只收脑白金”的认知共鸣。

通过不断重复的断言，经过广告传播策略的累积和遍在，形成了巨大的顾客人群共鸣，通过群体“送礼-收礼”的社会交互行为，制造“今年过节不收礼，收礼只收脑白金”的认知“意见气候”，使脑白金——这一以褪黑素为主要成分的保健食品，深刻烙印进了受众的心智。

第二节　声誉素材设计

归根到底，声誉是一种情绪唤起，声誉管理、声誉资本都是对这种情绪及其引发的预期后续行为的管理。

一　场景代入：人物、地点、氛围

营造某种场景，并将受众代入某种情绪之中，是构建声誉资本的重要手段之一。场景构建是通过对人类感官的综合刺激来营造某种情绪认同，比如宗教殿堂常常能够唤起某种神圣感，奢侈品店和企业大楼设计也会给消费者、投资人等声誉受众造成心理和生理上的某种条件反射，进而形成某种声誉认知。依托VR、AR等视频传输技术进行场景营造，固化某种声誉认知也越来越受到商家的重视，可以说“场景”是移动互联网时代的核心要素。

或许一个人向你推荐了一部电影，你并不会去看，但是当这部电影的信息多次或持续刺激你，你去观看的概率一定大大提高。当受到特定的刺激诱导时，外在刺激可以激活与该刺激相关联的旧有认知，因而影响当前的判断。科林斯和洛夫特斯以此为基础提出了激活扩散模型理论（Spreading Activation）：记忆网络中的每一个节点都有它的激活阈值，一旦刺激达到了这个界限，相关记忆节点就会被激活，刺激会沿着该节点的连接扩散出去。

在声誉管理的过程中，需要根据不同受众的不同反应，在不同的场景点控制声誉模因包的声量和内容，这确实是一项细致而繁复的工作，好在现在可以通过数据可视化程序完成大部分工作，人工需要做的只是依据受众的反馈对数据做出适当的调整。

场景点的功能在于消除声誉受众的负面情绪点，解决疑问点，激发忠诚点。

声誉场景点主要有两类。第一类是物理空间场景点，如大堂、前台、人员等，具体元素包括服饰、香氛、音乐、灯光等；第二类是数字空间场景点，如官方网站、广告、媒体信息、自有媒体矩阵等，具体元素包括数字互动、广告或公共关系活动、企业公告等。

场景接触点的设计不仅体现在定位、设计生产、销售、交易过程中，还体现在交易完成后的善后处理中，通过服务企业与消费者直接相连，企业能否始终如一地提供高质量服务是消费者较为关注的因素。

以上的控制可以采用清单的形式，需要注意的一点是，并非全部场景点都要具备，底线是不能有负面的声誉展现，合格要求是制造某一重要声誉因子的无竞争峰值体验。

二　时点代入：借节与造节

2009年天猫商城选择11月11日打折，只是因为“这个日子比较好记，我们希望有个标志性的日子，让大家记住”。11月11日正是这样一个“标志性的日子”，在电商没有介入之前它已经是一个节日了——“光棍节”，因为青年亚文化的“眼球效应”，市场和资本不得不青睐于它，消费文化自始至终都惦记着青年亚文化的“风格”。除了标志性日子外，11月也是消费的传统淡季，电商选择“双11”促销一定程度上是为了错开线下促销的周期。国庆、圣诞、元旦都是实体店促销的时间节点，国庆假期后至圣诞节前则是实体店促销的真空期，这给了电商有利时机。

整个从“借”到“造”的过程，从天猫营销标语的演进可见一斑，如表6-1所示。

表6-1 2009-2013年淘宝天猫11月11日“双11”营销标语

年份	营销标语
2009	就算没有男（女）朋友陪伴，至少我们还可以疯狂购物
2010	“双11”光棍节全场5折
2011	淘宝天猫网购狂欢节
2012	“双11”上天猫，就购了
2013	“11 · 11购物狂欢节”——全场5折，仅此一天

阿里巴巴并不是凭空创造了“双11”这一购物狂欢节，而是借势“光棍节”创造了“购物节”。它是以节造节，以文化造文化。[1] 利用群体固有的某一时间点的群体情绪，因势利导，创造有利于声誉价值资本贴现的策略，可称为“借节”。阿里巴巴精明地认识到给单身人士一个自我放任机会的商业潜力。虽然后来者陆续制造了一系列“节日”，但“双11”俨然已经成为“Z世代”的一个传统节日，根深蒂固地植入他们的情绪之中，成为某种“声誉钢印”。

利用节日的群体行为惯性，加之某种情感信息的引导，正体现了商业造节的大众心理学依据。节日是人类群体共同认可的某种时间节点，在这个节点上，群体通过某些共同的、有仪式感的行为达成一致，这种自发的群体行为构成某种群体压力，这些行为通过一定的历史积累形成群体的思维定式，成为节日的“保留节目”。典型的例子是，过春节全家人聚在一起看“春晚”的行为从1983年开始，在不到四十年间，已经成为某种意义上的一种年俗。

利用节点进行声誉传播，其核心在于先“借”而后“造”。

第一，洞悉目标公众的情感需求，并将这种情感需求因势利导激发为某种行动。“双11”就是响应单身人群的“自我犒赏”“脱单送礼”等潜在的情感需求，通过极具吸引力的促销活动，将之引导为电商平台的购物行为。

[1] 王璐. 11月11日：从文化建构到商业收编——对“光棍节”和“网购狂欢节”的分析［J］. 青年研究，2014（03）：74-83+96.

第二，在群体行为的基础上进行某种行为的具体化引导。脑白金正是响应春节拜年、送礼的传统习俗，通过巨大声量的传播将“今年过节不收礼，收礼只收脑白金”激化为某种群体共识。

第三，通过不断的正向激励加强企业的声誉元素在节日行动中的分量，将已经成功植入声誉元素的节日群体行为固化，最终形成“企业节”。

对企业而言，在实际的“借节与造节”时点代入中，很难再创造类似“双11”的群体行为引爆时点，但针对明确的、小范围的声誉受众，精选某个合适的时间点，进行有仪式感的“声誉造节”，在一定的积累完成后，同样能收到巨大的声誉资本回馈。比如，由北京迷笛音乐学校创办的国内第一个原创音乐节——迷笛音乐节（Midi Festival），经过十多年的发展已成为现代音乐最响亮的品牌之一，在国际范围内被称为中国的“伍德斯托克”（Woodstock），每年都有几十支国内外的知名乐队受邀参加演出，更有数万狂热的乐迷从全国各地蜂拥而来，国内外百余家知名媒体都在关注它的动态，竞相报道与之相关的消息。除此之外，与企业员工、家属有关的各类节日，和企业利益相关群体密切相关的时点，均有巨大的情感培养空间，可以借之推动企业的声誉建设。

三　情绪代入：仪式感的情绪阀

从人类的心理形成机制看，情绪是一种复杂的躯体和精神变化模式，包括生理唤醒、感觉、认知过程，以及行为反应，这些是个体知觉的独特处境的反应[1]。比如，对信教者而言，神像或者十字架与其周围的建筑、光线和声音等要素共同构成某种综合性的情绪符号系统，称为“情绪阀”。在商业

[1]　理查德·格里格，菲利普·津巴多. 心理学与生活［M］. 10版. 王垒，王甦译. 北京：人民邮电出版社，2003：352.

领域，成功的企业也往往将情绪阀运用到顾客的情绪引导中，继而促成交易，营造忠诚和深刻的品牌印象。比如迪士尼乐园会用五彩斑斓的大门、音乐、喷泉、各类游走的人偶营造“迪士尼给人类提供最好的娱乐方式”的感受。情绪阀是进行声誉管理过程中，对受众情绪进行管理的一个重要工具。

情绪阀有以下几种。

（1）某个时间点的诱因。如情人节、母亲节等节日，也可以是某种时间点的行为特征，如春节的拜年礼俗、晚上某个时段的网络购物高峰。

（2）某种极具情绪特点的热点事件或者故事。如“打卡”式的旅游消费，在巨大的群体行为中，情绪价值本身也会促成某种资源（除了直接的消费外，还有人力、社会网络与口碑等资源）的转化。

（3）某种场景或地点的刺激。最典型的是历史文化景区的文创产品，如果其设计能融入某种情绪阀的因素，往往会受到顾客的青睐，比如近年来大热的故宫文创系列。

四　突破噪声，创造差异

在声誉资本积累的过程中，准确传播出企业的行业声誉差异，占据头部位置，依然是在白热化的传播环境中获得成功的第一要素。实现声誉价值在传播环境中的差异化，意味着声誉主体要审慎地做出精确且符合目标受众群体需求的声誉定位，根据传播环境和受众特点，在社会伦理的基础上，选择独特的声誉价值组合，并通过不断的优化累积声誉资本。声誉主体唯有从一开始就建立一种易于为公众接受并辨认的差异化，才能在后续的不断努力中扩大并强化这种差异，获得声誉资本的稳定积累，进而与相关受众建立牢不可破的信任连接。

如果竞争对手已经在同一受众群体中建立声誉资本优势，后来者创建声誉意味着巨大的投入，而且大多数情况下不得不面临边际收益递减的问题，这种情况下，对标先入者的声誉因子实施差异化或者跟随化的策略，往往意味着事半功倍。

利用声量建立声誉认知的策略可以总结为：无第一，做第一；有第一，喊第二。如果第一、第二都已经有了，那么再去挤占第三，无疑是极为困难的，这种情况下，最好的策略是在公众的心理认知中重新寻找声誉锚点，甚至直接颠覆整个行业的公众声誉认知，改变公众的情绪连接方向。

以“大自然的搬运工”闻名的农夫山泉，就是通过对整个行业的公众认知重新洗牌、定义，改变整个品类声誉，杀出重围、异军突起的典型。2000年左右，中国瓶装饮用水市场竞争大局已定。以娃哈哈、乐百氏、康师傅三家为主的全国性品牌基本上已经实现了对中国瓶装水市场的“瓜分”，虽然仍有部分区域性品牌，但是很难在全国范围内突围。正是在这样的背景之下，首先，农夫山泉买断了优质天然饮用水源地千岛湖的独家开采权50年，从产品开发、生产层面储备成本和品质优势。其次，在一众强调“27层净化”等“纯净”为特点的纯净水品类中，农夫山泉于1997年率先打出“甜”的口号，用“农夫山泉有点甜”的口感优势渗透顾客群体。最后，发起针对纯净水品类声誉的“水战”总攻：在中央电视台及各大地方电视台播出一则实验证实类型的广告——水仙花实验广告，得出“天然水更健康”的结论，并表态“停止生产纯净水！全部生产天然水”，这引起一场绵延十余年的纯净水与天然水的争论。农夫山泉这个“大自然的搬运工”通过对整个纯净水品类声誉的挑战，彻底改变了中国瓶装饮用水的市场格局，在公众对饮用水的品类声誉认知中，这种改变可能是永久的。

在传播对抗中异军突起的还有七喜汽水。七喜汽水面世之初，面临汽水饮料市场百事可乐、可口可乐两个领导品牌二分天下的局面，同时还有众多碳酸饮料品牌处于低端的厮杀中，要想从中分一杯羹，后来者必须颠覆公众心目中可乐市场只有百事可乐、可口可乐两大品牌的认知，重构公众心智中的认知。七喜为自己的汽水精心设计了简短的广告词“七喜——非可乐”，通过界定可乐与非可乐，将自己放到非可乐市场代表者的宝座之上。在消费汽水饮料的顾客心智中，市场被一分为二：一边是百事可乐、可口可乐等可乐型饮料，另一边是刚刚面世的、非可乐饮料七喜。七喜就这样通过“非可乐”的声誉之战为自己“创造”出一个新的市场，成为公众在可乐之外的第一饮料选择，从而摆脱了在低端市场的惨烈“厮杀”。

其他品类中，这种差异化声誉传播策略也催生了不少成功者。

2018年上海时装周，刚刚成立的“无性别主义”服装品牌Bosie，被天猫男装类目负责人慧眼识中，随后一路飙涨，入驻天猫平台当年便实现从0到1亿的“小目标”。对不乐于被性别定义的庞大群体，Bosie正中心意。

在对声誉进行创建的过程中，我们常见低效同质的追随传播行为，大量同质化的产品，采用完全类似的媒介，以高度雷同的形式进行传播，在声誉构建的传播行为中，抢占受众的心智如同一场战争，人们常常期待用领先者的方式去战胜领先者。且不说领先者享有的领先优势，除非用户的心智中有“第二种”选择的空位，否则，跟随往往会是一种事倍功半的失败策略。因此，在声誉的认知上，重新定义自己，也重新定义对手，才可能在受众的心智中获取该定义的第一排位。

第三节　几种声誉传播方式

一　人格化传播

1. 名人效应

企业发展离不开人的接触和感受，并且受众对企业声誉最直观的感受也来自人，在谈论声誉管理时，不能忽视名人代言对企业声誉的背书传播。企业通过名人建立消费者与品牌的情感联系和消费者对品牌的情感忠诚度，原理在于消费者出于对名人的喜爱、崇拜、信任及从名人那里追寻自身所不拥有的东西的梦想而会偏爱企业的产品或服务。

新锐流量明星往往希望代言顶级品牌，哪怕并无任何报酬——因为这意味着对企业品牌声誉受众的借用。顶级的流量明星往往会对不知名品牌收取极高的代言费用，其本质是一种对声誉受众的定价与转售。对企业而言，请明星代言需要想清楚是用其流量还是用其声誉，要评估明星的声誉资本、禀赋、历史、受众、群体的信服、近似值、伦理、职能、未来价值等。

2. 人格化传播5要点

人格化传播的核心在于借助偶像崇拜形成某种声誉受众的让渡，并在这种量的让渡基础上，加强说服效力，减弱质疑，树立权威或者某种特殊的群体“人设”，其本质是建立一种偶像崇拜（个体明星、公众人士等）或组织崇拜。实现人格化传播要关注以下5个要点。

（1）偶像仅是一种公众幻想的完美的最大公约数展现，必要的距离控制有利于保护这种公众标签化的美好。

（2）在偶像美好印象的激发下，追随者总会更乐于执行偶像的号召和建议而摒弃理性比较各种方案。

（3）偶像与偶像吸引的目标追随者之间，应该存在较大的认知惰性和认知差异，这种惰性和差异使追随者不愿意或者无能力对偶像的建议和号召提出质疑。

（4）偶像的追随者往往有狂热的特质，或者偶像可以有效唤起其追随者群体中的这种狂热，偶像追随者乐于将偶像的建议加以传播和扩散，乐见其被更多的人接受和执行。

（5）偶像追随者群体的紧密性和高度的同质性使其排斥异己和持反对意

见者。

强有力的偶像代言和塑造，能够给企业带来巨大的声誉增值，在企业与其声誉受众之间建立一种单纯有力的情绪连接，这种情绪连接在社会心理学大师勒庞看来，“有着非常简单的特征，比如崇拜某个被认为更高级的存在，恐惧这一存在拥有的力量，盲目服从他的命令，没有能力对他的信条展开讨论，渴望传播这些信条，动辄把不接受这些信条的人视为仇敌”。

3. 代言人的声誉考察步骤

在确定有潜力的代言人时，应该遵循以下步骤。

（1）与品牌的吻合性——比如其本人就是品牌的重度使用者，或者经常提及品牌等，总之，代言人应该与品牌具有天然的亲近度。

（2）代言人的指标——考察其流量指数、行业的关联度、在目标人群中的活跃度。

（3）代言人的“粉丝”——考察其“粉丝”构成、认知情绪和行为特征。

（4）列出候选代言人清单，并考察一段合适的时间。

（5）优先考虑外联扩展工作。

4. 选择名人代言注意事项

（1）代言人的“粉丝”是基础，但是只有巨大的“粉丝”存量还不够，还需要将“粉丝”进行转化，将“粉丝”的良性情绪认知转化为对企业的良性认知。

（2）选择代言人要和社会关注的热点话题进行组合，也即“蹭热点”。

（3）企业的品牌代言人实际上起着意见领袖的作用，因此，企业在选择品牌代言人时不仅要对代言人在目标消费者群体中的影响力和代言人与品牌个性之间的匹配性进行调查和研究，还要对代言人的声誉历史和声誉风险进行考察和评估，避免名人的个人问题使目标消费者对企业品牌产生反感、质疑，甚至使企业的声誉受损。

二　故事化传播

如果说软文是一种被隐藏了意图的广告行为，企业的故事就是一种更为隐蔽的传播“伏兵”，传播意图隐藏越好，受众的抵抗心理越弱。故事易于传达情感、意见和信念，易于倾听、理解和分享，易于激活或沉淀集体记忆。[1]故事提供给我们一种便于理解和传播的形式，在意义织就的社会之网，故事如同在网上爬行的信使蜘蛛，它们生猛鲜活地存在着，以一种积极的态度影响着人们的态度和行动。

在企业的商业活动中，故事就是这样一种利器——构建意义，意义以声誉的形式，简化并强有力地发出指示，影响个体的行动和思考。通常来讲，故事化传播应该注意以下几点。

1. 真实性

故事化传播，尤其是品牌故事必须具有一定的真实性，不能凭空杜撰。

企业故事可以选择的题材很广，无论是创业者的故事，还是产品研发过程的故事，都可以成为故事化传播的素材。

2. 独创性

品牌故事应具有独创性，一些企业虽然有品牌故事，但大多数表述模糊，反观那些成功流传的故事，比如海尔集团张瑞敏砸冰箱，正是因其独创性而成为国内外皆知的品牌故事。

3. 感染性

能够触动受众情感的品牌故事，才能感染受众，并使受众对品牌印象深刻。在附加了声誉价值的企业故事中，人物要有血有肉，情节要与众不同、跌宕起伏。通常情况下，关于声誉的故事越戏剧化越具有情绪感染性。

德芙巧克力就用一则凄美的爱情故事征服了无数少男少女。

[1]　胡百精. 故事的要素、结构与讲故事的策略模式［J］. 对外传播，2017（01）：38-41+1.

1919年，卢森堡王室的厨师莱昂邂逅王室远支公主，两人日久生情，但是由于身份地位的悬殊，他们只能将这份情感隐藏在心中。后来卢森堡与比利时两国联姻，公主不幸成为政治牺牲品。得知消息后备受煎熬的厨师在给公主的冰激凌上用热巧克力写下“DOVE”，也就是“DO YOU LOVE ME（你爱我吗）”的缩写。他相信公主一定能猜透他的心声，然而公主正以绝食抗议联姻，并未享用任何食物，直到巧克力融化。几天之后，公主出嫁了。两人再次见面，已经过去许多年，公主将要辞别人世。后来，失意的厨师远走美国，研发出一种固体巧克力，并在每一块巧克力上都印上了“DOVE”字样，以纪念失去的爱情。

德芙的品牌故事充满动人心弦的情绪力量，德芙也一直强化爱情主题，从而一度成为情人节巧克力类产品的销售冠军。

4. 文化心理

真正成功的品牌故事，其生命力来源于对群体文化心理的深刻理解。

以茅台酒为例，“我们最初的认识，并不是见到或喝过它，而是听到过巴拿马博览会‘失手’瓶碎、香惊万国的故事……虽然它是主流文化以外的闲言碎语，不承担文治武功的社会使命，无历史、无权力，也不管你的经济指数和业绩评价，但许多流芳后世的功业就鲜活地长存在这些故事中。我不知道茅台酒的故事曾为这个酒业集团带来过多少社会效益和经济效益，但我相信，没有茅台酒的故事，许多人不会知道贵州有个茅台镇和仁怀市，不会怀着巨大的好奇心去品尝和购买茅台酒。”[1]

分析茅台的故事可见，真正有传播价值的品牌一定是激起了人类心理中最为隐秘和普遍的某种情绪——安全感、群体荣誉、爱与接纳……

---

[1] 王光明. 故事里的茅台［J］. 人民文学，2007（01）：109.

三　打造声誉钢印

著名心理学家、精神分析学派的创始人弗洛伊德将主导行动的人格分为自我、本我、超我三个部分，20世纪的宣传理论家借用这一理论，对媒介影响力做出了新的解释：传播如果能唤起本我，并刺激本我压倒自我，那么，将极好地达成传播效力。也就是说，如果可以利用一些传播手段驱动超我，从而把个体的人格推向本我的方向，唤起人们的本能冲动，那么人们这种原始的冲动将变得非常强烈，而且也更易于引导。

从现阶段的大众心理学和传播技术来看，相对人们的原始冲动，外部的刺激是完全可以设计并实现的。声誉钢印正是利用公众的某种外部压力，赋予个体某种“声誉”，并利用群体的压力将这一“钢印”打入个体心智，进而实现对声誉受众的引导。

1. 声誉钢印的构建要素

（1）简单直观。

人类社会活动离不开信息的传播，信息是借助符号进行传播的，没有符号，信息就没有了基本的内容载体，信息是符号和意义的统一体，符号是信息的外在形式，意义则是信息的精神，声誉管理是对这种精神内容进行管理的过程。深刻的声誉钢印，需要高度直观的符号。构建声誉钢印要减少事实、简化细节、压缩内容，只展示最有价值的本质。

（2）足够准确。

声誉钢印的准确度应该建立在三个维度上：声誉受众的心智空白点或者欲望点；自身实事求是的优势或者直观的利益；竞争对手的弱点。

（3）足够的声量。

声量的大小主要取决于传播频率、对受众情绪的刺激力度和传播的时长积累，声量越大，则声誉钢印越深刻。美国苹果公司坐落于硅谷的企业总部在被正式命名为Apple Park之前，一度被称为“宇宙飞船”——这座环形建筑物如同“一座降落在地表的宇宙飞船”（斯蒂夫·乔布斯），其充满科技感和未来感的设计风格给所有人以巨大的心理震撼，将苹果“科技改变世界”的声誉调性深深压入来访者的心里。苹果遍布世界的零售店风格简洁、统一，产品和品牌logo也无时无刻不在传达并加固其声誉钢印。

（4）控制噪声。

美国传播学者约瑟夫·克拉珀的选择性心理理论将受众的选择性心理分为三种：选择性注意、选择性理解和选择性记忆，如图6-1所示。这意味着，声誉钢印的构建需要在对受众心理特点深刻认知的基础上设计。通常情况下，三方面的噪声会模糊声誉钢印：来自企业自身信息的干扰，如与声誉钢印设定相悖的负面新闻、危机事件；环境噪声；来自竞争对手的信息干扰。用公式表达声誉钢印构建中各因素的关系：声誉钢印力度=准确度×声量÷噪声。利益相关者对企业认知的建立和正面认知的维护，也就是企业声誉的建立和美誉的维护，取决于企业向所有的利益相关者传递何种信息。

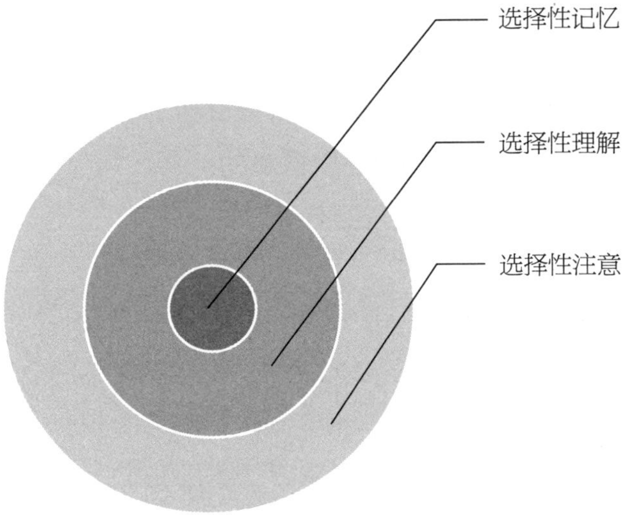

图6-1　选择性心理理论将受众的选择性心理分为三种

2. 声誉钢印测定

可以通过以下步骤进行声誉钢印测定。

（1）选择合适的样本受众。

样本受众应该是企业准备或者想要对之建立深刻声誉钢印的群体。如果腾讯希望更多数据科学家加入其研究院，便提出“科技向善”的口号，但更重要的是确认这一口号是否在科学家群体中是被认同的，吸引力如何。这意味着测试这一声誉印象，首先需要做的是寻找合适的大学和研究机构的学者群体进行测试，而不是在普通微信使用者中测试。同样，测试某一女团的声誉和人设是否容易被接受，是否能产生声誉钢印，也需要在“追星”人群中抽取样本。

（2）对目标受众样本进行记忆度测试。

希望建立声誉钢印的企业可在只提及声誉名称的前提下，测试受众对企业的描述性词汇，并汇总词频形成声誉特征词，通过开放性测试，可以在一定程度上测试企业的声誉印象情况。

已经建立声誉钢印的企业一定是受众凭直觉反应就能确认的，如果受众在产生某种价值需求的时候，还需要思忖，或者有反复、犹豫的过程，则说明声誉钢印尚未形成。比如，对很多人而言，搜索就是意味着“百度”，“百度一下，你就知道”的声誉钢印已经深刻建立在大多数中国民众的认知中。但事实上，截至2021年，百度早已突破搜索引擎这一业务范围，如百度旗下无人驾驶领域的Apollo计划已经在世界范围内进入顶级阵营。这意味着在不同的受众群体中，百度不同的业务模块需要分别建立不同的声誉钢印，对关注智能汽车发展的受众，百度可能还需培育“百度Apollo=自动驾驶”的声誉钢印。

（3）逐步缩小声誉印象特征的范围。

在具体的测试中，可播放企业的品牌或者名称，然后请受测者用1~3个词语形容，然后收集词语，并重新分发给受测者，要求删除其中一个，如此反复，直到汇总指向某一个词或者某几个词。如果最终受测样本均能指向同一个词，则该词汇成为声誉钢印的培养目标；如果最终结果较为分散，说明企业的声誉印象仍然较为散乱，有待提炼并在传播中强化。

3. 声誉钢印的类型

建立声誉钢印是构建声誉认知的重要手段，同时，声誉钢印在人际传播中也是一种重要的媒介存在，发挥着与企业故事一样的作用。声誉钢印的最佳形态应该是一种可以激发人类条件反射的情绪符号，这也决定了这一符号的多样性和遍在性。声誉钢印的符号可以分为语言符号、体态符号和综合符号。

（1）语言符号。包括生理语言和文字语言。如声音的高低、大小，速度的快慢，文字的字体、大小等。

（2）体态符号。经过设计的表情、姿态、手势等也能像语言那样传递信息，比如上好佳企业风靡一时的“右手胸前波浪形上行”手势。

（3）综合符号。通过物化、活动化和程式化的系统符号，营造某种特殊氛围或者仪式进行声誉符号的传播，如宗教建筑、行业制服和某些有仪式感的程序。

4. 构建声誉钢印的要点

（1）声誉钢印必须是某种人工符号，是基于目标群体和声誉资本动机而创造的。

（2）声誉钢印不仅要能表示具体的事物，还应该表达观念、思想等抽象的事物。

（3）声誉钢印与其指代的事物之间不需要有必然的联系，声誉符号与声誉主体之间的关系可以由其他声誉系统的元素进行完善和再造。

成功地构建一个声誉钢印需要一系列创新，从不同的角度和场景进行持久强化，在声誉建立和维护的传播过程中，通过关键信息、标识、口号、广告、公关活动、形象代言人、网站设计等方面的创意，全方位影响受众的认知，在与每一个目标受众产生接触的任何一个小小的关键时刻塑造心理认知，并培育一场小小的认知风暴，将声誉钢印进一步强化、敲入顾客心智。

第四节　构筑声誉的“私域流量池”

很多成功的营销者会从亚文化的圈层传播和能够激发人们激烈感情的小团体汲取灵感，“私域流量”这一概念也由此风行，就是通过组建各种封闭的“粉丝”社群、高频的群体互动和“团建”打造狂热的声誉追随者群体。

与隐身于公众舆论空间分散的受众相比，将核心的高价值受众引入“私域”是将高净值群体进行固化、分类，通过深度、高频、个性化的互动强化情感的形式是随着数字通信技术的发展而必然出现的一种群体管理新形态。

1. 私域化的优点

无论是企业还是社会组织、演艺明星，其最重要的社会基础是其核心受众，将最具价值的核心受众私域化，优点是显而易见的。

（1）私域可以营造相对单纯的传播环境，避免竞争对手和其他外界环境造成的信息噪声。

（2）私域可以加强沟通效果，私域运营意味着企业可以最大程度掌握信息传播，把对目标公众的“麦克风”牢牢掌握在自己手中。

（3）私域可以通过有效的组织和互动，增强目标受众的黏性，避免顾客的流动。作为私域运营的一种形式，有研究表明，以品牌社区形式组织起来的顾客往往对品牌有更稳定的忠诚度。

（4）私域可以方便与核心顾客直接形成互动，及时得到顾客反馈，有利于组织第一时间掌握核心价值群体的有效信息，对市场及时做出反应。

随着微信等即时通信软件将社群的上限扩大到2000人乃至更高，在一个相对封闭的信息环境中形成深度、单一的互动和传播已成为任何一个声誉主体都不得不重视的声誉构筑策略。以微信等即时沟通工具为基础的私域流量运营，甚至已形成新兴的商业模式，如“微商”等。

2. 顾客——品牌社区运营

如前所述，在企业的声誉私域化运营中，最典型的运营方式无疑是企业的品牌社区运营。

品牌社区的概念最早由Muniz和 O’Guinn提出，他们将品牌社区定义为“基于品牌爱好者之间关系而形成的不受地域限制的特殊团体”。在品牌社区内，消费者基于对某一品牌的特殊感情，认为这种品牌所提供的体验价值、形象价值与自身的人生观、价值观相契合，从而产生心理上的共鸣。Upshaw等人认为一切与品牌有关的利益相关者（如员工、顾客、股东、供应商、战略合作方及其他利益相关者）都应包括在品牌社区内，如图6-2所示。Mc Alexander等人强调了核心消费者的概念，认为品牌社区是以消费者为中心的一种结构，在该结构中存在着与消费者相联系的各种关系和实体。

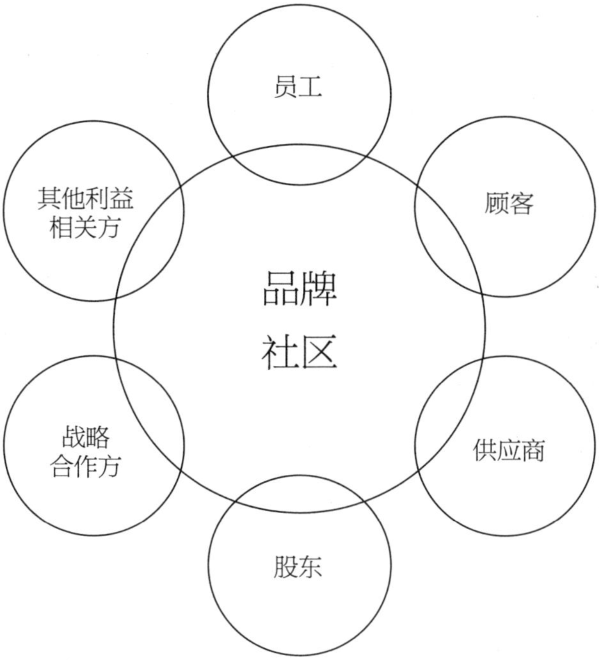

图6-2　品牌社区利益相关者关系模型

在我们为一些企业组建品牌社区的过程中，也验证了品牌社区显然是一种以消费者的品牌体验和消费经历为纽带的强力沟通载体。在这个载体中，顾客往往是传播的中心，顾客群体中的个体会主动互相传递品牌知识和品牌感受，他们有自己的品牌理解，会联合起来反对其他某个品牌。某些互动较为频繁的消费者群体中会形成从初次使用者到口碑传播者，乃至狂热“布道者”的不同分层，营销管理人员仅仅进行合适的引导、指导和提供基本素材等资源，整个社区就可以很好地发展。

企业声誉社区的私域化运营因为受众类型不同而表现为多种形式，包括品牌俱乐部、股民俱乐部、投资人沙龙，或者行业媒体社群、员工家属会所等，这些面向不同声誉受众专设的“私域”能够很大程度上增进目标受众的认同感，激发正面的情绪反应，增加组织的声誉资本。

通过组建顾客俱乐部的形式对企业的声誉受众进行“私域化”经营，强化品牌声誉受众的群体交互效应，进而放大声誉资本的力量，无疑是正在逐渐引起业界重视的做法。

3. 社交筑墙——明星私域流量

明星社交类APP可以说是公共舆论场声誉流量进行私域化的高阶进化形态。早在2010年，麦当娜就发布了以自己名字命名的“粉丝”社交APP，2012年开始，国内许多演艺人员也纷纷开始尝试私域流量个人APP。只不过，这些APP只是综合信息发布平台，明星经纪企业很少会专门派人运营。开发明星APP是一件容易的事，难的是对导入“私域”的“粉丝”的深度运营管理。截至2020年年底，虽然这些目的在于将流量固化入私域流量池的APP大多已经不复存在，但是作为一种应用大众心理学和传播学相关原理对声誉受众进行深度管理，将声誉受众固化为私域流量的新型传播管理模式，仍是很值得探索和挖掘的声誉管理技术方向。

第七章　声誉危机

缺乏系统管理的“盛名”往往会成为双刃剑，只有科学管理声誉才能将之转化为有效的社会资本。《乌合之众》的作者古斯塔夫·勒庞曾警示那些拥有盛誉者：“成功一旦消失，为王也就随之消失。昨天受到群众欢呼致敬的英雄，今天就会因为失败而遭到辱骂。事实上，威望越大，反应就越强烈。在这种情况下，民众会把失败的英雄看作平等之人，从前的优势如今已不再被承认，他们要为自己曾经向这样的优势点头哈腰而进行报复。”

无论是对企业，还是对政府机构，不良信息造成的崩溃性伤害在很多时候是不可逆的，声誉一旦受损，重建往往难于白手起家，因为满目疮痍之下的“重建”，往往要难于百废待兴的“新建”，这也是很多“流量”企业在声誉破产后，不得不改换门庭、另起炉灶的原因之一。

越是知名企业的声誉危机，也越容易引起公众和媒体的关注。因此，本章着重论述应对声誉危机可借鉴的做法。

第一节　声誉危机的特征、诱因和防范

一　声誉危机的特征

声誉危机指声誉主体在社会活动中因自身或外部因素导致利益相关方产

生的负面评价与负面情绪带来的系统性危机。声誉危机事件指引发声誉风险的相关具体行为或系列事件。声誉危机与企业的其他危机不同，它难以直接测算，其爆发也并无预兆（很多企业或许知道会爆发，但是不知道会在何时爆发），声誉危机往往导致一系列其他危机，并且通常也难以与其他危机分离和单独处理。

通常来讲，声誉危机有以下特点。

1. 必然性

只要组织或者个体在公众舆论场中存在的时间足够长，声誉危机就一定会发生，如果还没有发生，可能只是因为组织或者个人在公众舆论场中存在的时间不够长或者还不够知名。

声誉，作为一种以意识形态形式存在的社会资本，我们对之有两个认知维度。其一是量的层面：声誉主体存在的时间越长，积累的声誉资本的受众群体的量就越大，口碑、历史评价的积累也越多，承载的预期和贡献意愿也越大。其二是质的层面：声誉主体存在的时间越长，声誉的传播范围越广，则受众越多样化，对声誉主体的历史评价和预期也必然更多元。这也意味着，只要存在的时间足够长，受众量足够大，企业的声誉必然存在受众群体、口碑和历史评价、预期的差异乃至分裂。

此外，声誉作为一种基于社会文化环境产生的认知和网络资源，必然受到整体社会文化环境变化的影响，随着客观环境的变化，如果声誉主体不能及时做出调整，往往便会导致“朝为朝堂客，暮做阶下囚”的境况。

所以，声誉的危机有其必然性，如何看待这种必然性并采取适当的对策，往往决定遭遇声誉危机后企业是焕然新生还是一蹶不振。

2. 突发性

因为社会化和交互传播的特质，声誉危机一旦发生，就有飞速扩展之态势，会像瘟疫一样迅速蔓延，若不采取有效的制止措施，就容易使整个组织形象遭到彻底破坏。大多数声誉危机在初始阶段，可以通过预警机制提前介入进行调整，从而防微杜渐，有效规避系统性危机的发生。但也必须承认，总有些危机会发生在视野之外，随着企业受众群体的扩大、接触点的增多、外在环境的变化，视野之外的危机常常是人们无法预料的，可能是系统性的普遍问题的积累，也可能是某一单点问题的“暗病”，常常在防范意识薄弱、出乎意料的地方发生，并因此让人措手不及。

突发性并不意味着毫无应对办法，只要企业正视危机发生的必然性，研究危机发生的条件及变化规律，在日常工作中注重应对危机的流程和团队建设，就能够在很大程度上控制声誉危机带来的损失。

3. 两面性

声誉危机的两面性指危机事件中危害与契机并存。

声誉危机形成，首先使声誉主体引起了足够多的人的关注，也就是危机事件带来“流量”，流量使企业的任何公开行为都被传播声量放大。危机的发生使企业成为信息源，受到媒体的关注和报道，从某种角度看，这代表企业掌握了对外传播的主动权。

如果能在尊重大众心理的客观规律基础上做出恰当的应对，因危机聚集的传播声量也可以成为声誉善行的放大器。危机既已发生，只要当事人不是恶意，又能妥善处理，则公众情绪层面的声誉认知可以通过声誉管理策略进行引导和重塑。只要不是故意利用恶性事件博取关注，很多时候声誉主体应对危机的诚恳态度能够获得大众的好感。

二 声誉危机的诱因

声誉危机的诱因一般包括以下6种。

1. 标准模糊

包括法律法规和伦理道德标准的模糊，使声誉主体会在某些情况下发生误判，直到事实酿成，群议汹汹，舆论已经明显不利，对声誉构成威胁。

（1）严重的内部事件。如因劳资矛盾引起的罢工、腐败等。

（2）工作失误。如因管理机制不健全导致的浪费、产品质量不合格等。

（3）决策失误。如经营不卫生食品、侵犯公众权益等。

（4）纠纷事件。如消费纠纷、经济合同纠纷等。

2. 风险误判

有些企业会对可能存在的声誉危机风险有清醒的认识，但有时承担这种风险的回报可以覆盖风险带来的损失，企业也会选择铤而走险。

20世纪90年代，保健品行业的黄金十年中，有些保健品企业一到某地，即会展开大规模的广告、软文投放，有明显夸大、违犯广告法之处也毫无顾忌，等到相关监管部门查到，也无非罚款、公告了事。正是这种用声誉换利润的行为，让整个保健品行业付出了惨重的代价。

3. 侥幸心理

任何危机都有内因和外因，但是一般情况下内因起主要作用。声誉危机的内部成因主要有：管理者的声誉管理意识淡薄；缺乏危机管理意识；组织自身决策违背公关基本原则要求；组织人员素质低下；行为严重违背组织宗旨；没有建立正常有序的传播沟通渠道。总之，一定不能对以上问题抱有侥幸心理。

4. 故意破坏

对故意的造谣抹黑，首先，向管理机构寻求帮助，争取有公信力的第三方支持；其次，向关键群体澄清事实；最后，搜集并保留必要的证据，从根源上消除不利言论，必要时使用法律手段维护自身的声誉。

5. 公众的误解

有时企业自身的工作、产品质量没有任何问题，也没有发生有害公众利益的事件，但由于种种原因被公众误解，企业因此陷入危机之中，这就是误解性危机事件。不利的社会舆论导向、社会流言、新闻误报、竞争对手的误导乃至造谣破坏等都是误解性危机事件发生的外部诱因，企业对此类事件，应及时采取如下措施加以解决。

（1）及时声明，表示立刻调查危机事件，而不是马上否认、极力辩解，或指责公众误解，然后以最快速度公布真相，澄清事实，消除误解性舆论的不良影响。

（2）不能把误解的责任推给公众，归根到底，误解是因为企业的沟通缺陷产生的。

（3）谦逊坦诚的态度能赢得公众的好感，不仅不会降低自身的声誉，反而会赢得更多的公众认同。

6. 不可抗力

对由不可抗力造成的危机，公众通常会保持相对宽容的态度，真正会导致声誉风险的是不可抗力引致的连锁反应和企业应对策略的失误。

三　声誉危机的防范

将声誉管理纳入企业危机管理不可能完全杜绝声誉危机的发生，但可以降低声誉危机发生的概率，有助于危机发生后有章可循。日常声誉危机的防范包括以下几个方面。

1. 全员树立声誉意识

员工认同正确的价值观和坚守正当的行为规范有助于企业内部在思想和行动上保持较高标准，减少违背法律、规定和流程的事件发生。企业需要让员工认识到，个人失职带来的影响有可能给集体带来巨大的声誉阴影。

2. 分析风险，制订沟通预案

分析企业在决策、内部控制、企业业绩、股价走低、法律诉讼、劳资纠纷、客户投诉、恶性竞争、安全和健康事故、环境污染等方面可能引发的声誉风险，并在分析的基础上制订与媒体及利益相关者沟通的整体方案，以备应对危机时使用。

3. 管理者要重视声誉管理

管理者必须树立将声誉视为一种资本的意识，管理者只有认识到声誉的重要性，才能在日常经营中让全体员工建立风险和危机意识。管理者应带头遵守较高标准的职业操守，要求企业合规经营，并在决策时考虑声誉风险。为防止危机的出现，管理者还应积极与员工沟通，推动企业危机管理系统的建设。在危机发生后，管理者个人应利用其在利益相关者中积累的信任，动员社会网络中的各项资源，尽可能将危机的负面影响降至最低。

4. 对员工进行危机处理培训

为确保各级员工准确无误地执行各项危机应对策略，日常需要对员工进行声誉管理和危机管理的培训，尤其是窗口部门和节点岗位的员工，更需要具备基本的声誉危机应对素质。

5. 履行社会责任

依照政策法规，在消费者权益、员工政策、安全健康、环境保护等方面履行企业社会责任，防范企业在政策、法规方面的危机事件发生。

6. 关注利益相关者反馈

企业须关注利益相关者的批评、投诉及诉讼，因为这些事件含有较大的声誉风险并有可能成为声誉危机的导火索。

7. 监测舆论、搜集情报

为将企业的声誉危机扼杀在萌芽期，长期监测各种传播媒介上的企业负面报道是常用方法。企业还要通过内外部的举报通道、客户服务热线、领导人信箱等方法及时收集各相关方的批评及反映的问题，从中发现声誉风险的蛛丝马迹。

8. 常备声誉危机预案

作为企业整体管理的一部分，应编写《企业危机管理手册》，针对不同的风险和利益相关者制订内外沟通和传播的原则和方法。《企业危机管理手册》应有两个版本：详细版本供危机处理小组参考和使用，简略版本作为员工培训时的课本。《企业危机管理手册》通常应该包括6个部分。

（1）概述：企业的愿景和价值观。基于风险评估，从业务单元和利益相关者两个方面识别出声誉风险可能引发的危机，并分析这些危机对业务部门和利益相关者的影响。

（2）目标：分为总目标、业务部门的目标和与利益相关者沟通的目标。

（3）策略：分为总体策略、每个业务部门的策略及与利益相关者沟通的策略。

（4）计划：分为应对和恢复两个阶段。每个阶段的计划都包括，每种危机处理所涉及的工作任务；每个业务单元的工作任务；与利益相关者沟通的工作任务；每项工作任务的责任人。

（5）执行：制订企业内部情况汇报、指令下达和信息反馈，以及对外沟通和传播的总原则；根据危机发生后外部环境和内部资源的状况制订完成每项工作任务的时间表。

（6）评估：制订危机处理结果的评估方法。

第二节　应对声誉危机

一　确认危机类型

对已经被监测到的声誉危机，首先应该先确定其实质危害和危机的类型。一般情况下，可以用四象限法进行分析，确定危机的形态，如图7-1所示，然后启动不同的应对流程。

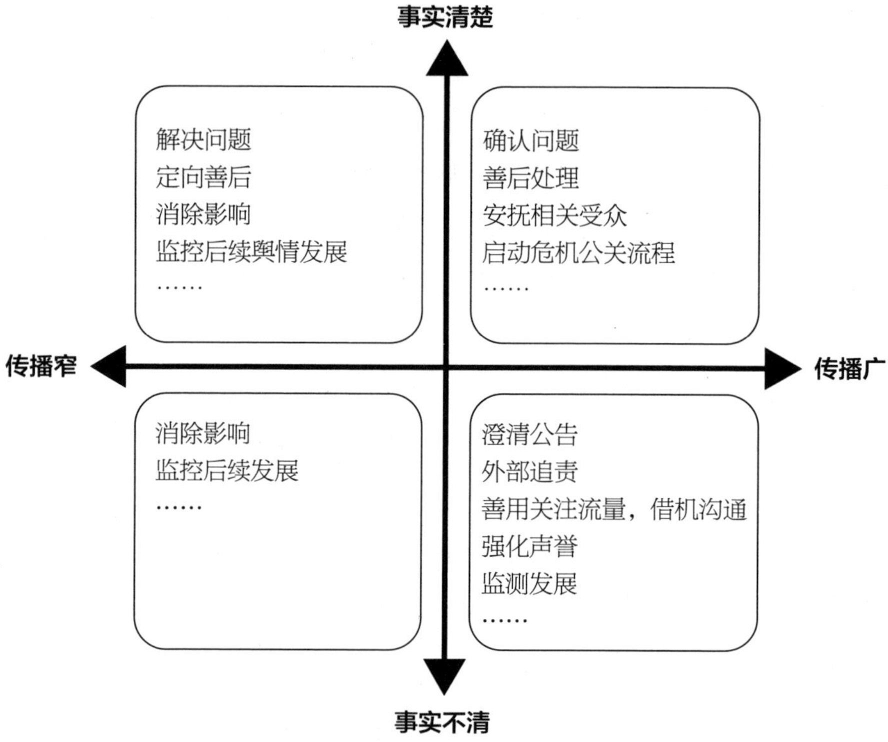

图7-1　四象限确定声誉危机形态

二　应对声誉危机的相关方

重建声誉的根本在于首先获得危机相关方的支持。如果问题没有解决，仅通过公关战术进行处理，或许能获得一时的效果，但是终究是治标不治本，假以时日，危机还会卷土重来，企业不免陷入“按下葫芦浮起瓢”的四处救火状态。

1. 内部员工

（1）迅速成立处理危机的调解行动组，由直接负责人担任领导。

（2）判明情况，采取内部措施，将事态控制在组织内部。

（3）注重利用组织内部“非正式关系”。

（4）通告内部全体人员，以统一口径共同行动。

（5）及时嘉奖相关应对人员，处罚肇事责任人并通告有关部门，争取相关方的谅解。

2. 直接受害者

（1）认真了解受害者的情况，实事求是地承担相应责任并诚恳道歉。

（2）冷静倾听受害者的意见，及时评估并尽量满足合理要求。

（3）对超出合理诉求的情况，争取获得法规政策的支持。

（4）对不合理诉求，及时将过程向公众公布，争取公众的支持。

（5）设专人负责与受害者接触，在整个事件处理过程中，不随意更换工作人员。

3. 主管或监管部门

（1）及时汇报事态进展。

（2）及时联系，争取背书支持。

（3）总结报告，表明态度。

4. 横向相关机构

（1）传递信息。

（2）告知对策。

（3）当面解释。

（4）说明处理经过。

5. 其他第三方公众

（1）通过各种渠道说明事件经过、处理方法和预防措施。

（2）接待来访，保持信息畅通，消除后续疑虑。

（3）安抚强关联群体，争取弱关联群体，公开道歉赔偿。

三 应对声誉危机的准备工作

应对危机需要企业从思想上、组织上、行动上和资源上做好一切准备。

1. 确定正确的指导思想

企业应力求全员在愿景、价值观及道德规范方面表现一致，以保证危机到来时可以形成正确的指导思想，并据此制订正确的危机处理策略。在思想统一的前提下，负责危机处理的所有相关人员真实、及时、准确地传递信息，有利于迅速在危机处理的方案上达成共识，更好地调动企业的各种资源形成协同，也能更好地动员利益相关方积极维护企业的声誉。

实际应对声誉危机一般采用金字塔指导原则，如图7-2所示：基础是处理小组全员充分掌握全部情况；其次是尽快确定解决方案；然后确定主要的公众对接者（也就是通常的新闻发言人），以统一口径对外做出反应。

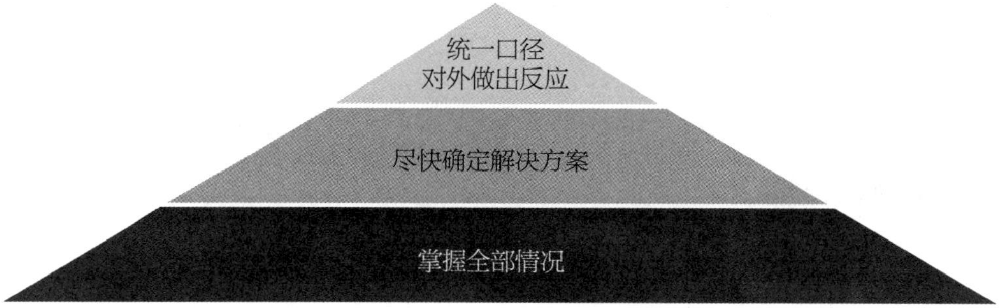

图7-2　应对声誉危机的金字塔指导原则

2. 成立危机处理小组

如果已经确定发生了声誉危机，企业要尽早成立危机处理小组，以便更好研判事态，制订应对策略。危机处理小组成员应该根据不同态势和危机等级，由管理者、法务、公关传播、客户服务、信息管理和各直接当事部门的负责人组成。

声誉危机会对企业的不同利益相关者产生影响，并有可能引起法律诉讼，因此，具有不同专业经验的领导参加危机应对决策会议可以保证各种建议充分、无遗漏地提出，并保证决策的贯彻执行。

3. 尽早导入预案应对体系

根据危机管理计划对危机管理的任务进行分解，并确保各项任务有人负责，任务完成有人评估。

4. 充分的资源准备

在资源上，企业要在场地、人员、物资和资金、相关媒体，以及第三方背书等方面做好准备。

四　应对声誉危机的传播策略

1. 外部应对

随着竞争日趋激烈，媒体越来越注重新闻报道的独家性和深度，这也意味着媒体将会向遭受声誉危机困扰的企业提出更多有挑战性的问题。沃尔特·李普曼在《幻影公众》中对公众面对公共事件时的盲目有过精当的论述："没有证据证明这些公众事务关他什么事，那几乎是他无法触及的。如果它们确实存在，那么，一定是在远离他生活的地方，被无从知晓的幕后力量掌控着。作为一位普通公民，他不知道究竟发生着什么，谁在操控着一切，自己将被带往何方。"所以，当危机发生时，企业需要及时回应外部疑问，引导公众舆论，为自身营造更为有利的生存和发展空间。

（1）媒体和公众最关心5类问题。发生了什么事件？什么原因导致的？已产生和即将产生什么后果？企业如何处理？关键利益相关者（主要是监管部门和客户）有何种反应？

（2）一般来讲，有挑战性的问题包括：现阶段企业不适合回答的问题；新闻发言人暂时不掌握情况、不知道怎样回答的问题；企业已经暴露出来的问题；极具攻击性的问题。

（3）应对有挑战性问题的方法。第一，企业要对记者和记者以往的报道风格进行较深入的调查，如果记者的报道基本上呈揭露、批判的风格，企业审慎考虑是否接受采访和如何接受采访。对一些有影响力的主流媒体，企业不接受采访将导致更加失控，在这种情况下，企业正确的做法是在充分了解媒体背景并做好充分的准备的前提下接受采访。第二，企业设想一些有挑战性的问题，并针对问题准备多角度和妥当的答案，同时应准备有关的数据和事实。第三，沉着应答，随机应变。对一些较难回答的问题，发言人应利用自己的智慧来改变局面；当问题具有攻击性并态度不够友好的时候，要认真倾听、镇定自若，不要过激反应或手足无措。第四，做好现场音频视频记录，事后和记者保持互动，尽量避免歪曲事实和有不利倾向的报道。万一媒体出现不实报道，企业可以根据记录资料与媒体进行交涉。第五，认真对待记者的电话采访，对在电话采访中许诺稍后将提供信息的承诺，媒体对接部门主管人员一定要兑现，尽量不要让记者产生被敷衍的感觉。

2. 容易出现的误区

（1）不当回应。图7-3所示为一些处理危机时的不当言论或行为。

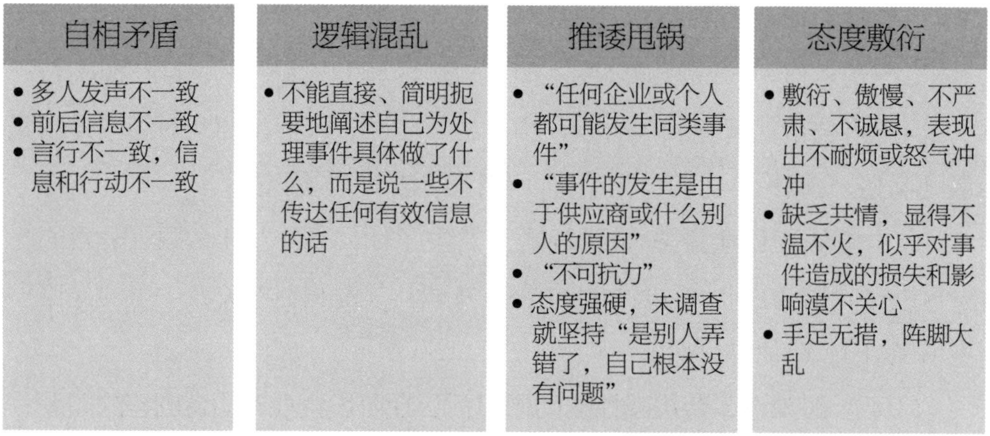

图7-3　一些处理危机时的不当言论或行为

（2）引起舆论攻防战。危机公关处理中，不当或过激反应还容易将事件中各方拉入对抗的情绪中，从而陷入舆论攻防战，使局面更为激化。

（3）与媒体对抗。面对负面信息，有些企业首先做的不是主动澄清，而是选择一纸诉状将媒体告上法庭。这种做法和企业对媒体的传统认知偏见不无关系，很多企业对媒体避之不及，认为媒体就是来“挖料”和曝光的，不愿意和媒体进行沟通。这导致媒体记者只能侧面采访，也就是常见的援引“消息人士”“内部人士”“不愿透露姓名人士”的话语，从而使双方的关系陷入僵局，媒企关系进入恶性循环。对企业而言，这显然是一种懈怠、被动的声誉管理，良好的舆论环境有利于企业争取各方面的支持和资源，要尽量避免媒企对抗的局面出现。

五 应对声誉危机的原则

1. 先发制人原则

声誉危机产生之初，因为状况一时模糊不清，通常会出现信息真空，这时候，如果当事人不说话，媒体和大众就会根据过往经验“主观臆断”。危机事件发生后，许多企业不按媒体运作规律办事，不及时引导舆论、及时辟谣，而是沉默，或者发表模模糊糊的声明推诿责任，或者干脆用“无可奉告”推挡了事，最后让自己陷入舆论的被动挨打局面，声誉全毁。事情已经发生，主动回应与被动回避虽然当下对公众的影响差异不大，但往往前者意味着事件结束，后者意味着麻烦刚刚开始。

肯德基面对苏丹红声誉危机，主动向全国和地方各大媒体发表声明，承认在部分产品中发现了苏丹红，并向消费者致歉，并表示愿意承担法律责任和赔偿，结果赢得了媒体和大众的理解，一定程度上挽回了声誉。雀巢奶粉碘含量超标事件发生后，企业在媒体应对上选择了基本保持沉默， 这一态度给媒体和消费者留下很多猜测的空间，结果引发了媒体的大量指责和批评，消费者对品牌产生信任危机。

2. 公开原则

声誉危机出现后，往往会出现大量谣言，制止谣言最有力的武器就是公开信息。莱德贝特提出了声誉危机处理的公开管理法则，其核心就是“公开而迅速地向媒体和公众提供准确的消息”。对声誉的突发危机而言，永远是有信息比没信息好，信息越多、越翔实越好，也许不能保证信息全面，但是起码可以保证不说假话。现实的问题是，许多企业发生危机，不见人、不接电话等回避媒体的情况经常出现，这等于放任谣言产生，毁掉自身的声誉。

3. 针对性原则

首先，应明确对之表态的目标受众是公众和媒体。事件的说明要做到让公众听得懂；不要绕圈子，不要长篇大论，应该直截了当。其次，对不同的公众或消费者要说不同的话，使用不同的语言风格和侧重不同的内容。回答不同媒体记者提问时，要想到其背后的读者是谁，想一想怎样说才能产生良好效果。

4. 统一口径原则

统一口径原则对企业的声誉危机管理至关重要。企业应指定新闻发言人统一对外发布信息，避免出现多人表态或擅自表态的情况。

5. 息事宁人原则

网络媒体的特点有：喜欢报道和传播奇闻、丑闻；喜欢追逐热点和流量；在事实未明朗之前，倾向性是客观存在的——同情弱者；反感狡辩或挑战。因此，在一些模棱两可的声誉问题上，媒体关注后，要设法尽早跳出来，淡出媒体的视野，息事宁人，让事件恢复平静，而不应该再制造新的事端，提供被进一步“炒作”的素材，有时甚至要委曲成全，以柔克刚。必要的时候，最好申明对公众监督的感谢，甚至聘请主要的意见领袖为企业的监督员。

6. 不对抗原则

企业与媒体对抗，几乎没有成功的案例。

1973年8月，英国一家机构[1]发布一份报告，称一些食品企业为了商业利益片面宣传其产品的母乳替代作用，发展中国家由于相信了这些宣传，每年有1000万婴儿因非母乳喂养而营养不良、生病或死亡。这引发了抵制雀巢产品的世界性运动。雀巢当时采取了对抗的方式，将该报告作者告上了法庭并如愿以偿打赢了官司。但令雀巢想不到的是，虽然打赢了官司，企业却失去了媒体和公众的信任，随后发生对雀巢的十年抵制运动。

7. 留有余地原则

出现声誉危机后，要谨慎对待公众关切，说话不要太绝对，避免声称“我们的质量绝对不会出现问题”。

留有余地也可以理解为，在回应人的选择上要留有回旋空间。许多企业危机应对的败笔就在于直接把企业董事长推向前台回答记者问题。董事长的回答实际上就是企业的最终回答，这样一来，往往就没有了可以回旋和调整的余地。一般情况下应设立逐级回应机制，即使董事长确实要出面，也只能做些原则表态，体现企业的诚意和负责任的态度，尽量不要直面尖锐的、具体的问题。

六　重建声誉

一个事实是：越是声誉卓著的企业在声誉危机中遭受的损失和大众背离也越严重，因为声誉与危机事实的反差导致的对公众情绪的伤害极为深刻，不仅造成顾客流失，甚至会在一定程度上引发公众的声讨乃至报复。因此，在声誉危机发生后，进行声誉的重建是极为难以解决但又不得不面对的问题。

企业实施重建声誉计划很大程度上取决于三个因素：危机前企业声誉资本的高低；危机中企业声誉被损害程度的大小；危机后声誉恢复策略和计划是否可行与有效。若危机前企业的声誉资本很高且危机损害小，危机又主要

[1]　Darrell. 雀巢公司：婴儿奶粉危机的经验与教训 [J]. 决策探索（上半月），2007（12）：41-42.

由外部突发事件或内部经营失误引起，企业的经营将较快恢复。若企业的声誉资本本身就较低且危机损害较大或公众通过危机事件的报道才知道这家企业，那么企业的声誉重建将面临较大的困难。

在声誉重建阶段，何时是宣传企业的最佳时机呢？根据企业从各利益相关者处收集的信息，特别是通过媒体监测获取的信息，及时了解媒体的热度和相关受众的态度转变，首先要确认已平息的危机不会再带来潜在的新危机，而且危机事件中关注者的热情已经消退。企业有重大的利好事件发生，比如企业的业绩较大幅度超过预期，企业研发取得突破性成果，企业与某家高声誉组织结盟，企业签订了一项重要合约。这种情况是企业在危机后重新启动广告和公关宣传的较好契机。

为了尽快将声誉恢复到原有的水平，有些企业往往过早地向利益相关者做出承诺，这通常是危险的做法。要知道，遭受危机后，企业经营环境有所改变，企业内部需要做出调整，不确定因素较多，过早披露信息或者做出较高的承诺，有可能给企业的后续声誉重建增加许多压力。在这一阶段，应韬光养晦、低调务实地进行整改和调整，当最终结果超出预期时，各利益相关者皆大欢喜，企业的声誉才有可能借此提升到更高的水平。

第三节　谣言与声誉危机

声誉资本，尤其是声誉危机的研究必然绕不开的一个“异类”是“谣言”。从社会心理学的角度出发，大多数谣言是有目的的捏造，一般怀有恶意，当然确实也不乏因为企业自身原因导致的无目的的、集体性的消费者恐慌。也就是说，造谣者一般是主观故意的，传播学学者在对谣言与流言比较的基础上指出：“流言大多有一定的事实依据，而谣言则是有意凭空捏造的消息或信息。”[1] 很多时候，谣言来无影去无踪，不去辟谣，谣言满天飞，实实在在影响到了企业的方方面面；去辟谣，又无从说起，因为对无稽之谈、空穴来风的言论一本正经地说理似乎又是无从发力，据理力争只会陷入无穷无尽的扯皮旋涡。

谣言是荒诞不经的，但是给企业带来的声誉危机却又是切实存在的。谣言到底是什么？如何应对谣言？谣言的传播“高效”而“威力强大”，对声誉传播又有什么启示？谣言作为声誉危机中的一个重要诱因，是任何重视声誉资本的企业都不得不认真对待的。

一　谣言的本质

1. 谣言是一种群体幻象

可能很少有人注意到，谣言的“谣”与童谣的“谣”是同一个字，谣言和童谣，这分明是两个反差极大的词语。《现代汉语词典》中“谣”除了作为一个姓氏外，两个义项一为“歌谣”，二为“谣言”。

《东周列国志》有载：“凡街市无根之语，谓之谣言。上天警戒人君，命荧惑星化为小儿，造作谣言，使群儿习之，谓之童谣。小则寓一人之吉凶，大则系国家之兴败。”《后汉书》记载，董卓入京后，民怨沸腾，及至汉献帝元年初，长安开始有童谣流传：“千里草，何青青。十日卜，不得生。”该童谣采用拆字法，将“董”拆解为“千里草”，将“卓”拆为“十日卜”，“不得生”则直指董卓败亡将临。不久，董卓在诸侯围攻中落败，暴尸街头。在知识尚是特权阶层统治工具的汉朝，该童谣实际应该是士人阶层的作品，反映该阶层对政治现实的不满和希望董卓“不得生”的群体愿望。

在早期的信息传播中，相比于语言和书写，歌谣无疑是一种更具情感色

[1]　郭庆光. 传播学教程［M］. 北京：中国人民大学出版社，1999：99.

彩，也更为高效的传播形式，相较于对情感的宣泄，真实性是其次的，更多时候，“谣”的流传首先就是一种群体情绪的表达和传染。很多童谣反映的都是某种群体情绪，也只有强烈、普遍到某种程度的群体情绪才能形成童谣，并在群体中流传开来。这种暗流涌动的群体情绪，往往最终会形成汹涌的民意，因而相当大比例的童谣成为某种政治先验。

对群体而言，深信幻象，决定行动的方向，个体的力量得以汇聚，最终形成集体行动，幻象往往由此成真。正如勒庞所言：“群体从来不渴求真理。面对那些不喜欢的事实，他们会转身而去，宁可把错误奉为神明——只要这错误诱惑到了他们。谁能制造幻想，谁就能轻松地主宰他们，谁试图让幻想破灭，谁就会成为他们的敌人”。纵观那些“一语成谶”的谣言，正是应和了最普遍的大众的心理，最终将群体幻象变成了事实。

2. 谣言是一种舆论武器

在不考虑谣言和造谣者的道德评价的前提下，人为制造的谣言是一种强大的舆论武器，常常被用于打击对手声誉，扰乱其战略，进而实现自身目标。

在资本市场，将谣言作为一种强有力的舆论武器并不罕见，很多案例中，我们都可以看到有意无意的谣言对企业的巨大伤害，而有备而来、定向设计的谣言则更为可怕，往往可以起到先把企业和企业家的声誉搞破产，继而达到打压标的企业收购价格、控制企业管理层的目的。

在传播学四大奠基人之一的哈罗德·拉斯韦尔（Harold Lasswell）看来，谣言天然就是宣传的一种手段：“它仅仅指通过重要的符号，或者更具体但不那么准确地说，就是通过故事、谣言、报道、图片以及社会传播的其他形式，来控制意见。”

3. 谣言是一种反权力的体现

如果说声誉是一种公众权力的让渡，那么群体自发形成的谣言则是对这种公众权力的篡夺和反抗，尤其在声誉并不符合（或者仅是群体想象的不符合）群体利益，或者出现某种与群体利益的冲突（或者仅是与群体想象的冲突）时，这种自发的谣言最容易泛滥肆虐。被竞争者或者敌对者制造、操纵的谣言并不在这种“反权力”之列，因为竞争者或敌对者本身的定义已经表明了这种反对与对抗。

从社会学和大众心理学的角度看，自发的谣言本质是一种对主流宣传舆论的反抗，这种反抗发展到一定的阶段可能是有组织和目的的，但是其初级阶段也有可能纯粹是一种边缘群体对主流意见的对抗，谣言的产生首先是对主流舆论代表的力量的对抗，深层次动因则是对主流传播机构及其背后力量的不满和质疑。

1947年，哈佛大学心理学教授Gordon Willard Allport和心理学讲师Leo Postman就研究了谣言以及谣言的心理分析和社会重要性。他们将谣言归为人类多种交流形式的一种，但不受客观和客观真理标准的严格限制，并指出谣言的影响力和事件重要性、模糊性之间存在的正相关关系。

用公式表达是：谣言的影响力=事件的重要性×模糊性

重要性事件通常是与最主流的权力人群相关的事件，最边缘的、无关痛痒的事件，通常很难形成大规模的谣言危机。模糊性与对主要传播、宣传主体的公信力质疑有关，越模糊说明这种质疑力度越弱，越具体说明声誉主体的公信力和声誉越薄弱。一个毋庸置疑的声誉主体，其本身的声誉资本越强，则谣言越不容易产生，因其群体内部的遏制力量足以将谣言扼杀在初起之时。但是当声誉主体本身的公信力和群体贡献意愿较为薄弱的时候，一旦有某些模糊的蛛丝马迹形成信息模因，再结合事关最主流大众群体的重大影响，谣言往往就会应运而生。

比如电动汽车特斯拉，一度是引领新能源汽车变革的领导品牌，广受各界关注，代表着智能出行时代的引领者，其引入中国也受到了一般车企前所未有的礼待。但是在数次“刹车失灵”维权事件后，因为行车数据保存地的问题，传出“间谍车”的声音，其深层次原因正在于品牌高调推进、外企独资身份、特殊优待等多种赋权形成的“不平”激发的群体心理对抗。

4. 谣言是一种群体情绪预警

情报学学者认为，公共危机中，谣言常常是公众受到公共危机环境的刺激而产生的心理及情绪的适应性反应，此种谣言属于危机信息的一种，具有一定的舆论预警功能。

谣言迎合了群体情绪，群体在传播的过程中会逐步完善谣言，并进而促成一种群体幻想，幻想在群体自激心理（Self-excitation，群体中个体互相肯定和激励，并因之产生满足感和快感）下产生驱动力，并最终变成不可遏制的群体行动。

群体中自发而起的谣言，在很多时候是一种群体情绪的特殊表现形式。对企业乃至任何一种社会组织和个体而言，寻找并消除谣言产生的情绪根源，而不是追索某一个具体的责任人，才是第一要务。正如法国传播学者、社会学家让-诺埃尔·卡普费雷对我们的提醒：“谣言不是有幻觉的人一时神经错乱的行为，而是一个警告的呼声。”

二　谣言的类型

在谣言传播的过程中，其传播的动力有纯粹群众自发和造谣者有意推动两种。不同类型的谣言造成的声誉危机和应对方法是不一样的，要应对谣言造成的危机，首要在于准确识别谣言类型，如表7-1所示。

表7-1　谣言可能呈现6种不同的类型

信息源 / 传播动力	事件引发	迹象引发	想象与情绪
有组织	趁火打劫型	杯弓蛇影型	无中生有型
群体自发	联想型	想象型	妄想型

1. 趁火打劫型

通常指某事件引发、造谣者趁机歪曲而产生的谣言。在资本市场，做空机构、上市企业的竞争对手，短期内聚集了大量资金的短线投资者，往往会利用某些公开事件制造各种谣言，以达到浑水摸鱼、乱中取利的目的。

2. 杯弓蛇影型

通常指外界利用某细节制造，并推动传播，继而诱发的谣言。这种利用某些公开信息的片段和细节进行夸大、歪曲，制造谣言，以达到搅乱对方战略的行为非常多见。

3. 无中生有型

纯粹利用群体的某种固有想象制造并传播谣言。

2012年8月9日晚间，国内某证券杂志在其官方微博发布次日出刊的封面报道预告，主要内容为张裕葡萄酒检测出农药残留。事实上，农药残留是农产品及其加工产品无法彻底避免的，合规的农药残留与农药残留超标是完全不同的两个概念，但是二者在普通投资者、渠道商和市场消费者等群体中容易混淆。受此消息影响，10日，张裕A（000869）急挫9.83%，张裕B（200869）则直接跌停。一则无中生有、夸大其词的信息让张裕付出了沉重的代价。

4. 联想型

指群体受事件刺激，产生联想并在传播中夸大、扭曲造成的谣言危机。

最为典型的联想型谣言常见于银行业的恐慌性挤兑事件中。如：2014年江苏某地农商行发生挤兑，起因是某农民大额取款被拒绝，导致谣言传播；2015年11月18日河南获嘉谣传数家乡镇邮政储蓄银行即将倒闭的消息，导致大批储户挤兑；2018年12月2日，有人传播“股东非法套贷款”谣言，导致四川自贡银行发生挤兑；2019年10月29日，谣传“行长跑路，农商行要倒闭”，导致河南伊川县农商银行发生挤兑；2019年11月6日，网上谣传营口沿海银行深陷财务危机，造成大批储户前往银行兑现。

在上市企业中，管理层变动、监管层政策发布、信息披露的疏漏、正常的产品缺陷等也常会引发公众联想，继而滋生危害巨大的谣言，并形成连锁危机。

5. 想象型

指由某无关的具体细节引发的，经群体对细节加工、想象而产生的谣言。

中国新闻网2020年6月16日报道，消费者俞女士在某电商平台简爱食品旗舰店购买了100ml×12杯高蛋白酸奶，发现其中一杯的杯子边缘有异物，俞女士怀疑为虫卵，与商家协商后准备寄回辨别，第二日却发现“虫卵”成活。后简爱母企业向检测机构紧急送检，第三方检测并出具的报告显示，所谓的黄色卵状物，不过是杯子边缘或盖膜上粘连的酸奶，随后监管部门的综合调查也并未发现异常。但有关简爱酸奶的不实传闻已经渗透到社交媒体的毛细血管，因这一“奶盖”事件引发的谣言带动了巨大的声浪，让这家刚刚完成4亿元融资的企业遭受了无妄之灾。单从传播的角度来看，这正是一场因为具体细节引发，经当事人、消费群体乃至部分欠缺职业素质的媒体共同“想象”而创造的谣言。

6. 妄想型

妄想型谣言产生的根基大多是公众的某种强烈情绪，在此基础上，些许风吹草动就容易在群体内激发某种谣言，因其并无任何事实依据，亦无任何具体的组织和个人操纵，因此将之称作妄想型谣言。

比如盗肾谣言：某人参加聚会，不胜酒力，醒来时发现自己全身血淋淋地躺在浴缸中，而且浴缸里满满都是冰，自己的肾脏已被取走。单肾脏并不影响生存、成熟的肾移植技术和肾脏活体移植缺口的存在，共同刺激了想象，进而激发了疯狂的盗肾谣言。

三　谣言中的人群

从声誉主体的立场出发，谣言传播所影响的群体可以分为如下几类。

1. 抱有成见者

抱有成见者往往也是造谣或者传谣的主要群体。

对谣言的发起和制造者，应该在准确识别的前提下，尽早保全证据，涉及违法尽早移交法办，不涉及违法也应尽早通过协商解决。谣言的发起者通常也是谣言传播中的意见领袖，解铃还须系铃人，在锁定源头并掐断源头的基础上，最好由其本人正式、公开辟谣。

谣言导致的危机中，会存在一些积极的谣言传播扩散者，这些个体虽然并不是谣言的制造和发起者，但是因为抱有成见或者存在某种与谣言类似的“幻象”，所以通常也是重要的谣言传播策动节点，他们一般以关键意见领袖、独立评论人、自媒体大V、某群体的领导者等形象存在，在辟谣的过程中，也需对其精准识别，并消除这些关键节点对谣言的继续传播，尽量取得其公开的、有利于辟谣的表态。

2. 中立者

中立者或者跟随者大多对企业并无好恶倾向，对谣言主要持观望或者中立态度，但是，如果谣言对其产生某种价值诱惑，中立者通常会选择加入传谣。传谣于其而言的价值主要有两种，一种是某种具体的价值，如避险、盈利、投机等；另一种是纯粹出于情绪的价值，如谣言可以为其带来社交过程中的情绪价值，包括娱乐体验，人与人之间的赞赏、感激等。

应该在获得造谣者、积极传播者的辟谣表态基础上，尽早地对谣言危机事件中的中立者予以公开的、权威的、明确的解释，并依据其心理动机，有针对性地设计辟谣策略。

3. 维护者

维护者往往是谣言的质疑者，他们因为对声誉主体持有某种良性的情绪连接会抵触谣言、维护声誉主体或者对谣言持质疑的态度。

谣言危机中的维护者不会是一成不变的，而是会因外界环境因素发生变化。影响维护者态度转变的因素一般有两个。其一，群体的压力：对谣言表态的个体数量和表态个体与维护者的关系强度都会促成维护者态度转变，使之成为谣言的支持者甚至积极传谣者。其二，涉事主体的处理策略：不当的辟谣策略、事主的态度、事态的进展都会影响维护者的信心并使其态度转变。需要警惕的是，不当辟谣，甚至利用维护者信任有选择的信息发布，乃至扭曲、欺瞒性发布信息，要承担事主的公信力丧失的风险，这种利用自身声誉对维护者失信的行为，对声誉的伤害往往也是极其严重的。

四　谣言的特征

坏消息一定比好消息跑得快吗？

2001年3月10日，西安各大高校流传“免票登华山”，受此消息刺激，3月10日晚，华山景区开始出现分批量涌来的学生，第一批近400人，3月13日近3000人，14日总人数达到6000人。受谣言刺激，短时间内数千名青年学生的群体性聚集，给华山景区带来了巨大的压力——免票放行，必然造成经营损失；坚持原则，拒绝放行，也极易酿成群体性事件。

在传播中，有些营销型的信息，可否借鉴谣言的传播机理和特点，进而产生这种“高效、自发”呢？要控制指定的信息按照“谣言”的模式传播，必须把握谣言在传播中的客观规律。“高效的”谣言通常具备以下4个特征。

1. 能够准确判断目标群体的心理

群体中信息的高效、自发传播一定是以普遍的群体心理需求为基础的，没有心理基础的信息模因，既不会形成真正的高效传播，更难推动个体的自发主动性。

“华山免票”事件中，华山风景区的吸引力和“免票”的特殊价值驱动提供了心理基础，一旦传闻形成，就会在群体中形成高效、主动传播。如果是某一不知名的小景区，或者不是“免票”而是“打折”，谣言可能很难形成如此高的传播驱动力。同时，“华山免票事件”中，谣言的主要驱动群体是高校学生，该群体对价格的敏感性和时间、体力充裕的特点，也促成了谣言在该群体中的高效传播。很显然，该谣言对体力有限而对价格不敏感的退休人群或者时间有限而经济宽裕的上班族可能也难产生效力。

由此可见，高效传播的基础条件是对目标群体心理的准确判断，信息包装的模因需要高度吻合目标人群的心理。

2. 能够控制情绪强度

谣言的高效传播过程中，作为模因的信息往往带有强烈的情绪，高效率的传播所具备的势能正是来自这种情绪强度。

这种情绪在日常是受到理性或者外力压制的，一旦某种谣言迎合了这种心理，为其提供佐证，个体就会向身边的人征询以获得验证和确认，在验证的过程中，为了获得该种情绪的集体认同，会进行基于想象和假设的再创作，就是通常谣言中的“我的朋友说”，这种预设和“再创作佐证”会在群体中放大， 最终形成一种“群体幻象”。

相较于情绪强度，信息的情绪色彩类型反倒是其次的，情绪类型可以是英雄主义的、奉献精神的等高尚、正面的，也可以是恐惧的、仇恨的、猎奇的、惊悚的等负面的，但无论如何，成功的谣言中的情绪一定是一种极端的情绪。许多广为流传的谣言往往具备一个惊人的标题，这也使“标题党”成为一种风潮。也就是说，谣言并不一定都是负面情绪的传达，剧烈的良性情绪也会在群体中得到放大，比如“华山免票”中的乐观与喜悦情绪。

总之，谣言的情绪色彩不是传播的核心动力，谣言的情绪因素只与两个因素相关，一是情绪的强烈程度，二是与受众的心理契合程度。

3. 具备稀缺性

谣言之所以能够高效传播，往往还因其具备一定的稀缺性。稀缺性是多方面的，比如时效性，在一定的时间内，谣言会附带某种“过时不候”的时效稀缺，传播者也会以“刚刚听说”“马上就要”之类的字眼来强化这种时间上的稀缺。信息获得的难度和信源的稀缺，如“小道消息”“内幕消息”等也会促进传播加速。

4. 具备传染的价值

谣言的传播离不开群体中每一分子的自发推动，而个体推动谣言传播的主要动机，来自谣言具备的一定传染性，这种传染性的根源在于谣言能为信息的收发双方提供某种价值。

谣言的传染性首先是一种情绪上的传染，而非理性的说服和探讨。20世纪早期著名心理学家、策动心理学创建人威廉·麦独孤最早提出了情绪感染概念，认为情绪感染是“通过基本的共鸣反应而产生的对情绪的直接感应”。谣言的传染性对群体中的个人状态是一种催眠，是某种信息稀缺（真相在谣言中并不重要）与从众心理共同作用的产物，因为信息稀缺，理性的判断和分析就成为奢侈品，而每个人都想拥有融入集体的安全感，于是必然促成越来越多的个体加入这种群体性的传播，使谣言传播成为一种不用经过大脑思考的情绪化条件反射。

受众通过聚集发声与集中关注形成群体情感的爆发，在群体传播作用下再度围绕信息机制形成新的漩涡中心并进行匿名传播。[1] 按照马斯洛的8层次心理结构，群体的归属感能够带给个人心理上的安全感。对群体传播谣言，推进并协助这种传播本身就构成这种安全感——因为协助和推进、顺从意味着“我们是一回事，我是赞同你的”等心理态度。

谣言之所以会传染，细究其原因，乃是谣言的信息提供了两方面的价值。感性方面主要是对谣言的信息表现的心理趋同、情绪感染、心理暗示，具体为“我信任你”“我关怀你”“我认同你”等情绪的外化表现。在信息传递中，深层的驱动力并不是一定要获取知识和真相（不是每一个人都有穷究根本的责任和动力），而是想获得他人认可、嘲讽他人或者获得优越感等，这些潜在的感性考虑，都会成为传播谣言的动力。理性方面则主要基于现实的避险、取利等实际考虑，虽然这种实际考虑并非真正具备事实和理性

[1] 王芳，连芷萱. 公共危机情境下谣言真实度计算及其与正面信息交锋研究[J]. 图书与情报，2020(01).

基础，但是其思考-行动的逻辑则源自日常的“理性模式”。

五　谣言的应对

对谣言的应对如图7-4所示。

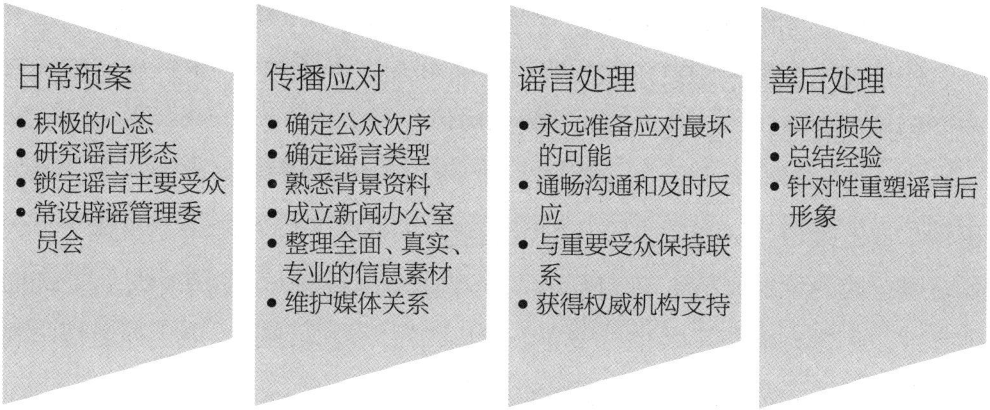

图7-4　谣言的应对

六　案例——拼多多：数字时代的 “病毒商业模式”

谣言传播学和大众心理学层面上的特点在传播策略的具体战术执行中常被冠以“病毒式营销”之名，也确实表现出其强悍、高效的社会流行制造和商业价值。以拼多多为例，其能够在淘宝、京东两大电商巨头的夹击之下崛起，正是精准抓住了如下几点。

1. “白牌”与“消费降级”下的人群心理

拼多多诞生之初的市场环境比较独特，在中国电商高速发展的十多年中，大量的低端产业链商家依靠打破信息壁垒、渠道层级和产业人口红利与各大电商平台一起高速成长，也随着竞争的加剧一度陷于包括价格战在内的各种形式的内卷，面临着平台正规化之后的品牌化之困。一方面是面对舆论和监管压力的平台，一方面是未能赶上规范化、品牌化转型的巨量商家，这些低端产业链商家因为利润日薄、营销推广费用增加和平台的限制，最终退出了主流电商平台。

这些被主流电商平台挤出的大量中小厂家主要经营所谓“山寨”或者“白牌”[1]商品，这些厂家通常已经拥有较为完善的产业链资源，甚至很多原本就是各大品牌的“代工”厂家。在这种市场情况下，2015年9月拼多多上线，虽然不能说拼多多的崛起是因为早就发现了这个被巨头放弃的市场群体，但客观上，淘宝和京东的战略调整确实为拼多多留下一批比较成熟的供应商和正在突围、寻找新平台的“白牌厂家”。

另一端是非常庞大的已触网却未养成网上购物习惯的低消费人群。据国家统计局的报告，2018年中国人均可支配收入4600元，排除一二线城市，人均可支配收入约2000元，还有相当大一部分人的消费水平处于中低端。而即便在北上广深，消费降级也一度是2018年的热门社会话题。庞大而亟待电商渗透的中低端消费群体正是拼多多的用户基础。

已经成熟的、庞大的“白牌厂家”供应方与蓄势待发的巨量“消费降级”人群，构成了巨大的心理动机，一方急需新的销售市场，一方寻找新的“物美价廉”商品，买卖双方的迫切心理需求和动机构成了拼多多崛起的条件，可以说没有拼多多，时代也会在那样的情形下造就“团多多”“聚多多”。

2. 免费——制造足够的情绪强度

电商运作战略中，低价是最为有效的手段。在已经成熟的电商平台，营销和流量费用非常高昂，甚至已占到商品价格的三成左右，而在拼多多，厂家可以免费上首页，代价就是商品价格要比淘宝低。不过，低价对产能空置的白牌厂家而言并不可怕——只要流量足够大，机器转起来总比闲置好。

可以说，免费上首页、免佣金等政策，对厂家具有足够强烈的情绪刺激度。在供应端做扎实的基础上，借助供应链厂家的规模化低价整合，呈现在消费端的就是一片惊人的“低价沃野”，拼多多迅速成长起来。

[1] 指一些依靠为大品牌贴牌、代工为生的小厂商生产的没有品牌的商品，白牌是相对品牌而言的。

3. 限时分享——制造稀缺

拼多多的信息传播流程中，鼓励分享非常突出：付款后可以一键分享到微信等社交平台，从下单到支付，再到最后离开拼单页面，每一个按钮都在提示、引导买家“分享”，在完成拼团之后，拼主还有机会获得拼主免单券，更是直接鼓励分享。

跳动着“仅剩×个名额”的拼团人数、刺激的钱币标签、分分秒秒减少的倒计时、硕大醒目的拼团按钮，无不制造着“转瞬即逝”的稀缺感，让大量“消费降级”人群丧失理性比价、询问、思考的动因，加入推动“拼团”的洪流中。在拼多多早期的分享连接中，这种人为制造的稀缺性，可谓随处可见。

4. 分享可砍价——提供“传染”的价值

和谣言的产生一样，信息的传播都是对关系越亲密的人形成的“传染性”越强，传播的效率也越高，因为关系本身就构成一种信息的“理性”背书，更是一种“情绪”压力——我们关系这么近，有什么好质疑的呢？

微信的社交属性，天然为拼多多的“病毒式”人际裂变提供了人脉分享的底层驱动力。除此之外，拼多多本身的商业模式设计也使信息具备“分享的价值”，除了对供应端商家的“免费”推广、上架和引流的吸引外，消费端的“免费”一样是拼多多的一大“杀器”，在其早期阶段，“邀请好友砍价，就能免费获得产品、佣金、消费金”的形式颇为常见，其实已经借势成熟微商的“多级分销”裂变模式，诞生了大量的拼多多砍价互助群。正是这种免费获得的“传染的价值”促进了拼多多的高速裂变，在巨量社交用户中构建起了一个可观的电商新平台，相关数据显示，在拼多多崛起最为关键而迅猛的2017年，其获客成本仅为每人11元，而彼时京东和阿里等电商巨头的获客成本已经高达每人200元。

第八章　声誉资本评估

一直到20世纪末，企业声誉管理一直被等同于公共关系管理，被视为一种公关和广告行业“换汤不换药”的盈利新名目。事实上，即使是当下，提起企业的声誉管理问题，很多人的第一反应仍然是危机公关、新闻通稿发布或媒体简报。但是，随着互联网技术和新型媒体传播手段的兴起，越来越多的企业已经认识到企业声誉对相关公众的巨大影响力。

第一节　声誉评估与评级现状

一　国际企业声誉指标

1. 誉商评估体系

丰布兰等美国学者提出声誉商数（Corporate Reputation Quotient，RQ）的指标体系，对企业过去行为和表现的指标进行了提炼，用来比较企业的声誉，在相对客观的指标构建前提下，首次实现了跨行业的企业声誉比较，其测评体系分为26个子项，如表8-1所示。声誉商数的排序测量方法相对完善，在测量过程中充分考虑了各类利益相关者的观点。声誉商数将企业的声誉用统一的指数来表达，可以使企业的声誉排名实现跨行业的比较，具有一定的科学性。

表8-1　声誉商数（RQ）测评指标

子项	子项	子项
感情吸引	拥有一个优秀的员工团队	值得努力工作的企业
期望和领导	提供物超所值的产品和服务	保证产品和服务的高质量
对企业充满敬意	财务绩效	工作状态及环境
优秀的领导群体	社会责任	提供产品和服务的立场
称赞企业	有较好的利润	管理有条不紊
具有明确的目标	热衷慈善事业	优于竞争对手的业绩
信任企业	投资风险小	不违背道德准则
准确识别并利用市场机会	注重保护环境	具有较好的发展趋势
产品和服务	不断提供创新的产品和服务	

声誉商数评估系统也存在一些不足，主要体现在以下几个方面。其一，评价主体局限在成熟的中大型企业层面，忽略了同样创造巨大社会效益和财富的个体和极具成长潜力的成长期企业；其二，评价的指标存在较大的主观性，选择不同的声誉评估人可能产生较大的偏差，无法有效屏蔽“幸存者偏差”带来的样本选择与主观误差；其三，声誉商数在各国的应用中也产生了各种不同的问题，主要集中于地缘文化差异对企业声誉的概念结构的影响上。

2.《财富》基准指标

美国《财富》杂志的基准指标包括吸引和留住高素质人才的能力、管理质量、对社区和环境所尽的社会责任、创新、产品和服务的质量、企业资产的最佳使用、财务表现、长期投资的价值等8项。

该声誉指标的调查通常采用电话和电子邮件的方式展开，调查对象一般是高级经理、外部董事、财务分析师等。被调查者要求提名行业领先企业，并对这些企业的各项指标从0（最差）~10（最优秀）打分，最后对8项指标进行算术平均，作为全面声誉指数（ORS）。

这种方法在客观性和调查样本的选择上也存在一些争议，比如学者Bromley批评这8个指标不够明确；Sobol等人指出该方法缺乏对企业声誉的明确定义；Fryxell和Wang认为该指标所测量的声誉结构缺乏理论基础。

3.《华尔街日报》的基准指标

美国《华尔街日报》的基准指标包括产品与服务、财务表现、工作场所环境、社会责任、愿景和领导力、情感吸引力等6项，并且在每项之下都有细化的内容。

该声誉评估的基准指标涵盖了员工、客户、社区、股东等利益相关者，并力图反映不同利益相关者的认知和态度以及表现企业声誉的特征。

4.《金融时报》及其他基准指标

英国《金融时报》的基准指标包括股东价值、社区责任、创新、企业治理、客户服务和最好的经营状况等6项。

国外还有以下企业声誉排名指导，在不同领域也具备一定的影响力，其测评指标和方法也值得关注。

财务时代（*Financial Times*）：全球（欧洲）最受尊敬企业（WMRC）

当代管理（*Management Today*）：英国最受欢迎企业

德国管理者杂志（*The German Manager Magazine*）：德国最受欢迎企业

商业世界（*Business World*）：印度最受尊敬企业（MRCI）

Burson—Marsteller：最优企业声誉

企业商标 LGL：企业商标指数

亚洲商业（*Asian Business*）：亚洲最受尊敬企业

美国道琼斯可持续发展指数（Dow Jones Sustainability Index）

澳大利亚：社会声誉指数

5. 国际信用评级

标准普尔、穆迪、惠誉国际——国际上这三家信用评级企业在全球的影响力非同一般。

（1）标准普尔。1975年，美国证券交易委员会SEC认可标准普尔为“认定的评级组织”。

（2）穆迪。总部位于纽约，John Moody于1900年创立，1909年首创对铁路债券进行信用评级，1913年开始对公用事业和工业债券进行信用评级。1975年美国证券交易委员会SEC认可穆迪企业、标准普尔、惠誉国际为“全国认定的评级组织”。

（3）惠誉国际。业务范围包括金融机构、企业、国家、地方政府和结构融资评级，其评级结果得到各国监管机构和债券投资者的认可。惠誉国际的金融机构评级业务量在全球首屈一指。

三家评级机构各有侧重，标准普尔侧重企业评级，穆迪侧重机构融资，惠誉侧重金融机构的评级。

二　中国声誉评估的实践

1.基本情况

社会学家早已做出论述：企业声誉是社会层级化的一种依据[1]，而评级系统则是对企业这一社会公民角色的具体化层级的评定。在信息不完全的交易过程中，除了正规约束，比如法律制度、证监会等强制手段保证外，对声誉信息的评估也是极为必要的，严格来讲，无论是政府部门的信用查询、公示服务，还是社会组织进行的信用评级和声誉排行，乃至律师事务所、会计师事务所、审计事务所进行的专项调查，都是声誉资产的评估行为。

信用评级机构是信用管理行业中的重要中介机构，它在经营中要遵循真实性、一致性、独立性、稳健性的基本原则，向资本市场上的授信机构和投

[1]　Fombrun C J，Zajac E J. Structural and Perceptual Influences on Intra-industry Stratification［J］. Academy of Management Journal，1987（30）：33-50.

资者提供各种基本信息，履行信用评定的职能。评级机构通常会组织专业力量搜集、整理、分析并提供各种经济实体的财务及资信状况、储备企业或个人资信方面的信息，比如恶性债务记录、破产诉讼记录、不履行义务记录、不执行法院判决的记录，等等。

这种信用评级行为逐渐促成了对经济实体及个人的信用约束与监督机制的形成，中国信用评级行业诞生于20世纪80年代末，是中国市场经济发展的产物。国内最初的评级机构由中国人民银行组建，隶属于各省市的分行系统。20世纪90年代以后，经过几次清理整顿，评级机构开始走向独立运营。1997年，人民银行认定了9家评级企业在全国范围内从事企业债券评级的资质。

经过二十多年的发展和市场洗礼，目前比较有代表性的全国性评级机构有大公、中诚信、联合、上海新世纪、东方金诚、上海远东等6家。

2. 不同领域的排行榜

国内目前对声誉资本的评估，除信用维度的评估外，还有一些不同领域的排行榜。

伴随着市场经济的发展，企业形象的重要性逐步凸现，面对跨国企业直接的竞争，面对开放的全球市场，只有具备良好企业形象并受到尊敬的企业才能在激烈的市场竞争中占据一席之地。各类财经媒体龙争虎斗，纷纷推出自己的企业排行榜。

大量专业机构在企业排行活动中成为媒体的幕后支持，相关统计数字和研究报告正在成为杂志媒体的主要内容，越来越多的杂志接二连三地推出各类企业排行榜，这些排名活动都有专业机构提供技术支持，每年定期向外发布评选结果。比较有影响力的有《上市公司》50强评选、最具发展力上市企业50强评选、胡润百富排行榜、《经济观察报》与北京大学企业管理案例研究中心联合举办的“中国最受尊敬的企业”评选、《经理人》通过“企业声誉（中国）调查报告”和“中国最佳运营绩效50强”的调查等。

3. 国内实用声誉信息查询平台

除上述企业声誉、信用评估机构和平台外，有面向普通组织乃至个人的信用查询平台也能查询目标声誉主体的声誉情况，善用这些平台，也可以在很大程度上避免一些不必要的风险。比如中国人民银行征信中心、信用中国、国家企业信息信用公示系统、中国裁判文书网等。另外，启信宝、企查查、天眼查等APP和软件通过数据挖掘技术全面、清晰地展现企业脉络关系和信息，在很大程度上提高检索、查询效率，也是值得推荐的选择。

需要注意的是，无论是国家机构还是企业开发的信用声誉查询平台，仅是声誉评估过程中的前置性辅助手段，尤其是以整合信用信息提供付费查询的营利性企业平台，不能绝对保证信息的全面性和客观性。

三　构建声誉评估系统

任何评估测量体系都不可避免存在片面性和局限性，声誉评估体系作为糅合了多个学科的体系，应该从以下5个方面进一步构建完善。

1. 扩大声誉资本主体类型

当下，声誉管理的对象依然以企业这种商业组织为主，在实际应用中，许多社会影响巨大、创造巨量财富的个人的声誉管理仍然存在巨大漏洞；非营利机构的声誉也应纳入声誉管理的范畴，声誉破产的非营利组织或行业协会显然是无法在社会运营中立足的。将声誉的主体扩大到所有涉及声誉问题、声誉资本的机构和个人并研究其运行规律才是有意义的，也是声誉管理作为一门独立学科能够立足的根本。

2. 受众群体再定义

声誉的受众需要进一步扩大，事实上，只要是对声誉主体的声誉信息做出情感反应的信息受众均应纳入声誉受众范畴进行研究，因为这些尚未与声誉主体发生直接关系的受众的态度在某种程度上会对直接受众产生群体压力

（从众心理）。对受众群体的研究涉及多种变量，包括群体的社会统计特征、人文特征、群体之间的关系等都是声誉资本的重要构成因素。

3. 摆脱过度依赖商业指标的倾向

声誉资本的研究不应只局限在商业领域，社会活动领域、NGO组织也需要构建、评估其声誉资本，这些组织也很清楚声誉是一种不可忽视的驱动力。具体到传播学的角度看，这些社会组织与商业组织的声誉资本构建规律并无本质不同。

4. 充分衡量背景因子

现有的声誉考评和量化指标，较少对企业的背景因子的涉及，“背景”拥有着丰富的含义，甚至是中国文化中“不可言说”的某种文化因子，事实上，无论中外，这都是一个企业必不可少的声誉影响力构成部分。在本书中，我们将之部分归于“先赋”因子。

5. 成长价值的构成评估

成长价值或者受众对企业的价值预期很多时候对企业的声誉也有着不可低估的影响力，不同行业都有对未来价值评估的不同标准。在本书中，我们将之部分归于“预期”因子

总之，要想完善中国企业声誉和信用测量的指标体系，除了借鉴国外成熟的研究成果外，还需要发现更贴近中国本土文化的企业声誉影响因子。

第二节　基于5因子的声誉资本测量

资本可以视作人们投入的资源、成本或付出的代价，资源是没有进入生产系统的资本，可以说，资本是进行生产并追求回报的资源。声誉之所以可以成为一种资本，正是在于这种资源与资本的转化和投入产出的可管理特性。

一　声誉资本因子分析的必要性

声誉资本的测量需要建立在客观、公正、全面的测量技术基础上，需要采用经过验证的、可靠的测量方法获取准确、真实的结果。这种准确和真实的声誉呈现有以下3方面的必要性。

1. 有利于企业声誉资本建设

建立系统的声誉资本理论，从不同的因子角度解构企业的声誉构成，有利于企业全面了解自身的声誉现状，准确掌握声誉构成中的优势和不足，更好地完善声誉的缺陷，监控、预测、规避和应对声誉风险，更好地应对市场竞争，保障企业的稳健发展，更好地创造社会财富，为社会和股东创造价值。

2. 有利于市场环境改善

建立完善的声誉资本体系，从不同的因子角度解构声誉构成，有利于营造更为合理、健康的市场环境。企业的发展离不开资本市场的健康环境，资本的流动需要客观、公正的价值评估与交易环境。当下商业领域对物质资本和人力资本均已经有相对完善的价值评估和交易规则与系统，但是，社会资本作为一种重要的资本形态，对其的评估与交易在业内还存在不小的争议，会计学对无形资产的评估无疑不能涵盖全部社会资本，也给企业价值的评估与交易造成了许多困惑和争议。

随着互联网经济的高速发展，中国的资本市场也得到了更大的，甚至是跨越式的发展，虽然证券市场对企业的评估已经有了规范、全面的价值测定系统，但是不可否认，资本对新创企业、团队乃至某个具体的人的投资很多时候还过于依赖投资人的主观判断，尤其是“天使轮”等前期投资，更多依靠个人的主观经验，这种基于经验和商榷获知的价值判断，存在着巨大的风险，一方面造成了“一张餐巾纸式融资计划”的浮躁心态，另一方面也埋藏着“站在资本的风口上，猪都能飞上天”的巨大资本风险。

在承认声誉资本的驱动力和价值的前提下，需要客观对待声誉资本的多学科交叉特性，以及这种交叉性带来的风险、争议乃至非议，所以需要一套相对全面、客观的指标量化这一资本的形态，促进交易的科学性，提高交易效率，降低交易风险，为营造更好的经济和文化生态做出探索。

3. 有利于探寻更有效的商业模式

建立完善的声誉资本体系，从不同的因子角度解构声誉构成，有利于更好地促进现代商业文明与人本主义的融合，为商业文明增加一些人文关怀的色彩。现代商业文明的重要基础大航海时代以来建立的资本主义文明，整个世界的商业体系也是据此基础运行的，虽然很多企业家、经济学家和各个领域的学者在社会文化方面做出了不同程度的反思和探索，也取得了许多成果，但是经济发展与人类文明的进步本身有一个螺旋式上升的过程，这个探索的过程必然伴随着幽明间隔、此消彼长，从声誉这一群体性的制衡力量出发，能为商业植入人文的基因。

综上所述，建立系统的声誉资本理论，从不同的因子角度对声誉进行建设、完善和评估，是以实用为出发点，以技术为器具，以人文为发心，也是符合商业“取势、明道、优术”[1]的价值观。

二　声誉资本的测量5因子

声誉资本的测量在技术前提下，需要纳入声誉资本的所有构成因素，也即需要将产生声誉资本这一社会资本驱动力的所有因素考虑进去，这些因素不应因为企业的规模和项目的体量有所差异，应该具备普适性、公正性和客观性。声誉资本的测量和评估通常基于以下5个因子。

---

[1]　来自长江商学院校训。

1. 先赋因子

维度	评价指标
核心团队	专业背景（教育背景、商业背景、从业履历）
	伦理背景（征信、履历、品德、习性）
	股东方背景（国有、民营、外资等）
国家／民族文化背景	国别／地理产地
	民族情感／特色
	与目标市场的历史契合度
	目标市场的当下状态
	目标市场的前景预估
职能先赋	技术传承
	物质资本传承（资金与设备等）
	独有的技术传承点（KUS）
	人力资本传承（团队与市场承接）
	社会资本传承（产业链、相关方等社会网络资源）
	与目标受众群体的契合度
文化先赋	使命（目的与义务）
	愿景
	价值观
	与目标受众群体的契合度
	社会职能定位
	历史积淀

2. 受众因子

维度	评价指标
受众数量	各级受众数量
受众质量	各群体传播类型占比
	相似度
	亲近度
	互动频次
	群体相关方态度占比
受众组织形式	离散
	单一中心
	多中心
	去中心

续表

维度	评价指标
共生群体	协作群体
	寄生群体
	强关系群体
竞争群体	弱竞争集群
	强竞争集群
	敌视集群

3. 历史评价因子

维度	评价指标
文化伦理评价	文化伦理社会活动频次
	文化伦理活动契合度
口碑声量	曝光指数
	到达率
	记忆率
评价传播形式	零再传
	单次传播
	多次传播
	病毒式传播
	传奇与崇拜
职能评价	完成度（财务指标等）
	需求弹性系数
	职能稀缺性
	竞争可替代性

4. 预期因子

维度	评价指标
职能回报	职能增长可能性
	职能回报率
伦理回报	养成心理带来的情感满足与投射
	禀赋效应的影响程度
	群体内部活动交流认同

续表

维度	评价指标
回报量	回报概率
	兑现次数
	兑现满足度
投入产出判断	ROI>1
	ROI<1
	ROI=1
重大预期事件	重大预期风险
	重大预期利好

5. 贡献意愿因子

维度	评价指标	细则
贡献能力	资本能力	物质资本量
		技能程度
	社会资源能力	社会网络
		传播能力
驱动引擎	撬动条件	—
	逆转条件	—
	维持条件	—

第三节　声誉资本的测量方法

声誉资本的测量需要建立在客观、公正、全面的测量技术基础上，唯有采用经过验证的、公正的、可靠的测量方法才能获取准确、真实的结果。

一　信度分析

信度即可靠性，指采用同样的方法对同一对象重复测量时所得结果的一致性程度。作为一种“衡量正确性或精确性的方法”[1]，信度包括稳定性及一致性，学者Kerlinger认为信度可以衡量出工具（问卷）的可靠度、一致性与稳定性。信度分析共有4种方法。

（1）再测法（Retest Method）：使用同一份问卷，对同一群受测者，在不同的时间，前后测试两次，求出这两次分数的相关系数，此系数又称稳定系数（Coefficient of Stability）。

（2）复本相关法（Equivalent-Forms Method）：复本是内容相似、难易度相当的两类测验，对同一群受测者，第一次用甲类测验，第二次用乙类测验，两类测验分数的相关系数为复本系数（Coefficient of Forms）或等值系数（Coefficient of Equivalence）。

（3）折半法（Split Half Method）：与复本相关法类似，折半法是在同一时间施测，最好能对每一半问题的内容性质、难易度加以考虑，使两半的问题尽可能有一致性。

（4）柯能毕曲α系数（Cronbach α）：为目前社会科学研究最常使用的信度，在实际的运用中，也可以采用柯能毕曲α系数来测量每一个变量中各题项是否测量相似或相同的特性。

二　效度分析

效度（validity）即有效性，指测量工具或手段能够准确测出所需测量的事物的程度。效度分析有多种方法，其测量结果反映效度的不同方面。

（1）单项与总和相关效度分析：用于测量量表的内容效度，对内容效度常采用逻辑分析与统计分析相结合的方法进行评价。逻辑分析一般由研究者或专家评判题项是否“看上去”符合测量的目的和要求。统计分析主要采用

[1] 马庆国. 管理统计［M］. 北京：科学出版社，2002.

单项与总和相关分析法获得评价结果，即计算每个题项得分与题项总分的相关系数，根据相关是否显著判断是否有效。若量表中有反意题项，应将其逆向处理后再计算总分。

（2）准则效度分析：准则效度又称效标效度或预测效度，准则效度分析是根据已经得到确定的某种理论，选择一种指标或测量工具作为准则（效标），分析问卷题项与准则的联系，二者相关显著，或者问卷题项对准则的不同取值、特性表现出显著差异，则为有效的题项。

（3）结构效度分析：结构效度指测量结果体现出来的某种结构与测值之间的对应程度，有的学者认为，效度分析最理想的方法是利用因子分析测量量表或整个问卷的结构效度。

三　相关分析

相关分析是研究现象之间是否存在某种依存关系，并对有具体依存关系的现象探讨其相关方向以及相关程度，是研究随机变量之间关系的一种统计方法。

四　回归分析

相关分析能够说明各因素之间的关系和关系的紧密度，回归分析能够说明因素间关系是否存在因果关系，也是分析声誉资本各因子因果关系的重要工具之一。

五　SPSS统计分析工具

SPSS（Statistical Product and Service Solutions）即统计产品与服务解决方案，是IBM公司推出的一系列用于统计学分析运算、数据挖掘、预测分析和决策支持的软件产品及相关服务的总称。SPSS也是对企业和部分公众人士进行声誉因子数据分析中常用的工具软件。

六 结构方程分析

在社会、心理、经济、管理等研究的数据分析中，结构方程分析法是一种比较成熟的分析统计工具。结构方程在产生模型（Model Generation，MG）上具有其他统计方法所没有的优点。结构方程模型分析法分为两个阶段：测量方程阶段和结构方程阶段。测量方程阶段是通过验证性因子分析检定变量与因子（即潜变量）之间的关系，结构方程阶段是检定因子间的关系。在实际的企业声誉测量和管理实践中，企业设计检验传播模型和假设时，也会选择结构方程模型分析法，我们通常使用的软件是LISREL系统。

第三部分 声誉管理前沿与展望

第九章　声誉的舆论与情报

第一节　舆论与情报系统

人们通常所说的“舆情系统”应该包括“大众舆论”与“相关方情报”。如果将商业竞争比作一场大型战争，目标在于争夺有限的顾客认知，公关和广告等营销相当于炮火和军队的战术，那么争取有限的受众资源，就需要精准的数据情报。企业的决策者必须清楚地知道敌我的弱点和强项才能有效利用资源，掌握战争的主动权，否则很容易陷入资本层面的消耗战——谁的资源先耗尽，谁先退出战场。从信息经济学的角度出发，同样条件下，掌握尽可能多的情报数据，构建充分的信息差，会极大提高竞争中获胜的概率，降低获胜的成本投入。进入21世纪，随着信息经济学的发展，声誉问题也越来越引起商界的重视，对声誉数据情报分析关注的企业和社会组织正在逐年增加。

舆论和情报技术在现实中应用最广为人知的事件之一是Facebook在2016年美国总统大选中起到的极具争议性的作用。2018年3月17日《卫报》报道，一家名为剑桥分析（Cambridge Analytica）的数据企业窃取了5000万Facebook用户资料，依托数据模型和聚合版本，根据每个用户的日常喜好、性格特点、教育水平，预测他们的政治倾向，进行新闻的精准推送，发挥“洗脑”作用，间接促成了特朗普的当选。在那场美国人无法完全躲开的巨大风波中，“一只隐形的手操纵了美国人的心理”[1]。

显而易见，商业竞争中，一旦得到充分的重视和应用，这种基于传播学、社会学和大众心理学等现代工具性学科的舆论与情报系统，作为一种战略工具，给对手带来的影响用“降维打击”来形容也不为过。

考虑到数字化信息发展的现状，声誉受众群体往往表现出多元、封闭等特点，如心理学家托马斯·布拉斯论述：“他们正在利用社交网络形成规模更小、更为复杂的兴趣化群体。而且，正因为这些群体是以各自不同的兴趣爱好为基础建立起来的，所以它们非常封闭，极端排斥外来者，对这些群体的成员来说，它们根本不需要传统的大众营销模式……在这些群体中只有信任度才能决定一切。”声誉资本建设的过程面临的必然是不断变化的受众群体和信息环境，这就意味着我们需要随时监控声誉的动态变化。建立声誉监控的情报系统，是应对声誉环境风险和变化的重要手段。

声誉情报系统的建设应该包括以下几点。

（1）系统训练和激励内部人员发现和搜集舆论情报。

（2）相关方情报汇报、搜集系统。

（3）对环境噪声，包括竞争关联方的态度检测。

（4）独立第三方的评估和搜集，包括对专业情报机构的咨询。

（5）留置部分受众群体样本进行检测，并定期对样本进行更新。

大数据时代网络舆情监控方面出现了很多优秀的软件和系统技术，利用最新的检索技术，往往可以轻松跟踪几乎所有个体、网络媒体和社群的信息流，精准获知公众的态度波动和心理表现。在各大公关咨询企业中流行的舆情监测软硬件系统是很好的舆情处理分析工具，可以极大化分担以上工作，

---

[1] 赵鹏菲．探究与反思美国虚假新闻广泛传播的原因——以2016美国大选Facebook虚假新闻事件为例［J］．新闻研究导刊，2017，8（11）：198-199.

但是，专业情报人员的培训仍然是必要的。情报系统所针对的方向是对整个声誉主体传播环境的及时认知和反馈，是确保声誉主体的声誉资本稳定有效积累的必要保障。

第二节　网络舆论与情报的监测

全媒体时代的传播机制不同以往，尤其是自媒体异军突起，使信息来源和传播路径发生了巨大的变化。毫无疑问，媒体和公众对企业的监督和质疑是必要的，但也有些遵纪守法的企业会因为局部问题、工作失误和恶性竞争在舆情中受到批评、抨击，从而酿成危机。为保证企业已建立的声誉不出现较大的下降，企业应该将网络舆情纳入企业危机管理工作之中。同时，企业需要与利益相关者建立和保持畅通和有效的沟通，以便其意见可以通过正式的沟通渠道及时地传递到企业高层和有关部门。这些传播渠道也有助于企业及时了解和处理特殊个案，尤其是遇到危机时可以了解事态的最新发展以及各方的态度，并做出快速反应。

一　舆情机制的变化

与传统媒体单向传播信息的模式不同，网络用户不再像报纸读者、电台听众和电视台观众那样只是媒体编辑信息的接收者，而是可以自由表达意见，乃至形成某种意见气候。“在传统媒体时代，主流媒体的声誉监测来自读者来信、来电以及其他媒体对新闻报道的感受和看法，传播影响有限，这是媒体声誉监测的1.0版本。新媒体时代，活跃的社交平台如新浪微博、知乎、贴吧是受众反馈的集聚地，通过关键词搜索，主流媒体掌握部分声誉监测的信息，这是声誉监测的2.0版本。融媒时代，主流媒体建立了内容生产和产品设计、传播、分发渠道等全流程全要素的融合转型升级模式，出现了传统产品与新媒体产品传播效果不同，话题热度不同，甚至舆情演化路径的差异，媒体声誉监测迎来新的挑战，即声誉监测3.0版本。”[1]

近年来，网上舆情经常引发传统媒体的跟踪报道和评论，新老媒体交互作用，形成舆论沸点，“杀伤力”很大，更容易给企业的声誉带来极大影响。一般而言，网络舆论的生成发酵机制遵循一定的规律，影响巨大的舆论乃至群众行动通常需要三个要素：某个公开的特殊事件、事件的情绪化传播、公众的某一既定声誉认知。这也是声誉管理过程中需要注意的。

二　网络舆情的特征

1. 范围广、速度快、影响大

网络传播具有传播范围广、速度快、影响大的特点。具有强影响力的公共事件一旦发生，网民就会很快将自己所看到的信息保存下来，然后通过即时通信工具传播出去。在网络世界中，传者与受者的身份比较模糊，这种特点就造成了网络传播的传受同时性，加速了网络传播，在官方消息不确切的情况下，更容易促使网民传播自己的揣测。

2. 易变性和不稳定性

李普曼在《舆论》中指出，舆论的形成过程主要经过了“在现实政治世界的基础上，政治家或煽动家的巧妙的符号操作和宣传活动下，大众传媒通过定型的政治印象制造模拟环境，并形成大众定型的心理认知，再形成意志”的几个环节。而舆情作为公共情绪，既有感情又有思想，具有很强的易变性和不稳定性。

---

[1]　代羽，袁婕，罗兴. 声誉监测：主流媒体不容忽视［EB/OL］. [2019-9-3]. http://media.people.com.cn/n1/2019/0903/c40606-31334239.html.

近年来，传统主流媒体融合转型进入深水区，以智能化、一体化、生态化等为特点的智慧媒体雏形越发明晰，在媒体形态创新、生产流程再造的过程中，媒体原有声誉、品牌优势如何在新媒体平台得到继承和发扬，是转型成败的关键。智媒时代，主流媒体以贴近受众为出发点，充分运用大数据智能精准推送，推动优质内容生产，打造智能化传播平台，对大数据理念的引入、智能技术的运用也使得转型过程中的声誉监测可以而且容易实现量化。因此，媒体声誉的变化可以作为媒体转型效果评估的关键指标，声誉监测的量化结果对转型过程中的战略决策有着重要参考价值。

3. 多节点、去中心化

随着自媒体的发展壮大，一些热点事件的传播呈现出多节点、去中心化特点。由于关键信息的缺失或发布者对信息的主观筛选，造成舆情反转波动的情况不时出现，引发或加重民众焦虑情绪，造成不必要的负面影响，一定程度上危害了新闻的客观性原则，损害了媒体行业的公信力与权威性。

三　监测的内容

1. 信息监测

通常情况下，在线声誉监测需要关注以下几类信息。

（1）名称，包括全称、简称、昵称、绰号、网络惯称、中文或者英文企业/商标的名称等。

（2）品牌、机构建筑物、吉祥物等与受众产生直接关联的、可被感知的、代表声誉主体的图片、字符、形象等。

（3）关键人员名单，如果是企业，即所有可能处于公众舆论场中的人员名单，除了CEO、创始人外，还应包括核心员工、特殊或重要的岗位人员、重要的元老及其他与声誉主体有重要关联的人员。

（4）行业关键词，重要作用是及时获知行业情报，洞察业界变化。

（5）竞争对手，可以提供重要的动向情报，也可以充分认知竞争对手核心受众的反应，为制订竞争策略提供重要依据。

舆情监控系统中人工智能无法完全取代人工识别和甄选，因为在线上社群的谈论中，信息的字面意义也总是处于变化之中，这种变化又植根于社会文化环境，糅合了受众的个体情绪。甚至有些极端情况下，作为声誉受众的社群成员为了避免被监控，会采用一定的技术手段进行加密，这都是舆情系统中不得不考虑的问题。

2. 情感检测

在线社交应用如微信、Facebook等应用日益流行，海量用户通过这些平台就广泛的主题分享信息、交换意见，为企业、政府及社会学者提供了丰富的数据资源。从海量碎片化的信息中提取和分析用户的观点、态度和情感对组织决策都有重要的意义和作用。

情感分析也可以被定义为通过自然语言处理技术（Natural Language Processing，NLP）从文本、演讲、微博等数据源中自动挖掘态度、观点、意见和情绪的过程。文本情感分析就是分析一段文字的情感倾向，是舆情监控的基础工作，用途广泛。对数字舆情监控和搜集的一个重要方面是网络受众的情感洞察——只要网民输出信息，则这种情感流露是完全可以被检测的，哪怕不输入任何信息，个体的浏览习惯，比如在某个信息上的停留时间、翻阅深度本身也构成一种态度。2018年以来风靡的抖音、快手，乃至2020年腾讯集团开始测试的视频号，其算法的基本逻辑也是以这种情感、兴趣、社交圈层为基础。舆情分析中的情感语义检测，则根据输出内容的情感色彩进行受众情绪感知——基于互联网上发布的内容，辨识人们对某事物的感情或者感觉，例如某个产品、企业、地点、受众的社会统计特征等。

这种分析方式有助于察觉人们对一个事物的看法，从海量语句中，提取识别观点语句，定性语义正负倾向，提取主要观点，挖掘敏感言论，为声誉主体的舆情健康度做出评估。

3. 情报搜集与预测

舆情系统的作用除了舆论检测，另一个重要的作用就是情报搜集，无论舆情检测还是情报搜集，最终的指向都是最大程度降低未来的不确定性，也即对组织和个体行为和态度的预测。

据统计，在全球78.3亿人口中，手机（更准确地说，基本所有的手机都已经成为一个移动互联网终端）的各类使用者已经超过了52.2亿，传统意义上的互联网用户也达到46.6亿，全人类互联网的普及率已经逼近60%。与传统互联网相比，今天的互联网无论是内容生产、信息传播，还是社交连接、关系重塑，都深深地沉浸在了算法的世界里，在大数据、人工智能等新技术的加持下，个体的任何行为在一定意义上已经实现可追溯和预测。英国学者阿里尔·扎拉奇等在畅销书《算法的陷阱：超级平台、算法垄断与场景欺骗》中冷静地呈现了这一事实："真实的世界与线上的虚拟环境正在发生融合。从出生到死亡，数字化的个人信息将记录下我们成长的脚印与生活的痕迹。"

随着数字媒体和设备对人类生活的渗透，庞大的用户群体每天通过各类数字设备生产大量信息内容，信息生产行为和信息本身都以标签化、数据化的方式被捕获。与此同时，数十亿网民的点击、浏览、互动等行为，也被以结构化数据的方式存储、利用。海量数据碰撞之后，人和人、人和物、人和信息的关系不再模糊，通过自学习算法（Self-Learning Algorithm）等方式，用户和生产者的数据画像已经形成，预测需求和行为已经成为可能。

在声誉管理的过程中，只要情报数据足够大，以数据和算法为基础，经过大量人工测试、训练的智能程序可以使对个体和组织的预测无限接近于未来的真实，而基于未来真实图景进行的定向信息"投喂"、进而对声誉实现"定制式的人设构建"，无疑是不可忽视的。

舆情分析作为一种数据挖掘的方式，可以用于采集竞争对手的竞争优势，例如企业可以跟踪社交媒体的情感倾向和社交媒体对竞争对手的情感倾向，了解消费者对竞争品牌的印象及对其产品的情感倾向。此外，不同舆情标签构成的数据矩阵，其指数和结果还可以作为变量应用到其他数据挖掘项目上，进而获得更具价值的情报，及时为企业发展提供决策参考。在为企业提供的情报服务中，也可以锁定信源，对信源数据进行词频、情感、数据波动等多维分析，以便给决策提供更多的预判依据。这也是在声誉管理系统中，情报与舆论必须相辅相成、缺一不可的重要原因。

四　舆情系统的缺陷

数据情报的采集会受到以下因素的影响而出现偏差，这是在舆情研判中必须重视的。

（1）平台的相对封闭性：不同的数据平台，会对不同的软件系统给予不同的开放程度，软件系统获取权限也不同。

（2）受众的活跃习惯：不同的受众，其公众意见表达的通道和平台也是不同的，比如同为UGC平台，知乎、B站的用户构成差异颇大；同为短视频平台，抖音与快手的用户构成也迥异；即便忽略地域和政策差异，Google与百度的搜索使用人群也大相径庭。

（3）舆情软件系统的技术特点：不同舆情软件系统会对舆情数据的抓取逻辑和研判构成影响。

（4）专业分析人员的重要性：在目前的数据技术条件和传播环境下，舆情监控系统还不能完全取代人工的舆论与情报收集和甄选系统，一方面是数字舆情中，许多信息和情绪的呈现还有缺陷，需要经验丰富的舆情研究人员进行把关和研判；另一方面，数字舆情仅是舆情的一个方面，直到今天，还有不少传统媒体和权威媒体独立于数字舆情之外，对这部分舆情需要更为缜密的舆情线下网络和敏锐的分析、统计人员。

总之，线上和线下，各种舆情工具都有其优点，也有一定的盲点，声誉资本的建设需要构建平衡而完善的舆论情报系统，这是声誉管理过程中不得不重视的问题。

第三节　声誉调查和效果分析

一　调查人员的专业水平

声誉管理要求调查人员必须具备一定专业水平，对企业所所属的行业应有较深入的了解，这样才有可能全面对影响企业声誉的各种因素和风险进行分析，并准确地判断企业传播的机会和构想企业需传播的信息。

二　正规调查方法

1. 李克特5级量表（Likert Scale）

该量表由一组陈述组成，每一陈述有“非常同意”“同意”“不一定”“不同意”“非常不同意”5个回答选项，分别记为5分、4分、3分、2分、1分，每个被调查者的态度总分就是其对各道题目回答所得分数的加总，这一总分可说明其态度强弱或其在这一量表上的不同状态。

2. 访谈法

指访员通过和受访人面对面地交谈来了解受访人心理和行为的基本研究方法。因研究问题的性质、目的或对象的不同，访谈法有不同的形式。根据访谈进程的标准化程度，分为结构型访谈和非结构型访谈。访谈法运用面广，能够简单有效地收集多方面的工作分析资料。

3. 观察法

指根据一定的声誉因子设计，由测量人员通过感官和辅助工具直接观察声誉受众从而获得资料的研究方法。科学的观察具有目的性、计划性、系统性和可重复性的特点。观察者一般通过眼睛、耳朵等感觉器官去感知观察对象，但由于人的感觉器官具有一定的局限性，因而往往要借助各种现代化的仪器和手段如照相机、录音机等来辅助观察。

4. 实验法

传播学中的实验法源自实验心理学，一般分为控制实验法和自然实验法两种。控制实验法指研究在室内进行，而且在研究进行时对某些实验因素加以人为控制的实验方法。自然实验法指在社会环境中自然进行的实验方法。

传播学的实验研究始于20世纪20年代末。1927年至1932年，佩恩基金会的“电影对青少年的影响”研究可以说是传播实验研究的雏形。20世纪40年代，格式塔心理学者卢因在研究小团体的人际关系时，用自然实验法对团体内的传播活动进行了观测。第二次世界大战前后，心理学家霍夫兰使用控制实验法进行的说服和态度改变研究使传播学实验研究达到一个高峰，一些重要的传播学理论在实验中得到证实，实验法由此成为传播学的主流研究方法。实验法也是声誉测量中常用的一种定性研究方法。

5. 灰度发布

灰度发布（又名金丝雀发布）指在黑与白之间能够平滑过渡的一种发布方式。在其上可以进行A／B测试，即让一部分用户继续用产品特性A，一部分用户开始用产品特性B，如果用户对B没有什么反对意见，那么逐步扩大范围，把所有用户都迁移到B。灰度发布可以保证整体系统的稳定，在初始灰度的时候就可以发现、调整问题，以控制其影响度。

很多新项目的测试过程中，会先让小部分用户成为种子用户，根据反馈，开发者会不断扩大用户群，直到新品全面覆盖所有用户。这种循序渐进的新品推出方式，可以及时根据市场反馈调整产品，也是进行声誉标签测试中常用到的方法之一。

在互联网产品的发布过程中也较多采用此种发布方式：产品的发布过程不是一蹴而就，而是逐步扩大用户的范围，“企业内部用户→忠诚度较高的种子用户→更大范围的活跃用户→所有用户”，在此过程中，产品团队可根据用户的反馈及时完善产品相关功能。

声誉资本各因子的调查也可采用灰度测试的方式进行。

三　非正规调查方法

1. 二手资料收集

可以从政府部门、媒体、研究机构、调查机构和咨询机构发表的政策法规、分析文章和报告中发现利益相关者的需求、普遍存在的问题和看法。

在搜集资料时，首先要筛选出能够全面获取相关信息的主要来源，然后长期对这些信息来源进行跟踪调查。如果需要，可以从一些专业机构购买资料。

2. 内容分析

声誉管理的内容分析主要包括两个层次。

第一个层次，从总体上对企业声誉状况进行调查。基于有关报道的角度和内容，分析出哪些是“正面”的报道，哪些是“负面”的报道。在某个时间段内，负面报道的数量超过正面报道的数量或负面报道大量增加，即表明声誉出现了问题。

第二个层次，以每个基准指标衡量声誉建立和维护的效果。将基准指标视为报道角度并定期统计每个基准指标下媒体报道的数量，一旦发现某个基准指标缺乏媒体的报道，应适当做出调整。

3. 实地调查

在对每个利益相关者群体进行实地调查时，如果群体成员数量较小，可以采取全员调查的方法，例如对拥有约1000名员工的企业进行一项员工满意度的调查；如果群体成员数量较大，就要采用抽样调查的方法。抽样调查的方法包括简单随机抽样、系统抽样、分层抽样和多级抽样。具体采取哪种方式，取决于利益相关者的具体情况、需要何种信息、调查的经费等因素。

实地调查的问卷主要涵盖四个部分：利益相关者的基本信息；关键信息的认知情况；利益相关者对企业声誉状况的评价；与竞争对手的比较。在对员工进行调查时，还要了解其对企业政策等方面的认同情况。

4. 个人面谈

通过管理人员与员工的面谈、客户服务中心的工作人员和消费者在电话中的沟通，通过定期与股东单位高层的会面，以及与社区有关部门负责人的谈话都可以获取信息和反馈。

5. 征求有影响人物的意见

有影响人物包括公信力高和有影响力的政府官员、学者、主编、记者、社会活动家等。由于他们具有前瞻性眼光，其意见代表了一部分利益相关者的看法，与之进行深度谈话将有助于预先发现声誉上存在的重大问题。

6. 专题小组讨论

在仔细审查候选人资格后，从某个关键利益相关者群体中选出6~12人组成专题小组，还要委派一位有能力的会议主持人清晰地介绍调查的背景、目的和内容，准确解答小组成员的问题，并有效地控制会议的议程和争论。

通过专题小组会议，可以达到两个目的：一是测试正式调查问题单的可行性；二是补充和修改正式调查的内容。

需要切记的一点是，专题小组的讨论结果不能代替对某个利益相关者群体的调查结果。

7. 咨询委员会和董事会

邀请外部资深专家组成企业的咨询委员会，其较为客观的建议可以成为声誉调查的参考内容。从董事会会议和董事处了解看法也是声誉调查的一个部分。

8. 咨询高管

声誉管理的主管需要从风险管理、人力资源、客户服务、投资者关系、政府事务、法律事务的高管人员那里搜集内外部的政策信息、各部门的工作计划、各类风险的成因和结果，以及员工、客户、股东和政府部门的看法和评价。

9. 信访办公室

通过公布通信地址、电话专线和网上信箱，信访办公室可以建立畅通的反馈机制，不断接受来自各方的批评和反馈意见。

对某项政策、某个高管人员、某种产品或服务的投诉和批评不断增加的现象，必须给予足够的重视，因为这可能是出现重大问题和声誉危机的信号。

10. 客服中心

通过客服中心，可以了解客户的投诉、看法及评价。

11. 分部沟通

对有地区分部的大型集团，声誉管理的主管应要求地区分部的相关人员及时发现声誉危机苗头并汇报，通过他们了解当地各利益相关者群体对企业的看法以及当地政策、行业、市场等方面的信息。

四　调查内容

（1）实施声誉管理的目的：支持企业战略和经营目标的实现，如果利益相关者的认知和态度出现问题，企业将面临声誉风险。

（2）社会环境：从内外部信息中分析有利于声誉建立和维护的传播机会并规避企业声誉上的风险。声誉环境的调研是为了获得对声誉主体面临的传播生态环境的系统认知，除了群体声誉外，还应对传播媒介、受众特性、竞争对手、潜在的风险等方面进行逐一调研。

（3）关键利益相关者：找出谁是企业的关键利益相关者。

（4）声誉管理的基准指标：指标是考核的依据，明确指标才能考核，才能确保实施效果。

（5）声誉管理的目标：需要有量化的指标。

（6）声誉管理的战略：确定声誉管理的行动方向和资源配置，包括利益相关者的优先级和平衡方式、最为核心的信息、企业的重点传播行动、传播方式如何整合、传播媒介如何整合等。

（7）关键信息：在广泛了解各方面信息的前提下，找到最关键的信息。

（8）本年度宣传主题：明确本年度企业声誉建立和维护的宣传主题。

（9）声誉管理计划：企业声誉管理的整体计划和重点传播行动的计划。每个计划要包括活动创意、细节内容、传播方式、时间安排、工作分工、选择的媒介和预算。针对重点传播行动，企业还要设计关键信息和宣传主题。

（10）声誉管理的组织架构：管理的决策者、主管部门、各相关部门协调的机制、各职能部门、业务分部和地区分部对外发布涉及企业声誉信息时的审批程序等。

（11）声誉管理平台：企业内共享的声誉管理信息平台中的内容和使用规定。

（12）声誉管理的控制方式：进行计划的目标控制和实时控制；传播效果的评价方式，包括企业传播的反馈机制、利益相关者的年度调查、媒体报道内容分析等。

五　舆论与情报分析

1. 对利益相关者的调查

按照基准指标，可以面向不同的关键利益相关者开展调查研究。通过调查，可以发现哪些方面声誉是正面的，哪些方面是负面的；如果是正面的声誉，美誉的程度如何，如果是负面声誉，是哪些问题导致的。不管是负面还是正面的声誉，都可以通过基准指标找到问题和不足。还可以对利益相关者的媒介接触习惯进行调查，了解其接触频度最高的媒介类型和不同种类媒介中最常接触的媒体名称。

在确定了关键利益相关者之后，从声誉建立、维护和修复的基点入手进行调查。调查分析包括6个部分。

（1）搜集和分析政策法规、行业发展、市场、竞争对手状况以及社会和文化环境方面的外部信息。

（2）深入理解组织战略、计划、政策、历史和重大决策。

（3）评估各种风险可能引发的声誉风险。

（4）开展面向关键利益相关者的调查。

（5）分析有关新闻报道和评论。

（6）调查和评估内外部各种可利用的传播媒介。

2. 调查的深入和跟踪

为了从大量的外部信息中及时发现可以利用的信息和机会，需要根据声誉管理战略突出调查重点领域并对重点领域进行长期跟踪。声誉管理部门要深入理解企业整体和各部门的战略、计划和政策以及重大的决策，因为这些是声誉内外传播的基础。为了较为正确地判断声誉风险和制订声誉危机管理计划，主管声誉管理的人员要了解风险的类型和风险管理的计划、规定和程序。当声誉管理计划中的部分内容能够较好地与风险管理计划对接后，声誉管理将能够有效地防止风险在声誉上产生的连带效应。

舆论与情报数据的分析对上市企业股价的波动也有巨大的参考意义，如以下案例。

一家主营快速消费品的上市企业（称为A企业）一直以来在投资者中具有很好的声誉，这得益于A企业上市以来对产业链中几个重要节点企业的成功并购与管理，但是在对某国外包装材料企业（称为B企业）收购完成并发布公告后，2015年A企业的股价在短暂拉升之后进入持续的低迷状态。情报数据部门随后对B企业过去一年在该国和国际上的媒体数据信息和UGC（User Generated

Content，用户生成内容）信息进行了搜集，并在A企业近一年的股票分析报告基础上展开公众认知与股价波动的系统关联性分析，以判断媒体传播数据、公众情绪、认知和主要竞争对手反应等声誉关键相关方的态度对企业股价的影响。项目小组锁定了关键的波动点和信息生产方，并确认这些信息对企业市值波动的影响，随后确定被收购的B企业的一项重大历史事件的负面信息导致了A企业的股价波动。该历史事件在财务和法务层面看来，已经得到了解决，但事实上，事件背后深刻的涉及民族和文化的问题直接导致了公众对A企业的抵触情绪。锁定问题后，项目小组为A企业制订了新的传播沟通策略，以重建公众对A企业领导力和融合意愿的信心，从2016年年中开始，A企业的股价开始拉升，并在当年年底实现了股价72%的拉升。虽然股价的拉升原因必然是多方面的，但是A企业管理层显然对声誉传播问题的认识也进入了一个新的层面。

通过数据分析手段对企业的声誉进行评估，并据之做出对应的传播策略，重塑公众对企业的认知，无疑是一种产品和服务之外极为有效的运营手段。从顾客的视角看，如果将企业提供的商品和服务视为物质层面，那么企业的声誉必然就是精神气质，品牌、企业形象、公众活动等，是构建精神气质的手段。如果企业之间产品和服务的竞争已经到达某种边际，那么，精准利用信息技术对企业的声誉进行建构可能是胜出者的撒手锏。

第四节　动态评估系统

100多年前，百货商店之父约翰·沃纳梅克对大众媒体一统天下的传播局面曾经无奈地说："我知道在广告上的投资有一半是无用的，但问题是，我不知道浪费掉的是哪一半。"这句话在随后的一个世纪里广为流传，被戏称为广告界的"哥德巴赫猜想"。也许"不做总统，就做广告人"的名言，其底气正是来自这被公认要浪费掉的一半广告费——实在想不出什么合法生意，可以让人付全款却只拿到50%的价值。事实上，就在20年前，通过媒体对公众的认知进行追踪仍然是一项高端技术，要保证其科学性，往往需要极为复杂的程序和设备。

但是，现在是时候重新审视百货商店之父那句名言了，舆情系统早已突破“发现负面信息，防御媒体危机”的范围并进化出足够强悍的功能，强大的数据挖掘和洞察能力完全可以精细勾画出一个特定个体背后的一切行为轨迹，其中很多信息甚至是当事者自己都未意识到的。

企业可以更有效地运用传播科学干预受众的认知，进行产品开发、营销，让上市企业的商誉管理与企业的股价波动建立更直接的联系。声誉的形成，要经历一个声誉主体对外传播，受众认知、反馈，以及受众之间的印证和震荡、求证的过程，这一过程是动态变化的。

声誉资本动态变化过程中，评估的重要标准来自舆情数据的收集、赋权和求证，声誉资本构建完整的舆情系统如图9-1所示。

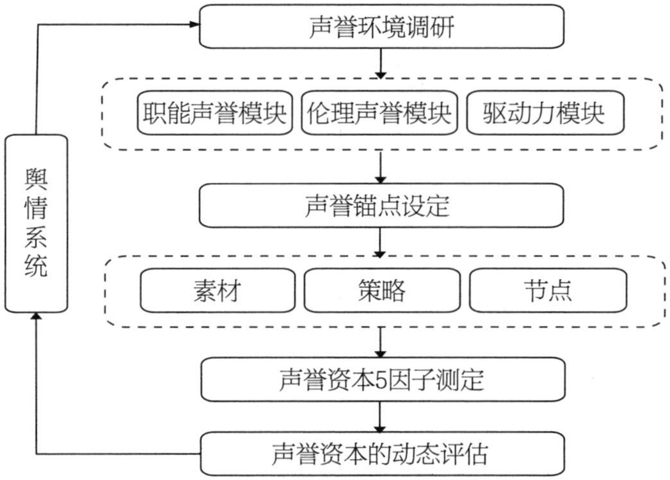

图9-1　声誉资本构建中的舆情系统

第十章 在线声誉管理（ORM）

我们不是真相引擎，我们可以为你提供信息，但我们无法告诉你事情的真相。

——Danny Sullivan [1]

2013年，英国三大报纸之一的《卫报》派出资深专栏记者蒂姆·道林对在线声誉管理进行了深入调查，随后中国多家媒体以《卫报：个人在线声誉管理或成一笔大生意》为名转载了这一报道，报道中这样写道："自2008年华尔街遭遇金融海啸以来，有报道称一些重要的银行家每月支付1万美元用于清除他们在互联网上的不利信息。据悉，网站Reputations. com声称自己的客户已经超过了100万，并分布在世界上的100多个国家，该服务对每名客户收取的起始价达到了1200英镑……毫无疑问，在未来，个人在线声誉将变得越来越重要。"

线上声誉管理的重要性在资本市场也得到了关注，2011年7月20日的外媒消息称，美国在线声誉管理网站Reputation. com在D轮融资中募集4100万美元。[2]

---

[1] Danny Sullivan，传统媒体从业者、记者、Google SEO项目负责人，1997年4月以《搜索引擎站长指南》一文获得业内关注，同年6月建立著名的Search Engine Watch网站，2006年该网站以4300万美元出售给Incisive Media，Danny Sullivan入职Google。

[2] 新浪财经. 美在线声誉管理网站Reputation融资4100万美元[EB/OL]. [2011-7-20]. http://finance.sina.com.cn/chuangye/investment/20110720/082810177645.shtml.

第一节　ORM是媒体数字化的必然产物

在线声誉管理（Online Reputation Management，ORM）是一种用于管理线上声誉信息的工具系统，其产生有着深刻的传播技术时代背景。

一　上行：万物互联

2020年4月28日中国互联网络信息中心（CNNIC）发布第45次《中国互联网络发展状况统计报告》。我国网民规模为9.04亿，互联网普及率达64.5%。截至2020年3月，20~29岁、30~39岁网民占比分别为21.5%、20.8%，高于其他年龄群体；40~49岁网民群体占比为17.6%；50岁及以上网民群体占比为16.9%，互联网持续向中高龄人群渗透。在网络基础设施方面，“宽带中国”战略被提出。预测到2023年，几乎所有网民（96.8%）都将是社交网络用户，尽管中国社交网络用户的增长速度正在放缓，但从2020年到2023年，每年将至少新增3000万社交网络用户。

二　下行：传统传播的没落

近20年的数字洪流深刻改变了传播业，随着互联网的发展，媒体和传播的形态均发生了巨大的变化，信息的传播、存储、检索和研究技术也得到了巨大的发展。如同硬币的两个面，在日趋普及的数字媒体技术的另一面，是传统传播机构的没落，四大传统媒体——报纸、电视、广播、杂志的收入和机构数量的变化以直观的数据反映了这种改变。世界前四大广告集团营收连续10年下行，同时，数字互动、互联网传媒等行业的营收进入井喷期。当用传统的品牌、公关手段处理事务越来越多困难之时，除了重新审视传统的营销传播、广告公关理论在数字化时代的适用性外，线上传播和在线声誉管理也越来越引起业界的重视。

第二节　ORM的逻辑和作用

一　ORM的逻辑

21世纪信息技术爆炸式发展，万物互联使每一个个体都拥有了面对世界的"麦克风"，只要个体发布的信息具备足够的传播势能或者具备某种传播价值（不管这种价值是娱乐价值还是商业价值，也不管内容是真实的还是捏造的），就可以很快地将其对企业和个人的想法和评论传达给广大受众。企业如果不能监控这些线上信息和情绪，很容易令自己陷于被动的困境。

早在2010年6月，美国市场研究企业AC尼尔森就对亚太地区7063名消费者展开了一项调研，调研结果表明，人们在做购买决定时，将在线产品评论（41%）作为仅次于朋友（58%）和家人（54%）的第三大最受信赖的信息来源，如图10-1所示。这说明对任何一个公众组织或个人，数字信息形成的网络声誉占据极为重要的排序（因为朋友和家人的购买行为往往也有相当大的部分受到网络信息影响）。

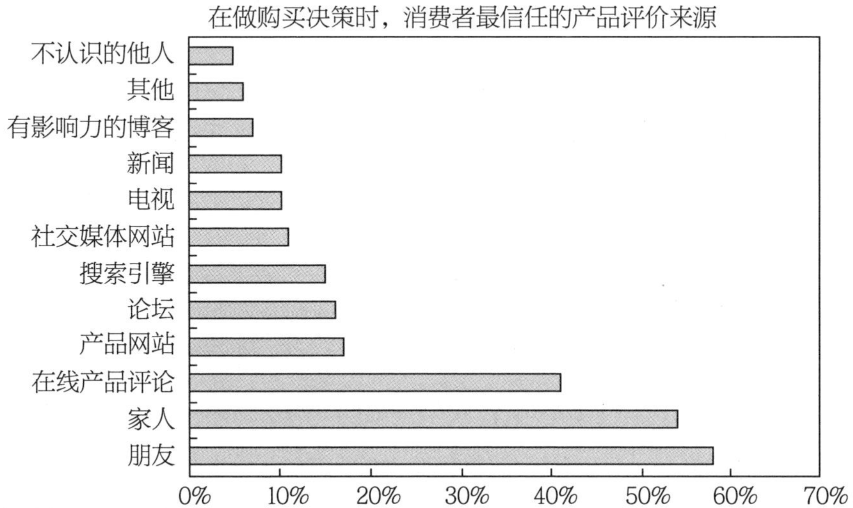

资料来源：2010年4月，Nelson Global Online Survey

图10-1　消费者做出购买决策时信任的评价来源

ORM产生的根源与信息的数字化趋势密切相关，数字时代信息有三大特点：存储成本无限低廉，时间无限延长；检索极大便利化；信息交互和传递的即时性。正是这三方面因素使任何一个处于公众舆论场中的主体都可能面临声誉信息的管理困境——过去发生的事情随时随地可能被任何人翻出来重新发酵、重新组合，以制造新的快感或价值。这种随时可以再呈现的声誉信息，对声誉主体而言产生不容忽视的影响，通过线上声誉管控技术对声誉信息优化成为必然的选择。

网络在线信息也深刻影响着受众对企业的声誉印象，Namkee Park和Kwan Min Lee在关于网络论坛对企业声誉影响的实证研究发现：首先，网络论坛的正面报道能够促进人们对企业社会责任以及员工待遇形成正面印象，因此企业在监测在线新闻网站的同时也要注意在线论坛；其次，正面评论的次数与人们对企业声誉的正面看法呈线性关系，而负面评论则不存在这种关系，仅一条负面评论就足以破坏企业声誉；最后，大量的评论能够增强人们对网站质量的认同，当网站上出现更多差异化评论时，网站的质量也将有所提高。

关于企业的正面报道也会影响人们对网站或论坛的情感评估，这也是许多重视声誉的企业会用“曝光指数”“媒体等级”等指标对企业的宣传部门进行KPI考核的原因所在。

二　ORM的作用

ORM系统可以重构声誉主体的线上声誉，为既往声誉信息的管理提供了可能，它可依托储存、搜索、重新生成等技术手段，为受众展现一个重新设计好的“完美影像”。ORM也可以作为一种公共关系工具，发挥包括寻找推荐人、与网上的人互动、产生积极内容、处理负面内容的功能。

在线声誉管理不应只是被动处理和应对负面信息，更重要的应该在于提前判断受众的情绪并引导和管理，也即利用在线声誉管理提前发现、锁定并直接接触负面情绪和信息背后的个体和信源并与之互动以解决问题。

从受众端出发，很多消费者也希望能与声誉主体实现在线互动并在同类消费群体中获得归宿、认同和交流使用体验，这种互动对线上声誉的改善和引导作用也非常明显。在实际运用中，除了传统的在线客服、留言板等即时通信工具外，近些年依托微信、微博、WhatsApp、Facebook等工具的社群管理也在崛起，甚至有些明星会单独开发APP进行社群管理，以维护声誉、固化流量。

三 ORM的必要性

随着搜索引擎技术日益强大，在网络上搜索获取一项决策的参考信息越来越方便，在这种情况下，对企业或者任何一个公众人物而言，管理可能在数字世界“永生”的不良信息，随时随地在目标受众眼前展示完美的声誉形象，正是上线ORM的必要性所在。

1. 对购买决策的影响

早在2010年11月，中国互联网中心（CNNIC）发布的《2010年中国网络购物市场研究报告》中，在线评论（43.3%）超越亲朋意见（34.7%）和专家意见（10.9%）成为影响中国网民购物决策的最关键因素。由此可见，企业和品牌声誉在网络上的呈现决定了相关受众的态度。

2. 永存的数字声誉

互联网的群体记忆几乎是永存的，所有的历史信息都很大可能永远留存在网上，但留存并不等于一定能呈现，负面口碑也并不等于永无翻转的可能。

首先，恰当的后续处理可以改变这种数字口碑，扭转受众的态度。《哈佛商业评论》的一项研究表明，70%抱怨后得到满意答复的客户会回来并再次开展业务。此外，有负面感受的客户中，如果5分钟内得到响应，将来会花更多的钱购买产品。其次，可以采用适度的搜索引擎干预，比如SEM、SEO策略。

3. 在线声誉是一种声誉反馈

动态的消费数据情报与舆情监控是管理在线声誉的关键部分。数字信息拥有良好的即时性和可追溯性，所以，在进行全面的客户满意度调查前，线上声誉管理是较为容易获取信息、也比较容易着手的部分。

第三节　线上控评策略

1. 可控网站和不可控网站

模拟受众的检索习惯，比如检索方法、搜索引擎、关键词、检索时段，可以尽量准确、真实地掌握线上口碑。可以将检索出负面信息的数字媒体分为可控网站和不可控网站。对可控网站，比如自有的社交媒体账户，完全可以掌控信息展现，需要做的仅是根据声誉计划进行信息释放；对不可控网站，比如媒体平台、社交网络中的其他账户、KOL风评、第三方垂直评价平台，尽量提供真实的资料，联系管理者进行修正。对一些权威网站，则需要启动媒体库管理系统，按照媒介管理的流程进行定点干预。处理过程中，要先确定优先级，确认哪些是需要最紧急关注的平台。

2. 确定线上评价等级

（1）根据声誉管理的总体计划，确定ORM的管理目标。

（2）确定ORM采用的手段和资源，包括技术手段、公关手段、法律手段等。

（3）优先考虑影响力：影响力、恶性程度和扩散速度是线上声誉管理考虑的三大重要因素，在此基础上确定优先级，建议使用“紧急-重要四象限法”，如图10-2所示，如此可以更容易地确定应首先关注的重点，以便合理分配资源。

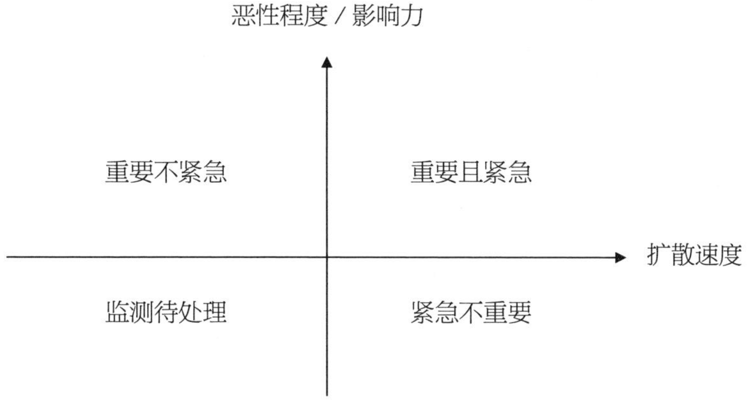

图10-2　紧急-重要四象限

3. 创建ORM媒体名单

在网络空间中，任何声誉个体，无论是企业、名人，还是普通人，都可能因为某个偶然的事件遭受非议，不能苛求所有的数字媒体使用者都保持一个声音，应该根据重要性、应对难度等维度创建ORM媒体名单，并让ORM系统的工作人员知晓，以备不同策略的实施。

4. 负面清单与危机应对

对任何一个处于公众舆论场的企业或者个人，负面口碑永远是无法彻底避免的，但这并不意味着无须对可能的负面口碑做准备，尤其当负面口碑在流量的加持下开始泛滥的时候，必须引入负面清单与危机公关程序。

对线上负面口碑的应对包括以下几点。

（1）接入合适的数字舆情监测工具，确保第一时间发现负面口碑。

（2）对负面信息信源的客户和KOL建立负面清单，并确保能在发生不良评价的时候及时沟通以确定问题的原因，并有针对性地解决。

（3）对质疑信息及时反应，并做出标准答复，如果问题得到圆满解决，将所有方案保留在文档中，并将之作为模板，据此整理话术应答知识管理库。每一次特殊情况都应该根据“知识管理”的原则，探索最优答复并及时入库。“ORM知识管理库”可以避免重复摸索、各自为政导致的损失，也避免被负面信源钻空子。

（4）通过ORM流程无法解决的时候，应及时启动危机公关程序。

5. 采用SEM干预

ORM系统必备的一个岗位应该是SEO专员，主要采用搜索引擎优化技术控制信息的展现。对大多数用户而言，搜索引擎仍然是获得历史评价和决策的重要来源，所以可用SEM手段进行干预，重建形象，而不是放任搜索引擎任意抓取。

6. 鼓励正面评价

作为一种重要的声誉资产，历史评价在线上的展现影响着目标受众的决策。Dimensional Research研究发现，正面的在线评论会影响90%的买家决定购买，如果有负面评论，则有86%的用户会再三考虑是否购买，实际上，有49%的消费者期望其考虑购买产品的企业有至少四星的评价。

“沉默的螺旋”理论也告诉我们，这种“一边倒”形式的线上口碑会导致一种怎样的结果。所以，如何鼓励目标受众留下良好评价就显得尤为重要，常用手段包括：好评奖励；组建“好评别动队”，将忠诚顾客组成团体构建好评的“私域流量池”，通过互动引导好评的展现和提升好评的质量。

7. 管理负面评论

在处理负面评论之前应选出影响最大的负面评论，重要的是，必须定期搜集和整理线上负面评论，以便有效处理问题。

尾章　声誉管理研究的延续与展望

第一节　本书研究的延续

声誉资本的研究跨越多个学科，是一个新兴而又复杂的研究主题。作为一种文化现象，它属于社会学范畴；作为一种经济活动的要素，它作用于政治和经济的方方面面，必须考虑其政治经济学的功用性；其运行原理又基于传播学、心理学和计算科学。仅本书重要的分析视角——传播学已经足够复杂，传播学之父威尔伯·施拉姆就曾将之比喻成“十字路口”。本书只是对声誉资本进行了探索性的研究，研究的结论也只是初步或局部的认识，研究中还有许多问题值得今后进一步探讨。未来有待进一步深入研究的方向有三个：研究的方法和工具、在应用中的落地和数字媒体时代的技术探索。

一　声誉资本研究的方法和工具

考虑写作本书的初心在于为企业提供声誉管理实践方面的指导，所以，书中并没有将过多的学术工具纳入其中，有这方面需求和兴趣的读者，可以考虑以下方向。

1. 建模方法

对声誉资本的评估和测量的基本建模方法包括元胞自动机和蒙特卡罗仿真。

元胞自动机（Cellular Automata，CA） 是一种网络动力学模型，具有模拟复杂系统时空演化过程的能力。CA是用来研究复杂系统行为最早被采用的方法之一，其基本思想是散布在规则网络中的每一个元胞都具有有限的离散状态，遵循同样的交互规则，依据确定的元胞间的交互策略并实现整个网络同步更新。

蒙特卡罗仿真又称随机模拟、随机抽样或统计试验方法，属于计算数学的一个分支，其最大的优点是简单快捷，针对复杂问题的求解不需要繁杂的数学推导。

这两种建模方法可以对传播过程中个体的认知、态度、决策与行为进行模拟运算。

2. 定量研究的数理方法

复杂网络通常指一些具有自组织、自相似、小世界、无标度中一个或几个特性的大型网络。复杂网络理论初期主要以Paul Erodős Alfred Ré nyi提出的ER随机网络为代表，并且网络中的节点度服从泊松分布[1]。随后，Watts和Strogatz提出了小世界网络和无标度网络模型，并举例说明很多现实网络均具有小世界和无标度特性，即网络具有较小的平均距离和较大的聚类系数，网络中的节点度服从幂律分布。

人工神经网络的信息处理能力实则是由神经元之间的互联关系来实现的，它可以实现大规模并行分布式计算。信息的存储以网络中神经元的分布形式完成，而网络的学习和识别能力由神经元之间的连接权重动态演化获得。

动力系统理论是数学理论中一个分支，采用差分方程或微分方程来刻画系统变量的变化规律。其中差分方程以离散时间来描述群体行为，微分方程

[1] 泊松分布是一种统计与概率学里常见到的离散概率分布，法国数学家西莫恩 · 泊松在1838年发表相关研究成果。

以连续时间来描述群体行为。社交网络中的信息传播可认为是一个随着时间进行演化的动力系统，所以研究者可以通过离散或连续的动力系统理论对社交网络中声誉信息演化、声誉受众认知转变的过程进行研究。

3. 网络拓扑结构的研究

互联网社交网络是社会关系网络的一种，所以对杜交网络的研究可以借鉴传统社会关系网络研究的方法和手段。Milgram提出用网络平均路径长度来测量任意两个网络个体的平均距离，并通过实际数据发现在人际关系网络中两个个体之间的平均路径长度是6个人，这就是著名的六度分割理论。

Granovetter指出，社交网络中的连接可分为强连接和弱连接两种，并发现强连接的社交网络中具有更高的聚类现象。Newman研究认为学术论文合作发表网络和电影演员合作关系网等社会合作网络都是具有较小的平均路径长度和高聚类系数的小世界网络，并发现网络拓扑、Web连接结构和神经网络等网络具有明显的幂律分布的特性。为了进一步研究网络拓扑的形成机制和演化过程，研究者又相继提出了很多网络模型，其中比较著名的有Erdos和Reyni提出的随机网络模型，Watts和Strogatz提出的小世界网络模型，Barabasi和Albert提出的无标度网络模型。

在这三个基本模型的基础上，还可以考虑声誉背书和声誉资本租借过程中的网络拓扑结构，比如是有向有权网络还是无向无权网络、是静态网络还是动态网络。

4. 观点交互模型

近年来很多学者从自然科学和交叉学科的角度建模研究社交网络中的观点交互过程。从建模方式上来看，有的模型侧重于群体特征的描述，直接建立群体行为的动态演化过程模型；有的模型侧重于刻画个体的交互机制，通过建立个体观点的更新规则模型，研究宏观上产生的群体观点演化现象。

借助计算机仿真，可以对社交网络拓扑结构、交互规则、初始状态、个体特性，以及其他仿真参数进行设定，研究各种参数、因素对观点演化过程的影响。

典型的观点交互模型有Sznajd模型、投票者模型、多数规则模型、Deffuant模型、HK模型和CODA模型。这些模型可以对微信朋友圈文章转发的“缄默者”现象、狂热分子，个体有违“从众”的行为等声誉传播中的情况进行解释。

5. 信息传播与演化模型

复杂网络传播动力学一直以来是学术研究的热点，其中研究最深入和最广泛的主要有传染病模型。在传染病模型中，每一个信息接收者都会以一定的概率影响邻居个体加入传播过程。但与声誉模因传播的过程相比，传染病模型是无记忆性的，在声誉模因传播的过程中，个体的观点除了会受到其邻居个体影响外，还考虑个体主观作用对声誉模因的影响。

6. 社交网络关键节点的研究方向

在复杂社交网络领域，研究者将寻找网络中的核心节点的问题定义为影响力最大化问题。D Kempe等人最早将影响力最大化问题描述为离散型最优化问题，建立了三类较为经典的核心节点发现算法，分别是独立级联模型、权重级联模型和线性门限模型，同时通过一种贪婪近似算法进行数理求解。随后许多研究者对这种算法进行了多方面改进，用于适应大数据集的社交网络研究。

随着社交网络的蓬勃发展，核心节点的度量已成为社交网络研究的热点。建立在此基础上的病毒式营销，相比于传统的营销方式，可以使网络中的个体可以从社交网络中的邻居个体中更快获取更多、更有价值的信息，并且大多数个体认为这种口口相传式的营销模式具有更强的可信性。在病毒式营销中，只需要选择网络中一部分有较大影响力的核心节点，让这些节点将营销信息推荐给邻居节点，进而推荐给邻居节点的邻居节点，如此循环往复，就能够实现对全网节点营销的目的。所以，识别社交网络中关键性节点对促进有益信息传播和抑制负面信息扩散有着非常重要的应用价值，在声誉资本构建和应对声誉危机中均有重大的意义。

7. 用户时间维度的行为特性研究

用户行为时间特性分析的是人类多次从事某种特定的事情时表现出来的时间上的统计规律，这种统计规律最早由法国数学家西莫恩·泊松在审判管理案件的工作中引入概率概念时提出，也即泊松分布。

在数据收集能力有限时，泊松分布作为经典的刻画人类活动模式的手段，被广泛应用。计算能力的不断提高使对海量社交网络数据的处理成为可能，通过对各种网络中海量数据的分析，越来越多的事实证明，用户行为对应的时间间隔分布特征具有明显的重尾效应，说明用户在声誉模因影响下的行为特征符合幂律分布。

二　声誉资本在商业应用中的落地

1. 声誉资本的概念需要进一步完善

本书提出声誉资本的概念和构成模块与因子，只是在理论分析的基础上得出的结论，在今后的研究中，可以对这些因子进行实证研究，找出其中相互支撑、相互依赖的证据，进一步对它们进行明确的界定和完善。

2. 对企业利益相关者进行精准的数据画像

在声誉资本形成机制的研究中，随着声誉主体声誉的改进，主体在利益相关者信息空间中的位置将发生改变，因此，声誉主体对利益相关者的精准锁定将是评价企业声誉的一种尺度。在今后的研究中，可以对利益相关者信息空间理论进一步细化，开发企业声誉评估模型，通过企业在自己的利益相关者信息空间中的位置变化使其认识自身声誉的动态变化趋势。

3. 企业声誉排序的指标需要进一步完善

在今后的研究中，可以通过提高声誉测评和传播研究的水平，扩大样本范围，对相关指标进行进一步完善，使之更具普适性。

三　声誉资本与声誉管理的技术探索

随着数字技术和人工智能的发展，声誉这一社会资本的研究和应用将进一步朝着两个方向发展。

1. 机器学习

机器学习为对声誉受众的情感演化分析提供了技术支持。

乔治·奥威尔的名著《1984》中曾对情感检测有过生动的描述，“它们确实能跑到你的脑子里来”。机器学习进行的情感检测无疑是一种高效的情报预测，往往可以预先且更深层次地获知目标受众的意志和意图。

通过机器学习量化文本中消费者对品牌或产品属性喜好的数据挖掘方式即情感分析。消费者对产品的情感变化关系着企业品牌战略方案的制订。若将一个事物或产品从产生到最后消亡的过程看作其生命周期，在其整个生命周期中，随着时间的推移，群体对其情感也会发生一定程度的变化，可称为群体对事物的情感演化过程。

但是，机器学习仍然任重道远。目前的声誉和情报数据分析系统仍然存在很多识别度和人类智能误判的问题，主要源自人工智能对人类情感的理解能力，软件仍然存在较大的情感识别缺陷，这也导致在实际的数据分析中仍然需要大量人工介入。此外，一些创新词汇、特殊修辞手法、语境中的情感表达，以及社交中语言文化的演进和创新，也往往会使得机器识别陷于困境。

2. 在线文本数据自动分析

在线文本数据自动分析方法指利用计算机技术，自动提取、识别在线文本数据中所含信息的方法。在线文本挖掘通常需要对输入的文本结构化，随后在结构化的数据中导出模式并评价和输出，其发展将进一步拓展声誉管理的发展与应用空间。

第二节　未来研究的展望

声誉资本研究论是一门新的管理学科，理论体系还不完整，存在许多空白点，在学术研究上是一个明显的“蓝海”地带。国外学者对声誉的研究起步较早，理论成果较多，研究体系也相对完善，但也存在一定局限性。无论是1982-KPJR模型、2000-Fombrun模型，还是2004-Preston 模型，在实践应用时都存在数据难以获取、获取的数据具有小样本属性和主观因素性等局限。我国在声誉相关领域的研究还较少，前期研究主要集中于对国外声誉理论成果的总结，后期研究主要集中在研究声誉、商誉和财务绩效的关系上，普遍认为声誉资本与财务绩效正相关，也从利益相关者、创新能力等方面进行了实证研究。总体说来，我国在声誉、声誉资本评价方面的研究成果仍然比较少，不够系统，与中国实际结合较少，未来声誉资本的研究可以从以下4个方面进行。

一　加强中国企业的声誉研究

声誉本质上是一种认知，企业声誉资本的形成过程涉及企业本身的行为、企业的相关信息在社会网络中的传播，受众对企业行为和相关信息的判断等一系列社会过程。企业声誉的最终形成受许多复杂因素的影响，即使是同一家企业，面对文化背景不同的受众时，其声誉也会出现明显差异。例如，国际声誉研究院的调查发现，在美国享有崇高声誉的微软，在许多欧洲国家却被列为声誉最差的企业，因为欧洲的许多民众将其看作美国经济霸权的象征，从情感上排斥它。研究也发现，由于文化背景的不同，中国的社会公众对企业声誉的认知结构与国外社会公众存在巨大差异。

企业声誉研究作为管理学的一个新的分支，在国际研究领域已经成为热点，专门研究企业声誉的国际机构、专业杂志和评估工具不断涌现。由于企业声誉形成过程的复杂性，以及文化背景对认知产生的巨大影响，中国企业在声誉管理中不能照搬别国的研究成果，只能借鉴研究方法探索中国企业声誉形成的规律。研究内容不仅要包括企业声誉在本国的形成规律，还应配合中国企业国际化的步伐不断探索和总结中国企业在不同文化背景、不同国家、不同地区的声誉形成规律。

二　探索中国企业声誉与国家声誉的有机联系

商业机构，尤其是大企业的声誉与国家声誉之间的有机联系在许多企业声誉的实证研究中得到了证明，有时大企业可以代表国家形象，如三星之于韩国，丰田之于日本。随着跨国经营的行为日益增多，中国大企业也将逐步承担起代表国家形象的功能。我们要在培育中国大企业良好的国际声誉的同时，积极探索中国大企业声誉与国家声誉的有机联系，促进中国大企业声誉和国家声誉的相互作用、相互支撑、共同提升。

三　将声誉资本作为一种社会整合与协调机制研究

以往的经验研究证明，不同层次的社会资本可以发挥信息搜寻和传播、施加社会影响、提供社会信用和社会支持、增强团体和组织的团结和凝聚力、促进社区参与和经济发展与社会繁荣等微观和宏观层面的积极作用。那么，在构建和谐社会的过程中，声誉资本作为一种社会资本能否作为社会整合与协调手段，促进社会成员之间，社会组织之间，政府、市场与民间社会之间的关系，社会资本能否成为一种新的社会治理模式？如果回答是肯定的，那么其发挥整合与协调功能的机制究竟是什么？是否会带来负面的效应？这都是我们需要进一步研究和解决的问题。

四　全球化和风险社会背景下声誉认知的变迁

在全球化背景下，大量的国际金融资本、物质资本和人力资本纷纷进入中国，这种国际有形资本的加速流动，也必然带动国际和国内社会资本的结构重塑和功能转型。分析全球化和风险社会背景下社会资本结构和功能的变迁趋势将是未来研究的一个热点。

行文至此，让我们再回看本书标题中的三个词。

流量，其本质就是声誉的受众群体；口碑，是一种历史评价；人气，更多是预期的一种体现，预期高则人气高，反之亦然。在日常生活中，我们对声誉的评价和感知，大多来自这三方面，容易忽略同样影响巨大的先赋部分，而声誉力量的最终转化，形成商业活动中的声誉资本，则又与受众的贡献意愿密不可分。正是这五者的共同作用，构成了人们对声誉的感知，并驱动人们据之做出不同的行动。

人们常常追求的不是流量、口碑和人气，甚至都不是通常意义上的名声，而是声誉卓著带来的价值兑现保障，安全感、确定性和情感的满足，从这个角度看，口碑和人气到声誉还需要时间的沉淀与大众的支持，流量则只是声誉的第一步。

正是这些声誉的因子，在因循大众心理的基础上，借助传播的力量，造就了某种大众的群体想象，裹挟了狂热的打投“粉丝”、未曾谋面的巨额投资，乃至催生了获取所谓流量而在直播中呈现的光怪陆离。感性和理性原本是人的两面，期望名利双收也是人性中永恒的欲望，声誉这一人类社会的文化力量，在理性的权衡之外，闪烁着感性的光芒，像另一只看不见的手，拨弄着世间百态、芸芸众生。总之，声誉是人类社会活动中一种信息系统的高度符号化体现，其社会功用在于促成目标群体的某种预期行动，声誉资本是这种符号系统发挥效力的衡量标准。无论是组织还是个体，唯有找准不同文化中声誉建设的根本锚点，并精确洞察、把控声誉资本构建的重要节点，才能在发展和竞争中立于不败之地，实现真正的基业长青，历久弥坚。

参考文献

中文资料

[1] 邓晓辉. 企业研究新视角：企业声誉理论［J］. 外国经济与管理，2004（06）：14-19.
[2] 董梁，李松涛，沈思玮. 声誉问题的博弈分析［J］. 系统管理学报，2002，11（003）：253-259.
[3] 菲利普・科特勒，洪瑞云，梁绍明，等. 市场营销管理（亚洲版）［M］. 3版. 梅豪清，译. 北京：中国人民大学出版社，2005.
[4] 高厚礼. 构建企业声誉管理体系的对策研究［J］. 华东经济管理，2003（04）：75-76.
[5] 边燕杰，丘海雄. 企业的社会资本及其功效［J］. 中国社会科学，2000（02）：87-99+207.
[6] 姜春海. 我国企业声誉管理的问题与对策［J］. 中国市场监管研究，2002（008）：51-52.
[7] 刘兵，罗宜美. 论企业管理的崭新阶段——声誉管理［J］. 中国软科学，2000（05）：96-98.
[8] 查尔斯・J・福诺布龙，西斯・B・M・范里尔. 声誉与财富［M］. 郑亚卉，刘春霞，等译. 北京：中国人民大学出版社，2004.
[9] 乔治・E・贝尔齐， 麦克尔・A・贝尔齐. 广告与促销：整合营销传播展望［M］. 4版. 张红霞，李志宏，译. 大连：东北财经大学出版社，2000.
[10] 曾朝晖. 如何提升品牌美誉度［J］. 经理人，2002（12）：87-89.
[11] 丁润生. 知名度、美誉度的量化表征——兼谈评估知名度、美誉度应注意的几个问题［J］. 安阳大学学报，2002（03）：91-96.
[12] 赵友宝，李萌. 声誉管理：现代管理新领域［J］. 中国煤炭经济学院学报，2000（03）：23-25.
[13] 缪荣，茅宁. 公司声誉管理模型探讨［J］. 管理现代化，2003（3）：4.
[14] 潘勇. 论声誉管理的内在机理——兼论网络市场声誉管理的特殊性［J］. 管理科学，2003（04）：21-24.
[15] 余津津. 国外声誉理论研究综述［J］. 经济纵横，2003（10）：60-63.
[16] 郑文哲，王水嫩. 企业声誉的概念、特征及培育、维护［J］. 金华职业技术学院学报，

2004，4（002）：60-63.
[17] 榭红林. 谷歌退出："声誉管理"的险棋［J］. 销售与市场，2010（14）：12-13.
[18] 徐金发，刘靓. 企业声誉定义及测量研究综述［J］. 外国经济与管理，2004（09）：25-30.
[19] 徐金发. 企业软实力与声誉管理［M］. 北京：社会科学文献出版社，2010.
[20] 晏国祥. 中国企业声誉测评指标体系构建实证研究［A］. 第三届（2008）中国管理学年会——市场营销分会场论文集［C］. 北京：中国管理现代化研究会，2008：114-124.
[21] 殷盛. 浙江地区企业声誉定量评价模型研究［D］. 杭州：浙江大学，2004.
[22] 张宏. 企业声誉与企业危机管理的关系［J］. 现代商业，2009（08）：135-137.
[23] 张冉. 社会转型期我国非营利组织声誉研究：危机溯源与重塑路径［J］. 浙江大学学报（人文社会科学版），2014，44（01）：100-112.
[24] 张四龙，周祖城. 论企业声誉管理的必要性［J］. 技术经济，2002（02）：24-26.
[25] 张杨. 中国企业声誉结构的实证研究［D］. 合肥：中国科学技术大学，2009.
[26] 朱冬梅. 基于消费者视角的企业声誉对企业非财务绩效的影响研究［D］. 杭州：浙江理工大学，2010.
[27] 朱彦. 网络环境下的企业声誉管理［J］. 市场周刊（理论研究），2009（03）：36-37+60.
[28] 劳伦斯·巴顿. 组织危机管理［M］. 符彩霞，译. 北京：清华大学出版社，2002.
[29] 白永秀，徐鸿. 论市场秩序和企业声誉［J］. 福建论坛（人文社会科学版），2001（06）：71-74.
[30] 陈平，向长江. 加强企业声誉管理的探讨［J］. 郑州航空工业管理学院学报，2003（04）：38-40.
[31] 醋卫华. 公司丑闻、声誉机制与董事会重构［J］. 山西财经大学学报，2011，33（02）：76-83.
[32] 刘林平. 企业的社会资本：概念反思和测量途径——兼评边燕杰、丘海雄的《企业的社会资本及其功效》［J］. 社会学研究，2006（02）：204-216.
[33] 弗朗西斯·福山. 信任：社会美德与创造经济繁荣［M］. 彭志华，译. 海口：海南出版社，2001.
[34] 干勤. 对我国企业加强声誉管理的思考［J］. 南京经济学院学报，2001（02）：27-29.
[35] 和芸琴. 员工、内部沟通与企业声誉［J］. 社会科学辑刊，2007（05）：64-66.

[36] 韩兴武. 企业声誉的提升与维护［J］. 经济论坛，2004（11）：75-76.
[37] 何志毅. 对中国最受尊敬企业评价方法和体系的思考［J］. 经济管理，2002（23）：30-34.
[38] 胡迟. 利益相关者激励——理论·方法·案例［M］. 北京：经济管理出版社，2003.
[39] 凯文·杰克逊. 声誉管理［M］. 燕清、顾捷昕、张宏超，译. 北京：新华出版社，2006.
[40] 杰斯帕·昆德. 公司精神［M］. 2版. 王珏，译. 昆明：云南大学出版社，2002.
[41] 李建军. 公司文化与制度创新［M］. 北京：清华大学出版社，2004.
[42] 刘刚. 危机管理［M］. 北京：中国经济出版社，2004.
[43] 刘靓. 公司声誉的构成及其驱动因素测量研究［D］. 杭州：浙江大学，2006.
[44] 罗斯. 公司声誉危机——维护与修复的12步骤［M］. 许俊农、天美，译. 上海：上海交通大学出版社，2009.
[45] 缪荣. 公司声誉［M］. 北京：经济管理出版社，2008.
[46] 潘松挺，姜涛. 企业家声誉结构及声誉驱动机理的研究综述［J］. 科学决策，2011（02）：76-83.
[47] 苏勇. 管理伦理学［M］. 上海：东方出版中心，1998.
[48] 孙世敏，赵希男，朱久霞. 国有企业CEO声誉评价体系设计［J］. 会计研究，2006（03）：75-79.
[49] 孙玉红. 直面危机——世界经典案例剖析［M］. 北京：中信出版社，2004.
[50] 王新新. 声誉管理理论及其发展［J］. 经济学动态，1998（02）：53-56.
[51] 王乐. CEO声誉定量评价研究［D］. 杭州：浙江大学，2004.
[52] 席酉民，尚玉钒. 和谐管理理论［M］. 北京：中国人民大学出版社，2002.
[53] 罗伯特·希斯. 危机管理［M］. 王成，译. 北京：中信出版社，2001.
[54] 徐超. 民营企业家声誉管理的几点思考［J］. 国际公关，2005（03）：46.
[55] 徐金发，龚杨达，刘志刚. 企业声誉对顾客忠诚的作用机制研究［J］. 外国经济与管理，2005（07）：44-50.
[56] 徐金发. 公司软实力与声誉管理［M］. 北京：社会科学文献出版社，2010.
[57] 讦芳. 如何进行危机管理［M］. 北京：北京大学出版社，2004.
[58] 晏国祥. 公司声誉测评指标体系［M］. 北京：经济科学出版社，2009.
[59] 严莉. 声誉管理：企业竞争新武器［J］. 企业文明，2001（12）：32-33.

[60] 戴维斯・扬. 创建和维护公司的良好声誉［M］. 上海：上海人民出版社，1997.
[61] 余鑫，陈园. 企业家声誉机制机理研究［J］. 企业经济，2005（10）：106-107.
[62] 盛洪. 现代制度经济学［M］. 北京：北京大学出版社，2007.
[63] 科尔曼. 社会理论的基础［M］. 邓方，译. 北京：社会科学文献出版社，1999.

英文资料

[1] Aaker D A. Leveraging the Corporate Brand［J］. California Management Review，2004（3）：6-18.
[2] R H Coase. The Problem of Social Cost［J］. Journal of Law and Economics，1960（3）.
[3] Argenti P A，Druckenmiller B. Reputation and the Corporate Brand［J］. Corporate Reputation Review，2004（4）：368-375.
[4] Banks K F. Crisis Communications：A Casebook Approach［M］. New Jersey：Lawrence Erlubaum Associates，1996.
[5] Bapuji H，Crossan M. From Questions to Answers：Reviewing Organizational Learning Research［J］. Management Learning，2004（4）：397-417.
[6] Barro R J，Gordon D B，Taylor J B. Rules，Discretion and Reputation in a Model of Monetary Policy Comments［J］. Journal of Monetary Economics，1983（1）：101-121.
[7] Barnett，Jemier，Lafferty. Corporate Reputation：The Definitional Landscape［J］. Corporate Reputation Review，2006，9（1）：26-38.
[8] Barney J B. Firm Resources and Sustained Competitive Advantage［J］. Journal of Management，1991，17（1）：99-120.
[9] Barney J B. Gaining and Sustaining Competitive Advantage［M］. 2nd Ed. New York：Pearson Education，Inc.，2002.
[10] Bentley P M. Structural Modeling and Psychometrika, on Growth and Achievements［J］. Psychometrika，1986（1）：35-51.
[11] Bentley P M，Bonnet D C. Significance Tests and Goodness-of-fit in the Analysis of Covariance Structure［J］. Psychological Bulletin，1980，88（3）：588-606.
[12] Brammer S，Pavelin S. Building a Good Reputation［J］. European Management

Journal, 2004, 22 (6) : 704-713.

[13] Brickson S. Exploring identity: Where are We Now [J] . Academy of Management Review, 2000 (25) : 147-148.

[14] Bromley D B. Psychological Aspects of Corporate Identity, Image and Reputation [J] . Corporate Reputation Review, 2000 (3) : 240-252.

[15] Burt V. The Contingent Value of Social Capital [J] . Administrative Science Quarterly, 1997 (42) : 339-365.

[16] Carroll A B. A Three-dimensional Conceptual Model of Corporate Performance [J] . Academy of Management Review, 1979, 4 (4) : 497-505.

[17] Cable D M, Graham M E. The Determinants of Job Seekers Reputation Perceptions [J] . Journal of Organizational Behavior, 2000 (8) : 929-947.

[18] Van Riel, Cees B M. Creating a Strategically Aligned Workforce [J] . Corporate Reputation Review, 2008 (11) : 351-359.

[19] Chreim S. The Continuity-change Duality in Narrative Texts of Organizational Identity [J] . Journal of Management Studies, 2005 (3) : 567-593.

[20] Courtright J L, Smudde P M. Leveraging Organizational Innovation for Strategic Reputation Management [J] . Corporate Reputation Review, 2009 (12) : 245-269.

[21] Coleman J S. Social Capital in the Creation of Human Capital [J] . American Journal of Sociology, 1988 (94) : 95-121.

[22] Chun R. Corporate Reputation: Meaning and Measurement [J] . International Journal of Management Reviews, 2005, 7 (2) : 91-109.

[23] Davies G, Chun R. Gaps Between the Internal and External Perceptions of the Corporate Brand [J] . Corporate Reputation Review, 2002, 5 (2/3) : 144-158.

[24] JE Dutton, DCV Harquail. Organizational Images and Member Identification [J] . Administrative Science Quarterly, 1994, 39 (2) .

[25] Marc J Dollinger, Peggy A Golden, Todd Saxton. The Effect of Reputation on the Decision to Joint Venture [J] . Strategic Management Journal, 1997, 18 (2) .

[26] Richard R Dolphin. Corporate Reputation - a Value Creating Strategy [J] . Corporate

Governance，2004，4（3）.

[27] Feck，Luke. Journalists' Evaluation of Corporate Reputations [J]. Corporate Reputation Review，2004，7（2）：196-205.

[28] Grahame R，Dowling. Corporate Reputations：Should You Compete on Yours? [J]. California Management Review，2004，46（3）：19-36.

[29] Dortok，Arin. A Managerial Look at the Interaction Between Internal Communication and Corporate Reputation [J]. Corporate Reputation Review，2006，8（4）：322-338.

[30] Dunbar R，Schwalbach J. Corporate Reputation and Performance in Germany [J]. Corporate Reputation Review，2000，3（2）：115-123.

[31] E E Lawler，Finegold D L，Benson G S，et al. Corporate Boards：Keys to Effectiveness [J]. Organizational Dynamics，2002，30（4）：310-324.

[32] Flanagan D J，O' Shaughnessy K C. The Effect of Layoffs on Firm Reputation [J]. Journal of Management，2005，31（3）：445-463.

[33] Fombrun C，Shanley M. What's in a Name? Reputation Building and Corporate Strategy [J]. Academy of Management Journal，1990，33（2）：233-258.

[34] Fombrun C，Van Riel C . The Reputational Landscape [J]. Corporate Reputation Review，1997，1（1）：5-13.

[35] Fryxell G E，Wang J. The Fortune corporate' Reputation, Index：Reputation for What? [J]. Journal of Management，1994（1）：1-14.

[36] Gibson D，Gonzales J L，Castanon J. The Importance of Reputation and the Role of Public Relations [J]. Public Relations Quarterly，2006（51）：15-18.

[37] ER Gray，JMT Balmer. Managing Corporate Image and Corporate Reputation [J]. Long Range Planning，1998，31（5）：695-702.

[38] Groenland，EA G. Qualitative Research to Validate the RQ-Dimensions [J]. Corporate Reputation Review，2002，4（4）：308-315.

[39] Hall R. The Strategic Analysis of Intangible Resources [J]. Strategic Management Journal，1992，13（2）：135-144.

[40] Laufer W S. Social Accountability and Corporate Green Washing [J]. Journal of Business Ethics，2003 (43)：253-261.

[41] Lin N. Building a Network Theory of Social Capital [J]. Connections，1999 (22)：28-51.

[42] VL Lines. Corporate Reputation in Asia：Looking Beyond Bottom-line Performance [J]. Journal of Communication Management，2004，8 (3)：233-246.

[43] Mahon J F. Corporate Reputation: A Research Agenda Using Strategy and Stakeholder Literature [J]. Business and Society，2002，41 (4)：415-447.

[44] Martins L L. A Model of the Effects of Reputational Rankings on Organizational Change [J]. Organization Science，2005 (6)：701-720.

[45] Milgrom P，Roberts J. Predation, Reputation, and Entry Deterrence [J]. Journal of Economic Theory，1982 (27)：280-312.

[46] Mulrow C D. Systematic Reviews-rationale for Systematic Reviews [J]. British Medical Journal，1994 (309)：597-599.

[47] Newell S J，Goldsmith R E. The Development of a Scale to Measure Perceived Corporate Credibility [J]. Journal of Business Research，2001，2 (3)：235-247.

[48] Stephen Preece，Craig Fleisher，James Toccacelli. Building a Reputation Along the Value Chain at Levi Strauss [J]. Long Range Planning，1995 (6)：28.

[49] Poiesz Theo B C. The Image Concept：Its Place in Consumer Psychology [J]. Journal of Economic Psychology，1989，(4)：10.

[50] Alejandro Portes. Social Capital：Its Origins and Applications in Modern Sociology [J]. Annual Review of Sociology，1998 (1)：24.

[51] Pruzan P. Corporate Reputation：Image and Identity [J]. Corporate Reputation Review，20014 (1)：50-64.

[52] Ravasi D，Rekom J V. Key Issues in Organizational Identity and Identification Theory [J]. Corporate Reputation Review，2003，6 (2)：118-132.

[53] Ross L C. How to Build a Great CEO Reputation [J]. Strategic Communication Management，2003，7 (5)：9.

[54] Robertson D C, Nicholson N. Expressions of Corporate Social Responsibility in U.K, Firms [J]. Journal of Business Ethics, 1996, 15 (10): 1095-1106.

[55] Vergin R C, Qoronfleh M W. Corporate Reputation and the Stock Market [J]. Business Horizons, 1998 (1): 41.

[56] Rumelt. Diversification Strategy and Profitability [J]. Strategic Management Journal, 1982 (4): 3.

[57] Scott S C, Lane V R. A Stakeholder Approach to Organizational Identity [J]. Academy of Management Review, 2000 (1): 43-62.

[58] Schultz M, Mouritsen J, Gabrielsen G. Sticky Reputation: Analyzing a Ranking System [J]. Corporate Reputation Review, 2001, 4 (1): 24-41.

[59] Schwaiger M. Components and Parameters of Corporate Reputation - An Empirical Study [J]. Schmalenbach Business Review, 2004, 5 (1): 46-71.

[60] Selnes F, Gonhaug K. Effects of Supplier Reliability and Benevolence in Business Marketing [J]. Journal of Business Research, 2000, 49 (3): 259-271.

[61] CJ Simon, MW Sullivan. The Measurement and Determinants of Brand Equity: A Financial Approach [J]. Marketing Science, 1993, 12 (1): 28-52.

[62] Spector A J. Basic Dimensions of the Corporate Image [J]. Journal of Marketing, 1961, 25 (10): 47-51.

[63] Sriram S, Balachander S, Kalwani M U. Monitoring the Dynamics of Brand Equity Using Store-level Data [J]. Journal of Marketing, 2007, 71 (2): 61-78.

[64] Wartick S L. Measuring Corporate Reputation Definition and Data [J]. Business & Society Founded at Roosevelt University, 2002, 41 (4): 371-392.

[65] Stickel S E. Reputation and Performance Among Security Analysts [J]. Journal of Finance, 1992, 47 (5): 1811-1836.

[66] Petitti D B. Of Babies and Bathwater [J]. American Journal of Epidemiology, 1994, 140 (9): 779-782.

[67] Thevissen F. Corporate Reputation in the Eye of the Beholder [J]. Corporate Reputation Review, 2002, 4 (4): 318-327.

[68] Craig J，Thompson，Aric，et al. Emotional Branding and the Strategic Value of the Doppelganger Brand Image [J]. Journal of Marketing，2006，70 (1)：50-64.

[69] Wernerfelt B. A Resource-based View of the Firm [J]. Strategic Management Journal，1984，5 (2)：171-180.

[70] Whetten D A，Mackey A. A Social Actor Conception of Organizational Identity and Its Implications for the Study of Organizational Reputation [J]. Business & Society Founded at Roosevelt University，2002，41 (4)：393-414.

[71] Barrett R. Corporate Philanthropy, Criminal Activity, and Firm Reputation：Is There a Link? [J]. Journal of Business Ethics，2000，26 (4)：341-350.

[72] Maria Kalyadina. 8 Rules of Effective Online Reputation Management [EB/OL]. http://www.semrush.com/blog/online-reputation-management，2020-5-14.

[73] Richardson J G. Handbook of Theory and Research for the Sociology of Education [J]. Contemporary Sociology，1986 (6)：16.

[74] Yanjie Bian. Bringing Strong Ties Back in：Indirect Ties, Network Bridges, and Job Searches in China [J]. American Sociological Review，1997 (3)：62.

[75] Bian，Yanjie，Ang，et al. Guanxi Networks and Job Mobility in China and Singapore [J]. Social Forces，1997 (3)：75.

[76] Nan Lin. Social Networks and Status Attainment [J]. Annual Review of Sociology，1999 (1)：25.

[77] Reza Azarian. Social Capital：A Theory of Social Structure and Action [J]. Acta Sociologica，2001 (4)：44.

[78] Coase R H. The Nature of the Firm [J]. Economic，1937，4 (16)：386-405.

致谢

这个文债欠了好多年，2020年新冠肺炎疫情期间，捡起重写，修正了很多案例。

年少轻狂，因一句“不做总统就做广告人”，入了广告行，后来传统媒体广告日渐没落，为稻粱谋，兜兜转转20余年，一直在传播管理这个领域。

二十多年，从少年到白首，于传播学和社会心理越熟悉，也愈发敬畏，诸多感触，有很多话说，却又不敢轻易下笔，一方面忙于各种客户项目，学习有限，唯恐贻笑大方，一方面又总觉得惶恐，毕竟这么一个主题，涉及舆论和大众心理敏感内容。

本书讨论声誉这一人类社会文化现象，切入点是一种商业管理的视角，研究和探索的过程则主要以传播学为基本工具，在此基础上，考虑到务实致用，其应用的探索基本在经济领域，主要是企业的营销、公关、传播管理领域。

也因为这种想尽量兼顾的原因，在写作的过程中，我深陷于这种境遇——既想通俗又想专业；既想实用又想兼顾理论的全面。这也造成了本书的割裂和矛盾，好在已经尽力全面说清了自己的这些实践和思考，其中纵横交错，杂然堆砌，就凭读者诸君自取可取之处吧，倘若能有一二帮到您的地方，则善莫大焉。

社会资本这一概念，20世纪80年代经法国学者布尔迪厄提出，至今不过50年，方向虽获认同，但概念争论犹在。我从“声誉”的视角入手解读社会资本，在商业运作中进行探索，也只是提供一种视角，希望能为这一主题的研究略增积累。

虽然本书主体写的是企业声誉，但是这些年酝酿和写作的过程中，我也总是试图将之扩大到别的领域，去解释某些现象，大到一国声誉，中到企业声誉，小到个人声誉。读者阅读的时候，也可以借由这些“声誉”因子解释自己生活和工作中的相关现象，可以把这本书当作社会学、群体心理学、传播学或者公关关系传播的工具书。

媒体技术的发达，让民众掌握了更大的话语权，往浅里看，流量易得，财富和盛名往往不期而至，造富神话更刺激人心；往深里讲，万物皆媒体的当下，也将带来更大的阶层躁动和社会伦理的挑战。

仅仅拥有财富或权势，或许不是最好的资本形式，最好的丰碑只在人的心中，许多时候，声誉甚至比财富和权势更为珍贵。

与信息技术的发展形成巨大落差的是人类的思想和行为，尤其是心理层面，这些底层的思考和行动逻辑，仍然与数千年前的殷商子民或者希腊城邦公民有着基本的不变之处——我们一样需要爱人、朋友、被人尊重、融入某种社交群体……

按照马克思主义哲学的解释，声誉作为一种意识层面的事物，其对物质也有着不可小觑的影响力。唯有从理性科学的角度出发认识声誉，爱惜声誉，善用声誉，或许才是我们能够在这个蓝色星球上安然生存并构建“人类命运共同体”的意识基础。

因我身在职场，二十多年中系统学习已成奢望，多亏了本书另一位作者李燕博士的鼓励与襄助，她主要负责本书第一部分部分章节和第二部分的梳理与撰写。作为一位拥有多年金融学和管理学教育背景、接受了正统学术训练的学者，她使本书得以摆脱“野路子”的瞎琢磨，在实践性之外，有了学术范式的基本保障。

除此之外，在本书的写作过程中，还要感谢以下诸位，为本书的完成提供了莫大的支持。

本书的付梓离不开企业管理出版社编辑的耐心审阅、编辑与指导；王达林先生，清华大学出版社《赢在创新》《创意天下》等书的作者、资深出版人，为本书搜集了许多文献资料；还要感谢我们的客户，如中国建设集团、红云烟草、西部机场集团等和那些不便一一具名的企业、NGO组织、政府部门与极具声望的社会公众人士，是这些客户的信任，让我们的思索得以实践和验证。

最后，书中难免疏漏，希望得到您的反馈以便更正。中国老话说“丑媳妇总要见公婆”，本书这个“丑媳妇”还有诸多不完善，但是作者希望得到业界方家指导的心情是迫切的。在此留下我的邮箱，恳切希望得到您的指导，以便更好探寻这一主题。

E-mail: assistant@wotobr.com

韩国山

二〇二二年一月二十日